CLASSIQUES EN POCHE

Collection
dirigée
par
Hélène Monsacré

Dans la même collection

1. Aristophane. *Lysistrata.*
2. Aristote. *Constitution d'Athènes.*
3. Cicéron. *L'Amitié.*
4. Platon. *Alcibiade.*
5. Suétone. *Vies des douze Césars, Claude ~ Néron.*
6. Plotin. *Première Ennéade.*
7. Eschyle. *Les Sept contre Thèbes.*
8. Platon. *Critias.*
9. Aristote. *La Poétique.*
10. Horace. *Odes.*
11. Pline l'Ancien. *Hist. Nat., XXXV, la Peinture.*
12. Virgile. *Bucoliques.*
13. Platon. *Ménexène.*
14. Tacite. *Vie d'Agricola ~ La Germanie.*
15. Platon. *Protagoras.*
16. Sophocle. *Antigone.*
17. Sénèque. *La Vie heureuse ~ La Providence.*
18. Cicéron. *Le Bien et le Mal. De finibus, III.*
19. Platon. *Gorgias.*
20. Hérodote. *Histoires, II, l'Égypte.*
21. César. *Guerre des Gaules, I-II.*
22. Ovide. *Les Amours.*
23. Plotin. *Deuxième Ennéade.*
24. Sophocle. *Œdipe Roi.*
25. Tite-Live, *Histoire romaine, I, La Fondation de Rome.*
26. Virgile. *Géorgiques.*
27. Pseudo-Sénèque. *Octavie.*
28. Catulle. *Poésies.*
29. Aristote. *Politique II.*
30. Aristophane. *Les Guêpes.*
31. Homère. *Iliade, chants I à VIII.*
32. Euripide. *Les Bacchantes.*
33. Plaute. *Pseudolus.*
34. Tertullien. *Apologétique.*
35. Homère. *Iliade, chants IX à XVI.*
36. Platon. *Phèdre.*
37. Homère. *Iliade, chants XVII à XXIV.*
38. Salluste. *La Conjuration de Catilina.*
39. Diogène Laërce. *Vie de Platon.*
40. Platon. *Lysis.*
41. Plotin. *Troisième Ennéade.*
42. Cicéron. *Pro Milone.*
43. Pline l'Ancien. *Histoire naturelle, XXXIII, Nature des métaux.*
44. Plutarque, *Les Vies parallèles. Alcibiade-Coriolan.*
49. Euripide. *Hécube.*
50. Mamertin. *Panégyriques de Maximien (289 et 291).*
51. Platon. *Hippias mineur.*
53. Suétone. *Vies des douze Césars, Tibère ~ Caligula.*

DÉMOSTHÈNE

SUR LA COURONNE

Texte établi et traduit par Georges Mathieu
Introduction et notes par Claude Mossé

LES BELLES LETTRES

2000

Ce texte et la traduction
sont repris du volume correspondant
dans la Collection des Universités de France (C.U.F.),
toujours disponible avec apparat critique et scientifique.
(Démosthène, Plaidoyers politiques, tome IV, *5e tirage, 1989.)*

ISBN : 2-251-79948-6

Introduction

*par Claude Mossé**

C'est durant l'été 330 que se déroula le procès de la Couronne. L'accusé était un certain Ctésiphon dont on ne sait pas grand-chose, sinon qu'il faisait partie de l'entourage de Démosthène. L'accusateur était l'orateur Eschine. Il existait entre Démosthène et Eschine un long contentieux, et c'est en fait Démosthène qui était visé dans l'accusation portée contre Ctésiphon. Celui-ci avait en effet proposé en 336, c'est-à-dire moins de deux ans après la défaite de Chéronée que soit décernée à Démosthène une couronne d'or pour avoir, alors qu'il était commissaire chargé de la réparation des fortifications d'Athènes, fait preuve de générosité en offrant une contribution de cent mines, mais aussi « parce que tous ses discours et tous ses actes étaient pour le plus grand bien du peuple athénien ».

La proposition fut adoptée. C'est alors qu'Eschine utilisa l'argument juridique de l'illégalité du décret – Démosthène n'avait pas rendu compte de sa gestion lorsqu'il fut proposé – pour intenter son action. Le droit était certes de son côté. Mais il est bien évident que ce qu'il contestait, c'était d'abord le jugement porté sur la politique de Démosthène.

* Professeur émérite d'Histoire grecque à l'Université Paris-VIII.

Pour quelles raisons l'affaire ne vint-elle devant le tribunal que six ans plus tard ? Il est difficile de répondre à cette question. Tout au plus peut-on rappeler que ces six années avaient vu se produire une série d'événements considérables : la mort de Philippe et l'avènement d'Alexandre en 336, le soulèvement de Thèbes en 335, les débuts de la campagne d'Asie et la série de victoires fulgurantes remportées sur le Grand Roi. Eschine, dont les sympathies pro-macédoniennes étaient connues, crut-il le moment venu de reprendre une accusation qui déconsidérerait définitivement son vieil adversaire ? En tout cas, le procès allait être pour Démosthène qui intervenait comme avocat de Ctésiphon l'occasion de faire le bilan de son activité politique.

En 330, Démosthène avait cinquante-quatre ans. Il était né en 384. Son père appartenait à ce milieu artisanal qui était encore objet de dédain de la part des membres des vieilles familles athéniennes. Il ne semble pas avoir eu une quelconque activité politique. À sa mort, il était à la tête d'une fortune qui atteignait près de quatorze talents, ce qui le plaçait parmi les Athéniens les plus riches, ceux qui étaient astreints aux liturgies. Cette fortune était pour l'essentiel constituée de biens meubles : des esclaves couteliers et des esclaves ébénistes, une cinquantaine au total, des matières premières, des créances maritimes. Seul bien fonds, une maison d'une valeur de trois mille drachmes.

Le père de Démosthène mourut alors que le futur orateur n'avait que sept ans. Avant sa mort, il s'était préoccupé d'assurer sa succession. Il avait prévu de donner en mariage sa jeune épouse à son neveu Aphobos avec une dot considérable de huit mille drachmes, et d'engager sa fille qui avait alors cinq ans à un autre neveu, Démophon, avec une dot encore plus considérable de douze mille drachmes. Il n'était en effet pas concevable que la jeune veuve, dont le père était mort, fût laissée sans tuteur. Il était sage également de

prévoir le futur mariage d'une fillette avec un proche parent qui assurerait la gestion de la dot. Quant au jeune garçon, il serait confié à trois tuteurs, les deux neveux déjà nommés et un troisième homme, un certain Therippide, auquel était accordé l'usufruit d'une somme de sept mille drachmes qui reviendrait à Démosthène lorsqu'il aurait atteint sa majorité.

Nous connaissons tous ces détails grâce aux plaidoyers que composa Démosthène contre ses tuteurs, et singulièrement contre Aphobos. Ceux-ci en effet n'avaient pas rempli la mission que leur avait confiée le père de Démosthène. Aphobos, non seulement n'avait pas épousé la veuve, mais avait en outre liquidé une partie du patrimoine. Et les autres tuteurs n'avaient pas mieux agi. Les revenus des deux ateliers avaient baissé du fait de la diminution du nombre des esclaves. Les matières premières avaient été vendues et l'argent liquide et les créances détournés. La jeune veuve avait trouvé refuge auprès de sa sœur et du mari de celle-ci, Démocharès qui veilla à ce que l'adolescent reçoive une bonne éducation.

D'après une tradition dont Plutarque se fait l'écho, il aurait suivi les leçons de Platon à l'Académie. Son intérêt pour les affaires politiques serait apparu lorsqu'il assista au procès intenté en 367 à l'orateur Callistratos, alors l'homme politique le plus en vue. Il aurait été frappé par la manière éblouissante avec laquelle celui-ci confondit ses adversaires. Il aurait également suivi l'enseignement d'Isée, un métèque spécialisé dans la composition de plaidoyers concernant des affaires de succession. C'est d'ailleurs quand vint pour lui le moment de recevoir des mains de ses tuteurs la succession paternelle, et que celle-ci se révéla réduite à sept mille drachmes, qu'il mit à profit cet enseignement, en intentant un procès à Aphobos en 364. Il venait d'avoir vingt ans. Nous connaissons par un ensemble de plaidoyers du corpus démosthénien les diverses péripéties de ce procès

ou plutôt de ces procès, car ils se succédèrent les uns les autres, contre Aphobos et ses complices. Démosthène dut récupérer une partie de sa fortune, puisqu'il put assurer les frais d'une triérarchie en 360/359. Malgré ce rétablissement de sa situation financière, il composa dans les années suivantes des discours pour de riches plaideurs, ce qui présentait le double avantage de lui assurer des gains substantiels et de le mettre en contact avec des gens appartenant à la « classe politique ». Il semble qu'il était alors assez proche d'Eubule auquel ses fonctions de préposé à la caisse des spectacles *(theorikon)* donnait un rôle déterminant dans la direction des affaires de la cité.

Eubule occupa cette magistrature qui était attribuée pour quatre années, trois fois consécutives entre 356 et 342. Or, le début de cette période coïncide avec d'énormes difficultés pour Athènes qui voit se dresser contre elle les plus puissants de ses alliés, dont Byzance, Chios et Rhodes qui, après leur victoire sur la flotte athénienne à Embata en 356, se retirèrent de l'alliance.

Eubule et ses amis, tirant les conséquences de ce désastre, préconisaient une politique de retrait, dont on retrouve l'écho dans deux écrits contemporains, le *Sur la Paix* d'Isocrate et les *Revenus* de Xénophon. Athènes devait désormais s'abstenir de toute expédition hasardeuse, se bornant à assurer la sécurité des navires de commerce venant du Pont-Euxin dont dépendait le ravitaillement en blé de la population et renoncer à imposer à ses alliés une domination qui n'avait plus de raison d'être.

Les premiers discours de Démosthène, ceux qu'il composa pour ses « clients » ou ceux qu'il prononça lui-même, vont dans le même sens. Particulièrement intéressant est son premier discours prononcé devant l'assemblée, le discours *Sur les symmories*, dans lequel il préconise une amélioration du système des symmories triérarchiques institué en 357 par un ami d'Eubule,

Périandre. Cette amélioration consistait à accroître le nombre de ceux qui étaient astreints à ce qui était devenu désormais un impôt, et de ce fait à en alléger le poids pour les plus riches, autrefois seuls appelés à remplir cette liturgie. Vingt-quatre ans plus tard, dans le discours *Sur la Couronne*, Démosthène en dénoncerait les effets pervers.

C'est qu'entre-temps, et ce dès 351, il s'était séparé des amis d'Eubule. On peut évidemment discuter indéfiniment sur les raisons profondes de ce revirement. À l'en croire en tout cas, c'est la prise de conscience du danger que représentait Philippe de Macédoine qui allait désormais déterminer son comportement. Inlassablement, il irait répétant que le roi était une menace pour la liberté des Grecs, que cette menace était d'autant plus grave que Philippe trouvait dans chaque cité, grâce aux subsides qu'il versait largement, des complices prêts à le soutenir. Il importait donc, si les autres Grecs étaient enclins à céder, que du moins les Athéniens se préparassent à riposter. Dès la *Première Philippique*, prononcée en 351, il dénonçait la main-mise du Macédonien sur les cités grecques du Nord de l'Égée, Pydna, Méthoné, Potidée, traditionnelles alliées d'Athènes, de même que ses incursions répétées en Grèce. Il fallait donc, sinon déclencher une guerre « classique » dont Athènes n'avait pas les moyens, du moins préparer des coups de main contre les territoires contrôlés par Philippe, armer une cinquantaine de navires, et mobiliser les citoyens afin de ne pas laisser aux mercenaires, fidèles aussi longtemps que les stratèges pouvaient les payer, le soin d'assurer la défense des positions athéniennes en mer Égée. On retrouve ces mêmes arguments dans les *Olynthiennes*, trois discours prononcés à propos de l'attaque menée par Philippe contre Olynthe. Les gens de cette cité de Chalcidique avaient réclamé l'aide d'Athènes. Mais celle-ci arriva

trop tard et ne put empêcher la chute de la cité. Philippe était désormais en possession de toute la Chalcidique.

Cependant, depuis 355 une autre guerre s'était développée en Grèce centrale, cette guerre que Démosthène appelle, dans le *Sur la Couronne,* la guerre de Phocide et qu'on désigne plus souvent sous le nom de Troisième guerre sacrée. Cette guerre avait débuté en un temps où, comme il le dit lui-même, Démosthène ne faisait pas encore de politique. Elle avait été décidée par le conseil amphictyonique qui administrait le sanctuaire de Delphes où les Thébains étaient particulièrement influents contre les Phocidiens. Ces derniers, accusés d'avoir empiété sur le territoire sacré, et de ce fait condamnés à payer une forte amende, s'étaient emparé du sanctuaire d'Apollon. Forts des ressources dont ils disposaient, ils avaient rassemblé une puissante armée, et menaçaient la Thessalie. Philippe ne pouvait admettre une telle menace aux portes de la Macédoine. D'où son intervention dans la guerre et sa main-mise sur la Thessalie. Athènes avait pris parti, dès le début de la guerre, pour les Phocidiens. Mais les difficultés qu'elle connaissait alors n'avaient pas permis à cette alliance de porter ses fruits. Il semble que les propositions de paix soient venues de Philippe et que les Athéniens, abandonnés par les autres Grecs, aient consenti à entamer des négociations. De ces négociations nous connaissons le détail par les deux plaidoyers d'Eschine et de Démosthène composés à l'occasion du procès qui les opposa en 343, trois ans après la conclusion de la paix. Alors qu'Eschine insiste sur les maladresses de Démosthène, ce dernier dénonce la servilité de son adversaire qui aurait favorisé la lenteur des pourparlers afin de permettre à Philippe de s'emparer d'une partie de la Thrace. Quoiqu'il en soit, les négociations aboutirent. Et quand certains, à l'annonce des dernières actions de Philippe, suggérèrent de ne pas ratifier la paix, ils se

heurtèrent à l'opposition de Démosthène, ce qu'Eschine ne manquerait pas plus tard de lui reprocher.

Dans les années suivantes, et bien qu'il n'ait pas réussi à faire condamner Eschine lors du procès sur l'Ambassade, Démosthène semble jouer un rôle de plus en plus actif dans la direction des affaires de la cité. La menace que représente Philippe se précise à partir de 343/342 quand le roi multiplie les actions militaires en direction de cette région des Détroits, vitale pour Athènes. La cité y maintient une force armée pour assurer la protection des colons athéniens établis en Chersonèse de Thrace. Mais le stratège qui la commande doit, pour se procurer les moyens d'entretenir ses soldats, se livrer à des pillages et à des exactions aux dépens des populations voisines. D'où les protestations de Philippe, auxquelles Démosthène riposte dans le discours *Sur les affaires de Chersonèse*. Sans justifier les exactions auxquelles se livrait le stratège, il les expliquait néanmoins par le fait qu'il ne recevait aucun secours de la cité. Dans le même temps, Démosthène commence à donner à ses discours une tonalité de plus en plus politique. Il présente Philippe non seulement comme un ennemi de la liberté des Grecs, mais plus encore comme un adversaire de la démocratie, mettant ainsi en avant des arguments propres à émouvoir la majorité du *démos*. Ces arguments réapparaissent dans la *Troisième Philippique*, assortis d'une nouvelle dénonciation de la mauvaise foi de Philippe : la prétendue paix conclue quelques années auparavant n'était qu'un leurre ; les interventions directes ou indirectes du roi en Eubée, dans le Péloponnèse créaient de fait un état de guerre. Pour y faire face, il fallait qu'Athènes non seulement se décidât à agir, mais en outre veillât à rassembler autour d'elle le plus grand nombre d'États grecs. Dans le discours *Sur la Couronne*, il rappelle comment il proposa des décrets dont l'objet était d'aider les gens de Périnthe et de Byzance assiégés par Philippe : « Qui

porta secours aux Byzantins et les sauva ? Qui empêcha l'Hellespont de passer en des mains étrangères à ce moment là? C'est vous, Athéniens, et quand je dis vous, je dis notre pays. Mais qui parla pour notre pays, proposa, agit et en un mot se dépensa sans compter pour l'action ? Moi » (§ 88).

L'un des objectifs de cette action, c'était, comme il ne cessait de le répéter depuis la *Première Philippique,* d'avoir une flotte prête à tout moment à prendre la mer. C'est sans doute durant cette même année 340 qu'il proposa un retour au système ancien de la triérarchie. Les termes qu'il emploie pour justifier cette proposition sont révélateurs de l'orientation qu'il voulait donner à sa politique, une politique dirigée contre ces riches citoyens qui répugnaient à mettre leur fortune au service de la cité (§ 102-104).

C'est pourtant ailleurs que dans la région des Détroits qu'allait se jouer le dernier acte de ce duel entre Démosthène et Philippe. Et c'est Eschine que Démosthène accuse d'être responsable du déclenchement de la Quatrième guerre sacrée qui allait ramener l'affrontement sur terre. Il s'agissait une nouvelle fois de la mise en culture de terrains sacrés appartenant au sanctuaire de Delphes par les gens de la cité d'Amphissa. Eschine représentait Athènes au sein du Conseil amphictyonique quand la décision fut prise d'entrer en guerre contre les Amphisséens. Or, depuis 346, Philippe avait hérité des deux voix des Phocidiens au sein du Conseil, dont il était devenu un membre actif et qu'il entendait faire servir à ses ambitions. Mais de ce fait, il privait les Thébains de l'influence qu'ils y exerçaient depuis des décennies. Il y avait à Thèbes des gens que cette situation inquiétait. Démosthène entendait en tirer parti, mettre fin à l'hostilité qui, depuis l'époque d'Épaminondas, existait entre Athènes et la cité béotienne et entamer des pourparlers en vue d'une alliance contre l'adversaire commun. Dans le discours *Sur la Couronne,* il insiste longuement sur

l'utilité de cette alliance et sur l'action qu'il mena pour l'obtenir. Or, il importe de rappeler qu'au moment du procès de 330, Thèbes n'était plus que ruines depuis la brutale intervention d'Alexandre en 335. L'alliance entre les deux cités s'était soldée par un échec puisque Philippe avait écrasé les armées alliées à Chéronée en septembre 338. Si la défaite avait été dans l'immédiat de faible conséquence pour Athènes – Philippe n'avait pas envahi son territoire, lui avait laissé sa flotte, ses positions égéennes et son système politique –, Thèbes en revanche avait dû accepter la présence d'une garnison macédonienne. Et c'est pour se débarrasser de cette garnison que les Thébains, à l'annonce qu'Alexandre avait trouvé la mort lors d'une campagne contre les peuples voisins de la Macédoine, s'étaient soulevés en 335. Eschine sous-entendait que, si Démosthène n'avait pas entraîné les Thébains dans la guerre, Thèbes n'aurait jamais connu un tel désastre. Démosthène devait donc à la fois justifier cette alliance et en endosser les conséquences. Il n'était pas question de nier la défaite. Mais, de cette défaite, il ne s'estimait pas responsable. Il l'expliquait par une sorte de fatalité, « une cruelle évolution des événements telle qu'elle n'eût pas dû se produire » (§ 271), mais aussi par certaines insuffisances et trahisons : « Athéniens, qui voudra examiner ces actes sans malveillance jalouse trouvera que la conception en était juste, que l'exécution en a été faite en toute loyauté, que le moment favorable pour chacun d'eux n'a été ni négligé, ni méconnu, ni livré par moi ; que, dans ce qui est du ressort des forces et du raisonnement d'un homme isolé, rien n'a été omis. Si la puissance d'une divinité ou de la fortune, ou l'impéritie des généraux, ou votre scélératesse à vous qui trahissiez vos cités, ou tout cela réuni a gâté l'ensemble de la situation jusqu'au moment où elle a été renversée, en quoi Démosthène est-il coupable ? » (§ 303).

Les Athéniens d'ailleurs l'avaient bien compris, puisqu'ils avaient confié à Démosthène le soin de prononcer l'oraison funèbre des morts de la guerre et l'avaient ensuite désigné pour faire partie de la commission chargée de la réparation des fortifications d'Athènes, autant de preuves de l'estime qu'ils lui avaient conservée. Démosthène ne dissimule pas qu'il fut plusieurs fois mis en accusation, mais insiste sur le fait qu'il n'encourut aucune condamnation. Il évoque également, à la fin de son discours, la demande formulée par Alexandre, qui, au lendemain de l'écrasement de la révolte de Thèbes, avait exigé que lui soient livrés les orateurs hostiles à la Macédoine. Mais il ne précise pas ce qui amena le roi à y renoncer, aux dires de Plutarque une intervention de Démade.

Lorsque en 330 il assure la défense de Ctésiphon contre les accusations d'Eschine, il peut librement justifier sa politique devant le tribunal populaire et attaquer Eschine dont les liens avec le pouvoir macédonien étaient connus. Cette impunité signifie-t-elle qu'il s'était alors retiré de la vie politique ? Voire, comme certains l'en accusèrent, une certaine compromission avec Alexandre ? Il est difficile d'apporter une réponse. Il reste que les juges se prononcèrent finalement en sa faveur. Eschine n'obtint même pas le cinquième des voix et dut s'exiler à Rhodes.

Démosthène n'allait faire de nouveau parler de lui qu'à l'occasion de la douteuse « affaire d'Harpale ». Il aurait été en effet de ceux qui reçurent et détournèrent une partie de l'argent que le trésorier d'Alexandre avait emporté et déposé à Athènes, avec peut-être l'intention de susciter en Grèce une action contre le roi. Condamné par l'Aréopage, Démosthène s'exila à Trézène. Mais lorsque la nouvelle de la mort d'Alexandre se répandit en Grèce, il rejoignit ceux qui, comme l'orateur Hypéride et le stratège Léosthène, préconisaient le déclenchement d'une guerre contre Antipatros à qui

Alexandre avait confié le soin de gouverner la Macédoine et de surveiller les Grecs. Cette guerre d'abord marquée par quelques succès des alliés grecs s'acheva par une double défaite sur terre et sur mer. Antipatros, maître d'Athènes, y installa un régime censitaire sous l'autorité du vieux stratège Phocion, cependant qu'une garnison macédonienne était établie au Pirée. Il exigea également que lui soient livrés Démosthène et Hypéride. Le premier se donna la mort, le second fut assassiné par les sbires d'Antipatros. Ainsi s'achevait la carrière et la vie du plus grand orateur grec.

Le *Sur la Couronne* est le dernier des grands discours politiques de Démosthène. Le texte qui nous est parvenu n'est assurément pas celui du discours que Démosthène prononça en tant qu'avocat de Ctésiphon, car il aurait largement dépassé le temps de parole imparti à la défense. Cela est vrai aussi du *Contre Ctésiphon* d'Eschine auquel il répond. Les deux orateurs complétèrent leurs plaidoyers pour la publication. Par ailleurs, selon toute vraisemblance, à l'époque hellénistique, on inséra dans le texte des documents présentés comme authentiques, mais qui, forgés à partir du discours, n'en comportent pas moins de nombreuses inexactitudes de détail. Il reste qu'on a là un remarquable témoignage sur les enjeux de la lutte qui opposait Philippe à Athènes, même si ce témoignage est évidemment partial. Mais on y trouve surtout un étonnant autoportrait de l'homme qui allait, aux yeux de la postérité, incarner le patriotisme grec face à la menace macédonienne. Démosthène en effet n'accordait à l'aspect juridique de l'accusation qu'un faible intérêt et de courts développements, puisque, de fait, le droit était du côté de son adversaire. Il lui fallait donc surtout démontrer le bien fondé de sa politique en dépit de l'échec final. Seul, il avait dès le début deviné les intentions du Macédonien. Seul, il avait agi en conséquence, en abolissant la loi sur la triérarchie, en dépit des pressions exercées

sur lui, afin de permettre à Athènes de maintenir une flotte dans la région des Détroits. Seul enfin, il s'était efforcé de rassembler autour d'Athènes les Grecs inconscients de la menace qui pesait sur leur liberté ou aveuglés par les propos de ceux que Philippe avait achetés. Si cette politique avait finalement échoué, ce n'était pas de son fait. « Ne porte pas comme faute à mon compte, dit-il à son adversaire, que Philippe soit arrivé à gagner la bataille, car le résultat était au pouvoir de la divinité non du mien » (§ 193). Du moins Athènes aura-t-elle, grâce à lui, sauvé l'honneur et échappé au sort que normalement la vainqueur impose au vaincu. Elle se sera montrée digne des ancêtres, affrontant les périls pour la défense de la Grèce. Et c'est là la raison de la confiance que le peuple lui avait manifestée.

Quelle part de vérité y a-t-il dans cet autoportrait magistralement brossé ? Il est toujours difficile de se prononcer et la postérité devait porter sur le dernier grand homme de l'histoire d'Athènes des jugements contradictoires. On ne peut manquer, en particulier, d'être gêné par les attaques personnelles dirigées contre Eschine par ce défenseur de la démocratie, cet avocat des pauvres qui reproche à son adversaire ses origines modestes, le métier de son père ou les pratiques religieuses de sa mère. Certes, c'était là la loi du genre. Mais le moins qu'on puisse dire c'est que cela ne donne pas une très haute idée de ce que pouvait être parfois le débat politique. Quoiqu'il en soit, et que Démosthène ait été un grand patriote ou un politicien corrompu, il reste qu'avec le *Sur la Couronne* le lecteur a l'impression de revivre ces derniers instants d'une fabuleuse histoire, celle de la cité qui pendant plus d'un siècle avait dominé le monde grec.

Sur la couronne

ΠΕΡΙ ΤΟΥ ΣΤΕΦΑΝΟΥ

Λιβανίου ὑπόθεσις

1 Τεῖχος μὲν ὁ ῥήτωρ ὑπὲρ Ἀθηναίων προυβάλετο τῶν συνήθων τούτων καὶ χειροποιήτων ἀρραγέστερόν τε καὶ βέλτιον, τήν τ' εἰς τὴν πόλιν εὔνοιαν καὶ περὶ λόγους δεινότητα, ὡς αὐτὸς εἴρηκεν « οὐ λίθοις καὶ πλίνθοις τὰς Ἀθήνας ὠχύρωσα, ἀλλὰ μεγάλαις δυνάμεσι καὶ πολλῇ τινι συμμαχίᾳ, τῇ μὲν ἐκ γῆς, τῇ δ' ἐκ θαλάττης. » Οὐ μὴν ἀλλὰ καὶ εἰς τὸν χειροποίητον περίβολον οὐ μικρὰ τῇ πόλει συνεβάλετο. | Πεπονηκότος γὰρ κατὰ πολλὰ μέρη τοῦ τείχους τοῖς Ἀθηναίοις, ἐπειδὴ ἔδοξεν ἀνορθοῦν αὐτό, ᾑρέθησαν ἐπὶ τὸ ἔργον ἄνδρες δέκα, φυλῆς ἑκάστης εἷς, οὓς ἔδει τὴν ἐπιμέλειαν παρέχεσθαι ψιλήν· τὸ γὰρ ἀνάλωμα δημόσιον. 2 Εἷς τοίνυν τούτων καὶ ὁ ῥήτωρ γενόμενος οὐχ ὁμοίως τοῖς ἄλλοις τὴν ἐπιμέλειαν μόνην εἰσήνεγκε τῇ χρείᾳ, ἀλλὰ τὸ μὲν ἔργον ἀμέμπτως ἀπετέλεσε, τὰ δὲ χρήματ' ἔδωκεν οἴκοθεν τῇ πόλει. Ἐπῄνεσεν αὐτοῦ τὴν εὔνοιαν ταύτην ἡ βουλή, καὶ τὴν προθυμίαν ἠμείψατο στεφάνῳ χρυσῷ· ἕτοιμοι γὰρ Ἀθηναῖοι πρὸς τὰς χάριτας τῶν εὖ ποιούντων. 3 Κτησιφῶν δ' ἦν ὁ τὴν γνώμην εἰπὼν ὡς δεῖ στεφανῶσαι τὸν Δημοσθένην, ἐν μὲν καιρῷ τοῖς Διονυσίοις, ἐν δὲ τόπῳ τῷ τοῦ Διονύσου θεάτρῳ, ἐν δὲ θεαταῖς πᾶσι τοῖς Ἕλλησιν οὓς ἡ πανήγυρις συνήγαγε· καὶ τούτων ἐναντίον ἀνειπεῖν τὸν κήρυκα ὅτι στεφανοῖ Δημοσθένην Δημοσθένους Παιανιέα ἡ πόλις ἀρετῆς συμπάσης ἕνεκα

Sur la couronne

Argument dû à Libanios

1 Notre orateur a élevé pour les Athéniens un rempart plus résistant et meilleur que ces fortifications ordinaires construites par des bras : son patriotisme et son éloquence, comme il le dit lui-même (*Cour.*, 299) : « Ce n'est pas avec des pierres et des briques que j'ai fortifié Athènes, mais avec des forces importantes, de grandes alliances, l'une du côté de la terre, l'autre du côté de la mer. » Néanmoins, il a aussi donné au pays un concours important pour les fortifications matérielles. En effet, les remparts d'Athènes étant détériorés sur bien des points, quand on décida de les réparer, on désigna pour ce travail dix hommes, un de chaque tribu, chargés seulement de la surveillance ; les dépenses incombaient à l'État. **2** Notre orateur fut l'un d'eux ; il ne borna pas comme les autres son service à la seule surveillance ; il fit achever irréprochablement le travail et donna de son propre argent à l'État. Le Conseil le félicita de cet acte de dévouement et récompensa son zèle par une couronne d'or ; car les Athéniens étaient portés à la reconnaissance envers leurs bienfaiteurs. **3** C'était Ctésiphon qui avait proposé de couronner Démosthène au moment des Dionysies, au théâtre de Dionysos, sous les yeux de tous les Grecs réunis pour cette fête, et de faire proclamer devant eux par le héraut que l'État accorde une couronne à Démosthène de Paiania, fils de Démosthène, en raison de tous ses mérites et de son patriotisme.

καὶ εὐνοίας τῆς πρὸς αὐτήν. 4 Ἦν οὖν πανταχόθεν ἡ τιμὴ θαυμαστή· διὸ καὶ φθόνος αὐτῆς ἥψατο, καὶ τοῦ ψηφίσματος ἀπηνέχθη παρανόμων γραφή. Αἰσχίνης γὰρ ἐχθρὸς ὢν τοῦ Δημοσθένους ἀγῶνα παρανόμων ἐπήγγειλε Κτησιφῶντι λέγων ἄρχοντα γεγονότα τὸν Δημοσθένην καὶ μὴ δόντα λόγον ὑπεύθυνον εἶναι, νόμον δὲ κελεύειν τοὺς ὑπευθύνους μὴ στεφανοῦν, καὶ πάλιν νόμον παρεχόμενος τὸν κελεύοντα, ἐὰν μέν τιν' ὁ δῆμος ὁ Ἀθηναίων στεφανοῖ, ἐν τῇ ἐκκλησίᾳ τὸν στέφανον ἀναγορεύεσθαι, | ἐὰν δ' ἡ βουλή, ἐν τῷ βουλευτηρίῳ, ἀλλαχόθι δὲ μὴ ἐξεῖναι. 5 Φησὶ δὲ καὶ τοὺς ἐπαίνους εἶναι τοὺς ἐπὶ τῷ Δημοσθένει ψευδεῖς· μὴ γὰρ πεπολιτεῦσθαι καλῶς τὸν ῥήτορα, ἀλλὰ καὶ δωροδόκον εἶναι καὶ πολλῶν κακῶν αἴτιον τῇ πόλει. Καὶ τάξει γε ταύτῃ τῆς κατηγορίας Αἰσχίνης κέχρηται, πρῶτον εἰπὼν περὶ τοῦ τῶν ὑπευθύνων νόμου καὶ δεύτερον περὶ τοῦ τῶν κηρυγμάτων καὶ τρίτον περὶ τῆς πολιτείας· ἠξίωσε δὲ καὶ τὸν Δημοσθένην τὴν αὐτὴν τάξιν ποιήσασθαι. 6 Ὁ δὲ ῥήτωρ καὶ ἀπὸ τῆς πολιτείας τὴν ἀρχὴν ἐποιήσατο καὶ πάλιν εἰς ταύτην τὸν λόγον κατέστρεψε, τεχνικῶς ποιῶν. δεῖ γὰρ ἄρχεσθαί τ' ἀπὸ τῶν ἰσχυροτέρων καὶ λήγειν εἰς ταῦτα· μέσα δὲ τέθεικε τὰ περὶ τῶν νόμων, καὶ τῷ μὲν περὶ τῶν ὑπευθύνων ἀντιτίθησι διανοίας, τῷ δὲ περὶ τῶν κηρυγμάτων νόμον ἕτερον ἤτοι νόμου μέρος, ὥς φησιν αὐτός, ἐν ᾧ συγκεχώρηται καὶ ἐν τῷ θεάτρῳ κηρύττειν ἐὰν ὁ δῆμος ἢ ἡ βουλὴ τοῦτο ψηφίσηται.

Ἑτέρα ὑπόθεσις

1 Ἀθηναῖοι καὶ Θηβαῖοι πολεμοῦντες πρὸς Φίλιππον ἐν Χαιρωνείᾳ, πόλει τῆς Βοιωτίας, ἡττήθησαν. Ἐπικρατήσας οὖν ὁ Μακεδὼν φρουρὰν μὲν εἰς τὰς Θήβας ἐνέβαλε καὶ εἶχεν ὑπὸ τὴν χεῖρα τὴν πόλιν δουλεύουσαν. Ἐλπίσαντες οὖν τὸ αὐτὸ παθεῖν Ἀθηναῖοι καὶ ὅσον οὐδέπω καθ' αὐτῶν ἥξειν προσδοκῶντας τὸν τύραννον,

4 À tous points de vue, c'était un honneur exceptionnel ; aussi l'envie s'en prit-elle à lui et une action d'illégalité fut engagée contre le décret. Eschine, ennemi de Démosthène, intenta à Ctésiphon un procès d'illégalité ; il disait que Démosthène, ayant été magistrat et n'ayant pas rendu ses comptes, restait responsable ; que la loi interdisait de couronner les magistrats responsables ; en outre, il invoquait une loi portant que, si c'était le peuple athénien qui décernait une couronne, celle-ci devait être proclamée à l'Assemblée ; si c'était le Conseil, dans la salle du Conseil, mais non pas ailleurs. **5** Il dit aussi que l'éloge décerné à Démosthène est un mensonge ; que l'orateur n'a pas eu une bonne politique, qu'il s'est laissé corrompre et a été cause de bien des malheurs pour l'État. Voici le plan qu'a suivi Eschine dans son accusation : il parle d'abord de la loi sur les magistrats responsables, en second lieu de la loi sur la proclamation, en troisième lieu de la question politique. Il demandait que Démosthène observât aussi le même ordre. **6** Mais notre orateur commença par la question politique et y revint à la fin, agissant ainsi selon les règles de l'art : il faut commencer et finir par les arguments les plus forts. Il a placé au milieu la question de légalité : à la loi sur les fonctionnaires responsables, il oppose des raisonnements, à celle sur les proclamations une autre loi ou un fragment de loi, à ce qu'il dit, où l'on accorde la proclamation au théâtre si le peuple ou le Conseil a voté ainsi.

AUTRE ARGUMENT

1 Les Athéniens et les Thébains, dans leur guerre contre Philippe, furent vaincus à Chéronée, ville de Béotie. Le Macédonien, après sa victoire, mit garnison dans Thèbes et tint la ville asservie. Les Athéniens, s'attendant au même sort et prévoyant que le tyran arriverait

| ἐσκέψαντο τὰ πεπονηκότα μέρη τῷ χρόνῳ τοῦ τείχους ἐπανορθώσασθαι, καὶ δὴ ἀφ' ἑκάστης φυλῆς τειχοποιοὶ προεβλήθησαν. Τοιόνδε καὶ ἡ Πανδιονὶς ἐξ ἑαυτῆς εἵλετο πρὸς τὴν χρείαν τὸν ῥήτορα. Τῆς τοίνυν ἐργασίας ἐν χερσὶν οὔσης, προσδεηθεὶς ἔτι χρημάτων μετὰ τὰ δεδομένα ὑπὸ τῆς πόλεως ὁ ῥήτωρ ἐκ τῶν ἰδίων ἐδαπάνησε, καὶ οὐκ ἐλογίσατο αὐτὰ τῇ πόλει, ἀλλὰ κατεχαρίσατο. 2 Ταύτην ἀφορμὴν ὁ Κτησιφῶν, εἷς τῶν πολιτευομένων, δεξάμενος εἰσήνεγκε γνώμην ἐν τῇ βουλῇ περὶ αὐτοῦ τοιαύτην· « ἐπειδὴ διατελεῖ Δημοσθένης ὁ Δημοσθένους παρ' ὅλον τὸν βίον εὔνοιαν εἰς τὴν πόλιν ἐπιδεικνύμενος, καὶ νῦν δὲ τειχοποιὸς ὢν καὶ προσδεηθεὶς χρημάτων οἴκοθεν παρέσχε καὶ ἐχαρίσατο, διὰ τοῦτο δεδόχθαι τῇ βουλῇ καὶ τῷ δήμῳ στεφανοῦσθαι αὐτὸν χρυσέῳ στεφάνῳ ἐν τῷ θεάτρῳ τραγῳδιῶν ἀγομένων καινῶν » ἴσως ὅτε πλήθη συντρέχει ἐπιθυμοῦντα καινὰ δράματα βλέπειν. 3 Εἰσαγομένου τοίνυν εἰς τὸν δῆμον τοῦ προβουλεύματος, ἐφίσταται τοῦ Κτησιφῶντος κατήγορος Αἰσχίνης, ἐκ τῆς πολιτείας ὑπάρχων ἐχθρός, παράνομον εἶναι φάσκων πρὸς τρεῖς νόμους τὸ ψήφισμα, ἕνα μὲν τὸν κελεύοντα τὸν ὑπεύθυνον μὴ στεφανοῦσθαι πρὶν ἂν δῷ τὰς εὐθύνας· οὔπω δὲ ταύτας, φησίν, ὁ Δημοσθένης ἐδεδώκει καὶ τὰ θεωρικὰ διοικῶν καὶ τειχοποιῶν, καὶ ἔδει ἀναμεῖναι καὶ ἐπισχεῖν τὸ γέρας ἕως ἂν ὀφθῇ καθαρὸς ἐξετασθείς. 4 Δεύτερον δ' ἀναγινώσκει νόμον τὸν κελεύοντα ἐν Πυκνὶ στεφανοῦσθαι ἐν τῇ ἐκκλησίᾳ, | διαβάλλων τοὺς πολίτας τοὺς δεξαμένους ἐν τῷ θεάτρῳ ἀναγορευθῆναι τοῦ Δημοσθένους τὸν στέφανον. Ὁ δὲ τρίτος νόμος εἰς τὴν ὅλην ὁρᾷ τοῦ βίου καὶ τῆς πολιτείας ἐξέτασιν· κελεύει γὰρ μηδέποτε ψευδῆ γράμματα εἰς τὸ Μητρῷον εἰσάγειν, ἔνθα ἐστὶν ὅλα τὰ δημόσια γράμματα. Ἐψεύσατο δέ, φησίν, εὔνοιαν καὶ σπουδὴν μαρτυρήσας τῷ Δημοσθένει· κακόνους γὰρ

rapidement sur eux, songèrent à réparer les parties des remparts que le temps avait détériorées ; des commissaires aux fortifications, pris dans chaque tribu, furent désignés et la tribu Pandionis choisit dans son sein notre orateur pour ce service. Au cours des travaux, ayant encore besoin d'argent en plus de ce qu'avait donné l'État, notre orateur dépensa de son avoir et, au lieu de porter cela au compte de l'État, il lui en fit cadeau. **2** Prenant motif de cela, un citoyen, Ctésiphon, fit au Conseil au sujet de Démosthène la proposition suivante : « considérant que Démosthène, fils de Démosthène, pendant tout le cours de sa vie, montre un dévouement incessant à l'État ; que maintenant, en qualité de commissaire aux fortifications, et, ayant eu besoin d'argent, il a payé et fait cadeau sur son avoir ; pour ces motifs, plaise au Conseil et au peuple de lui décerner une couronne d'or, au théâtre, lors de la représentation des nouvelles tragédies » (sans doute quand la foule se réunit pour assister à un nouveau spectacle). **3** La proposition étant soumise au peuple, Eschine se lève pour accuser Ctésiphon dont il était l'ennemi politique ; il disait le décret contraire à trois lois, l'une qui interdit de couronner un magistrat responsable avant qu'il ait rendu ses comptes ; or, Démosthène, dit-il, ne les avait pas encore rendus en tant qu'administrateur du fonds des spectacles et de commissaire aux fortifications ; la récompense devrait attendre et rester en suspens jusqu'à ce qu'il eût été reconnu pur de tout reproche. **4** En second lieu, il lit la loi qui ordonne de couronner sur la Pnyx, à l'Assemblée, et il critique les citoyens qui ont accepté que la couronne de Démosthène fût proclamée au théâtre. La troisième loi tend à une enquête sur toute la vie et toute la politique de Démosthène ; elle interdit en effet d'introduire des documents faux au Mètrôon où sont toutes les archives publiques. Or, dit-il, Ctésiphon a commis un faux en affirmant le dévouement et l'activité de Démosthène ; on constate plutôt que celui-ci est

μᾶλλον καὶ πολέμιος εὑρίσκεται τῇ πατρίδι. 5 Τούτου τοῦ νόμου χρησίμου τυγχάνοντος, τοῦ τρίτου, ἀντιλαβόμενος ὥσπερ τινὸς ἀγκύρας ὁ ῥήτωρ κατεπάλαισε τὸν ἀντίδικον, μεθόδῳ δεινοτάτῃ καὶ σοφωτάτῃ τῇ περὶ τοῦ κατηγόρου χρησάμενος· ἐκεῖθεν γὰρ ἔσχε λαβὴν ἑλεῖν καὶ καταγωνίσασθαι τὸν πολέμιον. Τοὺς μὲν γὰρ ἄλλους δύο νόμους, τόν τε τῶν ὑπευθύνων καὶ τὸν τοῦ κηρύγματος, εἰς τὸ μέσον τοῦ λόγου ἀπέρριψε, στρατηγικῶς « κακοὺς δ' εἰς μέσσον ἐλάσσας, », τῷ δ' ἰσχυροτάτῳ εἰς τὰ ἄκρα προσκέχρηται, τὸ σαθρὸν τῶν ἄλλων ἐξ ἑκατέρου ῥωννύς. 6 Ἔοικε δὲ καὶ διοικῶν πρὸς τὸ συμφέρον τὸν λόγον καὶ οὐ σφόδρα ἀναιδῶς τὴν τέχνην ἐπιδεικνύμενος. Δοκῶν γὰρ ἐν πρώτοις ὑπερβαίνειν τὸ νόμιμον, ἑτέρῳ τρόπῳ τῷ νομίμῳ προσκέχρηται· καὶ γὰρ νόμον ἀνέγνω Αἰσχίνης τὸν περὶ τῶν εἰσφερόντων ψευδῆ, πρὸς ὃν ὁ ῥήτωρ ἀποκρινόμενος εὗρε καιρὸν εἰς μέσον ἀγαγεῖν τὰ ἑαυτοῦ πολιτεύματα, ὡς νομίμῳ μαχόμενος. Καὶ ἡ μὲν διοίκησις τοῦ λόγου τοιαύτη, κεφάλαιον δ' ἰσχυρὸν τῷ μὲν Αἰσχίνῃ τὸ νόμιμον, τῷ δὲ ῥήτορι τὸ δίκαιον, κοινὸν δ' ἀπὸ τοῦ ἴσου τὸ συμφέρον, οὐκ ἔχον φανερὰν τὴν ἐξέτασιν. Ἡ στάσις ἔγγραφος πραγματική· περὶ ῥητοῦ γὰρ τὸ ψήφισμα. |

7 Τῆς δὲ γραφῆς ἔτι Φιλίππου ζῶντος ἀποτεθείσης, ἐπ' Ἀλεξάνδρου διαδεξαμένου τὴν ἀρχὴν ὁ λόγος ἐστὶ καὶ ἡ κρίσις. Ὡς γὰρ ἀπέθανε Φίλιππος καὶ τὴν φρουρὰν οἱ Θηβαῖοι τεθαρσηκότες ἐξέβαλον, ὁ μὲν Ἀλέξανδρος ὡς καταφρονηθεὶς τὰς Θήβας κατέσκαψεν, εἶτα μεταγνοὺς ἐπὶ τῷ πεπραγμένῳ ἐξεχώρησε τῆς Ἑλλάδος αἰσχυνόμενος καὶ κατὰ τῶν βαρβάρων ἐστράτευσεν, οἱ δ' Ἀθηναῖοι καιρὸν ἔχειν ἐνόμισαν κρίσει παραδοῦναι τοὺς προδότας τοὺς τὴν Ἑλλάδα ἀδικήσαντας, καὶ οὕτω συνεκροτήθη τὸ δικαστήριον.

1 Πρῶτον μέν, ὦ ἄνδρες Ἀθηναῖοι, τοῖς θεοῖς εὔχομαι πᾶσι καὶ πάσαις, ὅσην εὔνοιαν ἔχων ἐγὼ διατελῶ τῇ

malveillant et hostile à la patrie. **5** Mais, saisissant cette loi, la troisième, qu'il utilisa comme ancre de salut, notre orateur jeta à terre son adversaire par un procédé très habile et redoutable pour son accusateur ; car c'est par là qu'il eut prise sur son ennemi et put l'abattre. En effet, il jeta au milieu du discours les deux autres lois (sur les magistrats responsables et sur la proclamation), par une stratégie habile « ayant mis les mauvais au milieu » ; il utilise aux extrémités l'argument le plus fort qui soutient de chaque côté ce que les autres ont de chancelant. **6** Il semble aussi qu'il ait organisé utilement son discours et ne montre pas trop insolemment son art. Tout en semblant au début passer sous silence la question de légalité, c'est d'une autre façon qu'il traite de ce point. Eschine avait lu une loi sur ceux qui introduisent des documents faux ; dans sa réponse, notre orateur trouve une occasion de présenter sa politique en feignant de traiter de la légalité. Tel est le plan du discours. Le plus fort argument est pour Eschine la légalité, pour notre orateur, la justice, pour tous deux, à titre égal, l'utilité, qui n'est pas susceptible de démonstration évidente. La question porte sur un point de fait sous forme d'écrit ; car le décret traite d'un point déterminé.

7 La plainte avait été déposée quand Philippe vivait encore ; mais le discours et le jugement datent du temps où Alexandre lui avait succédé. En effet, après la mort de Philippe, les Thébains, ayant repris courage, expulsèrent la garnison ; Alexandre, se jugeant méprisé, détruisit Thèbes ; puis, s'en repentant et pris de honte, il quitta la Grèce et marcha contre les Barbares. Les Athéniens jugèrent qu'ils avaient là une occasion de traduire en justice les traîtres qui avaient nui à la Grèce, et c'est ainsi que le tribunal se réunit.

1 La première prière, Athéniens, que j'adresse à tous les dieux et à toutes les déesses, c'est qu'une sympathie égale à celle que je ne cesse de témoigner à l'État et à

τε πόλει καὶ πᾶσιν ὑμῖν, | τοσαύτην ὑπάρξαι μοι παρ' ὑμῶν εἰς τουτονὶ τὸν ἀγῶνα, ἔπειθ', ὅπερ ἐστὶ μάλισθ' ὑπὲρ ὑμῶν καὶ τῆς ὑμετέρας εὐσεβείας τε καὶ δόξης, τοῦτο παραστῆσαι τοὺς θεοὺς ὑμῖν, μὴ τὸν ἀντίδικον σύμβουλον ποιήσασθαι περὶ τοῦ πῶς ἀκούειν ὑμᾶς ἐμοῦ δεῖ 2 (σχέτλιον γὰρ ἂν εἴη τοῦτό γε), ἀλλὰ τοὺς νόμους καὶ τὸν ὅρκον, ἐν ᾧ πρὸς ἅπασι τοῖς ἄλλοις δικαίοις καὶ τοῦτο γέγραπται, τὸ ὁμοίως ἀμφοῖν ἀκροάσασθαι. Τοῦτο δ' ἐστὶν οὐ μόνον τὸ μὴ προκατεγνωκέναι μηδὲν οὐδὲ τὸ τὴν εὔνοιαν ἴσην ἀποδοῦναι, ἀλλὰ τὸ καὶ τῇ τάξει καὶ τῇ ἀπολογίᾳ, ὡς βεβούληται καὶ προῄρηται τῶν ἀγωνιζομένων ἕκαστος, οὕτως ἐᾶσαι χρήσασθαι.

3 Πολλὰ μὲν οὖν ἔγωγ' ἐλαττοῦμαι κατὰ τουτονὶ τὸν ἀγῶνα Αἰσχίνου, δύο δ', ὦ ἄνδρες Ἀθηναῖοι, καὶ μεγάλα, ἓν μὲν ὅτι οὐ περὶ τῶν ἴσων ἀγωνίζομαι· οὐ γάρ ἐστιν ἴσον νῦν ἐμοὶ τῆς παρ' ὑμῶν εὐνοίας διαμαρτεῖν, καὶ τούτῳ μὴ ἑλεῖν τὴν γραφήν, ἀλλ' ἐμοὶ μέν... οὐ βούλομαι δυσχερὲς εἰπεῖν οὐδὲν ἀρχόμενος τοῦ λόγου· οὗτος δ' ἐκ περιουσίας μου κατηγορεῖ· ἕτερον δ', ὃ φύσει πᾶσιν ἀνθρώποις ὑπάρχει, τῶν μὲν λοιδοριῶν καὶ τῶν κατηγοριῶν ἀκούειν ἡδέως, τοῖς ἐπαινοῦσι δ' αὐτοὺς ἄχθεσθαι. 4 Τούτων τοίνυν, ὃ μέν ἐστι πρὸς ἡδονήν, τούτῳ δέδοται· ὃ δὲ πᾶσιν ὡς ἔπος εἰπεῖν ἐνοχλεῖ, λοιπὸν ἐμοί. Κἂν μὲν εὐλαβούμενος τοῦτο μὴ λέγω τὰ πεπραγμέν' ἐμαυτῷ, οὐκ ἔχειν ἀπολύσασθαι τὰ κατηγορημένα δόξω, οὐδ' ἐφ' οἷς ἀξιῶ τιμᾶσθαι δεικνύναι· ἐὰν δ' ἐφ' ἃ καὶ πεποίηκα καὶ πεπολίτευμαι βαδίζω, πολλάκις λέγειν ἀναγκασθήσομαι περὶ ἐμαυτοῦ. | Πειράσομαι μὲν οὖν ὡς μετριώτατα τοῦτο ποιεῖν· ὅ τι δ' ἂν τὸ πρᾶγμα αὐτὸ ἀναγκάζῃ, τούτου τὴν αἰτίαν οὗτός ἐστι δίκαιος ἔχειν ὁ τοιοῦτον ἀγῶνα ἐνστησάμενος.

5 Οἶμαι δ' ὑμᾶς, ὦ ἄνδρες Ἀθηναῖοι, πάντας ἂν ὁμολογῆσαι κοινὸν εἶναι τουτονὶ τὸν ἀγῶν' ἐμοὶ καὶ Κτησι-

vous tous, me soit aussi réservée par vous pour le présent débat ; puis, – chose qui vous intéresse surtout et touche à votre piété et à votre réputation –, que les dieux vous inspirent de prendre conseil, sur la manière dont vous devez m'écouter, non pas de mon adversaire (ce serait lamentable), **2** mais des lois et de votre serment, où, à côté d'autres garanties de justice, est écrit également qu'il faut accorder attention semblable aux deux parties. Cela signifie, non pas seulement n'avoir nulle opinion préconçue et attribuer à chacun une sympathie égale, mais aussi laisser chaque plaideur employer le plan et la défense qu'il a choisis et adoptés.

3 Pour ma part, dans ce débat, j'ai, par rapport à Eschine, bien des désavantages, deux fort grands en particulier, Athéniens : l'un, c'est que je ne lutte pas pour un intérêt du même ordre : ce n'est pas en effet la même chose pour moi d'être privé de votre sympathie, et pour cet individu de ne pas l'emporter dans son accusation ; pour moi… je ne veux rien dire de fâcheux au début de mon discours…, mais lui ne risque que du superflu en m'accusant. Le second point, c'est ce trait, naturel à tous les hommes, qui fait écouter avec plaisir les injures et les accusations, tandis qu'on se fâche contre qui fait son propre éloge. **4** Or ce qui cause du plaisir est le lot de cet individu ; il me reste ce qui (disons le mot) ennuie tout le monde. Si, me méfiant de cela, je ne parle pas de mes actions, je passerai pour incapable de me débarrasser de l'accusation et de montrer ce pourquoi je demande une marque d'honneur. Si j'en viens à mes actes et à ma politique, je serai bien souvent obligé de parler de moi-même. J'essaierai donc de le faire avec le plus de modestie que je pourrai ; pour ce que l'affaire elle-même me forcera à dire, c'est lui qui mérite d'en porter la responsabilité, lui qui a monté un tel procès.

5 J'imagine, Athéniens, que tous vous reconnaîtriez que ce procès m'est commun avec Ctésiphon et qu'il ne

φῶντι, καὶ οὐδὲν ἐλάττονος ἄξιον σπουδῆς ἐμοί· πάντων μὲν γὰρ ἀποστερεῖσθαι λυπηρόν ἐστι καὶ χαλεπόν, ἄλλως τε κἂν ὑπ' ἐχθροῦ τῳ τοῦτο συμβαίνῃ, μάλιστα δὲ τῆς παρ' ὑμῶν εὐνοίας καὶ φιλανθρωπίας, ὅσῳ περ καὶ τὸ τυχεῖν τούτων μέγιστόν ἐστιν. 6 Περὶ τούτων δ' ὄντος τουτουὶ τοῦ ἀγῶνος, ἀξιῶ καὶ δέομαι πάντων ὁμοίως ὑμῶν ἀκοῦσαί μου περὶ τῶν κατηγορημένων ἀπολογουμένου δικαίως, ὥσπερ οἱ νόμοι κελεύουσιν, οὓς ὁ τιθεὶς ἐξ ἀρχῆς Σόλων, εὔνους ὢν ὑμῖν καὶ δημοτικός, οὐ μόνον τῷ γράψαι κυρίους ᾤετο δεῖν εἶναι, ἀλλὰ καὶ τῷ τοὺς δικάζοντας ὑμᾶς ὀμωμοκέναι· 7 οὐκ ἀπιστῶν ὑμῖν, ὥς γ' ἐμοὶ φαίνεται, ἀλλ' ὁρῶν ὅτι τὰς αἰτίας καὶ τὰς διαβολάς, αἷς ἐκ τοῦ πρότερος λέγειν ὁ διώκων ἰσχύει, οὐκ ἔνι τῷ φεύγοντι παρελθεῖν, εἰ μὴ τῶν δικαζόντων ἕκαστος ὑμῶν τὴν πρὸς τοὺς θεοὺς εὐσέβειαν φυλάττων καὶ τὰ τοῦ λέγοντος ὑστέρου δίκαια εὐνοϊκῶς προσδέξεται, καί, παρασχὼν αὑτὸν ἴσον καὶ κοινὸν ἀμφοτέροις ἀκροατὴν οὕτω τὴν διάγνωσιν ποιήσεται περὶ ἁπάντων.

8 Μέλλων δὲ τοῦ τε ἰδίου βίου παντός, ὡς ἔοικε, λόγον διδόναι τήμερον καὶ τῶν κοινῇ πεπολιτευμένων, βούλομαι πάλιν τοὺς θεοὺς παρακαλέσαι, καὶ ἐναντίον ὑμῶν εὔχομαι πρῶτον μέν, ὅσην εὔνοιαν ἔχων ἐγὼ διατελῶ τῇ τε πόλει καὶ πᾶσιν ὑμῖν, | τοσαύτην ὑπάρξαι μοι παρ' ὑμῶν εἰς τουτονὶ τὸν ἀγῶνα, ἔπειθ' ὅ τι μέλλει συνοίσειν καὶ πρὸς εὐδοξίαν κοινῇ καὶ πρὸς εὐσέβειαν ἑκάστῳ, τοῦτο παραστῆσαι πᾶσιν ὑμῖν περὶ ταυτησὶ τῆς γραφῆς γνῶναι.

9 Εἰ μὲν οὖν περὶ ὧν ἐδίωκε μόνον κατηγόρησεν Αἰσχίνης, κἀγὼ περὶ αὐτοῦ τοῦ προβουλεύματος εὐθὺς ἂν ἀπε-

mérite pas de ma part une moindre attention. Car il est dur et pénible de se voir privé de tout, principalement quand la cause en est un ennemi, mais, par-dessus tout, de l'être de votre sympathie et de votre affection, d'autant que les obtenir est plus précieux que tout. **6** Puisque c'est sur cela que porte le présent débat, je vous demande et vous prie tous également de m'entendre dans ma défense contre l'accusation, conformément à la justice, comme l'ordonnent les lois que Solon[1], qui, le premier, les a établies, qui vous était dévoué et bon démocrate, croyait souveraines non seulement du fait qu'elles étaient écrites, mais aussi du fait que les juges avaient prêté serment ; ce n'est pas, à ce qu'il m'apparaît, qu'il se défiât de vous ; **7** mais il voyait que le défendeur ne peut échapper aux imputations et aux calomnies qui font la force de l'accusateur du fait que celui-ci parle le premier, à moins que chacun de vous, les juges, ne conserve sa piété envers les dieux pour assurer un accueil sympathique aux droits de celui qui parle le second ; et ne se montre pour les deux parties un auditeur égal et impartial avant de rendre son verdict sur l'ensemble.

8 Comme je vais rendre compte aujourd'hui de ma vie privée tout entière, à ce qu'il paraît, et de la politique générale, je veux une seconde fois appeler les dieux à mon aide ; et devant vous je les prie tout d'abord de faire qu'une sympathie égale à celle que je ne cesse de témoigner à l'État et à vous tous, me soit aussi réservée par vous pour le présent débat ; puis, qu'ils vous inspirent à tous de prononcer sur la présente accusation ce qui doit profiter à la gloire commune et à la piété de chacun.

9 Si Eschine avait incriminé seulement ce qu'il vise dans sa plainte, moi aussi je présenterais aussitôt ma défense touchant le rapport même du Conseil. Mais,

1. Appel traditionnel au souvenir du « fondateur de la démocratie », qu'Eschine (*C. Ctés.*, 257) avait déjà invoqué contre Démosthène.

λογούμην· ἐπειδὴ δ' οὐκ ἐλάττω λόγον τἄλλα διεξιὼν ἀνήλωκεν καὶ τὰ πλεῖστα κατεψεύσατό μου, ἀναγκαῖον εἶναι νομίζω καὶ δίκαιον ἅμα βραχέ', ὦ ἄνδρες Ἀθηναῖοι, περὶ τούτων εἰπεῖν πρῶτον, ἵνα μηδεὶς ὑμῶν, τοῖς ἔξωθεν λόγοις ἠγμένος, ἀλλοτριώτερον τῶν ὑπὲρ τῆς γραφῆς δικαίων ἀκούῃ μου.

10 Περὶ μὲν δὴ τῶν ἰδίων ὅσα λοιδορούμενος βεβλασφήμηκε περὶ ἐμοῦ, θεάσασθε ὡς ἁπλᾶ καὶ δίκαια λέγω. Εἰ μὲν ἴστε με τοιοῦτον οἷον οὗτος ᾐτιᾶτο (οὐ γὰρ ἄλλοθί που βεβίωκ' ἢ παρ' ὑμῖν), μηδὲ φωνὴν ἀνάσχησθε, μηδ' εἰ πάντα τὰ κοινὰ ὑπέρευ πεπολίτευμαι ἀλλ' ἀναστάντες, καταψηφίσασθ' ἤδη· εἰ δὲ πολλῷ βελτίω τούτου καὶ ἐκ βελτιόνων, καὶ μηδενὸς τῶν μετρίων, ἵνα μηδὲν ἐπαχθὲς λέγω, χείρονα καὶ ἐμὲ καὶ τοὺς ἐμοὺς ὑπειλήφατε καὶ γιγνώσκετε, τούτῳ μὲν μηδ' ὑπὲρ τῶν ἄλλων πιστεύετε (δῆλον γὰρ ὡς ὁμοίως ἅπαντ' ἐπλάττετο), ἐμοὶ δ' ἣν παρὰ πάντα τὸν χρόνον εὔνοιαν ἐνδέδειχθ' ἐπὶ πολλῶν ἀγώνων τῶν πρότερον, καὶ νυνὶ παράσχεσθε. **11** Κακοήθης δ' ὤν, Αἰσχίνη, τοῦτο παντελῶς εὔηθες ᾠήθης, τοὺς περὶ τῶν πεπραγμένων καὶ πεπολιτευμένων λόγους ἀφέντα με πρὸς τὰς λοιδορίας τὰς παρὰ σοῦ τρέψεσθαι. Οὐ δὴ ποιήσω τοῦτο· οὐχ οὕτω τετύφωμαι· | ἀλλ' ὑπὲρ μὲν τῶν πεπολιτευμένων ἃ κατεψεύδου καὶ διέβαλλες ἐξετάσω, τῆς δὲ πομπείας ταύτης τῆς ἀνέδην γεγενημένης ὕστερον, ἂν βουλομένοις ᾖ τουτοισί, μνησθήσομαι.

2. Démosthène prépare dès maintenant les attaques personnelles contre Eschine et sa famille (*Cour.*, 129-131, 256-266) ; c'est à la fois un procédé traditionnel et une riposte à Eschine (*C. Ctés.*, 171 et suiv.).

puisqu'il a consacré un discours tout aussi long à exposer le reste et que la plupart du temps il a menti en m'attaquant, je juge à la fois nécessaire et juste de dire tout d'abord sur cette question quelques mots, Athéniens, pour éviter que des discours étrangers à la cause n'entraînent quelqu'un de vous à écouter dans des sentiments un peu hostiles mes justes arguments touchant l'accusation.

10 Pour ce qui est des injures et des diffamations qu'il a lancées contre ma vie privée, voyez combien mes paroles sont franches et justes. Si vous savez que je suis ce qu'il m'accusait d'être (car je n'ai réellement pas vécu ailleurs que chez vous), ne supportez pas d'entendre ma voix, même si toute ma politique dans les affaires publiques a été excellente ; levez-vous pour voter immédiatement contre moi. Mais si vous pensez et reconnaissez que moi et les miens, nous sommes meilleurs que cet individu et de meilleure origine[2], que nous ne sommes inférieurs à aucune personne convenable (ceci pour ne rien dire d'insupportable), ne vous fiez pas à cet individu non plus pour le reste (car évidemment il forgeait tout de la même façon), et à moi accordez maintenant encore la sympathie que vous m'avez toujours témoignée dans bien des procès antérieurs. **11** Dans ta malice, Eschine, tu as cru tout simplement que je laisserais de côté les arguments touchant mes actes et ma politique, pour tourner mon attention vers les injures lancées par toi. Non, je ne le ferai pas ; je ne suis pas aveuglé à ce point. C'est sur la politique, que tu attaquais et calomniais mensongèrement, que je ferai porter mon examen ; quant à ce carnaval[3] auquel tu t'es livré sans retenue, c'est plus tard que je le rappellerai, si les juges que voici le désirent.

3. Le mot *(pompeia)* évoque (comme 122 : *ex amaxes*) les quolibets et les injures qu'échangeaient les participants aux processions dyonisiaques (spécialement aux Lénéennes).

12 Τὰ μὲν οὖν κατηγορημένα πολλά, καὶ περὶ ὧν ἐνίων μεγάλας καὶ τὰς ἐσχάτας οἱ νόμοι διδόασι τιμωρίας, τοῦ δὲ παρόντος ἀγῶνος ἡ προαίρεσις αὐτὴ ἐχθροῦ μὲν ἐπήρειαν ἔχει καὶ ὕβριν καὶ λοιδορίαν καὶ προπηλακισμὸν ὁμοῦ καὶ πάντα τὰ τοιαῦτα· τῶν μέντοι κατηγοριῶν καὶ τῶν αἰτιῶν τῶν εἰρημένων, εἴπερ ἦσαν ἀληθεῖς, οὐκ ἔνι τῇ πόλει δίκην ἀξίαν λαβεῖν, οὐδ' ἐγγύς. 13 Οὐ γὰρ ἀφαιρεῖσθαι δεῖ τὸ προσελθεῖν τῷ δήμῳ καὶ λόγου τυχεῖν οὐδ' ἐν ἐπηρείας τάξει καὶ φθόνου τοῦτο ποιεῖν οὔτε μὰ τοὺς θεοὺς ὀρθῶς ἔχον οὔτε πολιτικὸν οὔτε δίκαιόν ἐστιν, ὦ ἄνδρες Ἀθηναῖοι· ἀλλ' ἐφ' οἷς ἀδικοῦντά μ' ἑώρα τὴν πόλιν, οὖσί γε τηλικούτοις ἡλίκα νῦν ἐτραγῴδει καὶ διεξῄει, ταῖς ἐκ τῶν νόμων τιμωρίαις παρ' αὐτὰ τἀδικήματα χρῆσθαι, εἰ μὲν εἰσαγγελίας ἄξια πράττονθ' ἑώρα, εἰσαγγέλλοντα καὶ τοῦτον τὸν τρόπον εἰς κρίσιν καθιστάντα παρ' ὑμῖν, εἰ δὲ γράφοντα παράνομα, παρανόμων γραφόμενον· οὐ γὰρ δήπου Κτησιφῶντα μὲν δύναται διώκειν δι' ἐμέ, ἐμὲ δέ, εἴπερ ἐξελέγξειν ἐνόμιζεν, αὐτὸν οὐκ ἂν ἐγράψατο. 14 Καὶ μὴν εἴ τι τῶν ἄλλων ὧν νυνὶ διέβαλλε καὶ διεξῄει ἢ καὶ ἄλλ' ὁτιοῦν ἀδικοῦντά μ' ὑμᾶς ἑώρα, εἰσὶν νόμοι περὶ πάντων καὶ τιμωρίαι, καὶ ἀγῶνες καὶ κρίσεις πικρὰ καὶ μεγάλ' ἔχουσαι τἀπιτίμια, καὶ τούτοις ἐξῆν ἅπασι χρῆσθαι κατ' ἐμοῦ, καί, ὁπηνίκα ἐφαίνετο ταῦτα πεποιηκὼς καὶ τοῦτον τὸν τρόπον κεχρημένος τοῖς πρὸς ἐμέ, ὡμολογεῖτ' ἂν ἡ κατηγορία τοῖς ἔργοις αὐτοῦ. 15 Νῦν δ' ἐκστὰς τῆς ὀρθῆς καὶ δικαίας ὁδοῦ καὶ φυγὼν τοὺς παρ' αὐτὰ τὰ

12 Les chefs d'accusation sont nombreux, et, pour quelques-uns, les lois offrent des châtiments sévères, et même les derniers châtiments. Mais si le plan même du présent débat montre réunis les outrages de la haine, ses insolences, ses injures, ses insultes et toutes choses semblables, néanmoins il ne permet pas à l'État, au cas où les accusations et les imputations formulées seraient véridiques, de s'en venger comme elles l'exigeraient ou même approximativement. **13** Car on ne doit empêcher personne de se présenter devant le peuple et de se faire entendre, ni surtout le faire avec outrage et jalousie ; ce n'est par les dieux ni logique ni digne d'un patriote, ni juste, Athéniens. Mais, pour les actes par lesquels il me voyait nuire à l'État, s'ils étaient aussi graves que tout à l'heure il l'exposait tragiquement, c'est au moment même de la faute qu'il devait faire appel aux châtiments infligés par les lois, en me poursuivant par eisangélie, s'il voyait que mes actes méritaient une eisangélie[4], et en me mettant de cette façon en jugement devant vous ; en me poursuivant pour illégalité, s'il me voyait faire une proposition illégale. Car il est évidemment impossible qu'il puisse poursuivre Ctésiphon à cause de moi et n'ait pu m'inculper moi-même s'il croyait pouvoir me confondre. **14** Et encore, si pour quelqu'un des autres faits que tout à l'heure il exposait calomnieusement ou en quoi que ce soit d'autre il me voyait vous faire tort, pour tout cela il existe des lois, des châtiments, des procès, des jugements avec des sanctions graves et sévères ; il pouvait avoir recours à tout cela et, quand on verrait qu'il a agi de la sorte et utilisé ainsi ce qui s'appliquait à moi, son accusation serait d'accord avec ses actes. **15** Mais, en fait, après s'être écarté de la route de la logique et de la justice, après avoir évité les démons-

4. Démosthène fait ici allusion à deux procédures importantes du droit athénien : l'*eisangélie*, c'est-à-dire l'accusation d'atteinte à la sûreté de l'État et la *graphè para nomôn*, la poursuite engagée contre quiconque a fait adopter une mesure contraire aux lois.

πράγματ' ἐλέγχους, τοσούτοις ὕστερον χρόνοις αἰτίας καὶ σκώμματα καὶ λοιδορίας συμφορήσας ὑποκρίνεται· εἶτα κατηγορεῖ μὲν ἐμοῦ, κρίνει δὲ τουτονί καὶ τοῦ μὲν ἀγῶνος ὅλου τὴν πρὸς ἔμ' ἔχθραν προΐσταται, οὐδαμοῦ δ' ἐπὶ ταύτην ἀπηντηκὼς ἐμοὶ τὴν ἑτέρου ζητῶν ἐπιτιμίαν ἀφελέσθαι φαίνεται. 16 Καίτοι πρὸς ἅπασιν, ὦ ἄνδρες Ἀθηναῖοι, τοῖς ἄλλοις δικαίοις οἷς ἂν εἰπεῖν τις ὑπὲρ Κτησιφῶντος ἔχοι, καὶ τοῦτ' ἔμοιγε δοκεῖ καὶ μάλ' εἰκότως ἂν λέγειν, ὅτι τῆς ἡμετέρας ἔχθρας ἡμᾶς ἐφ' ἡμῶν αὐτῶν δίκαιον ἦν τὸν ἐξετασμὸν ποιεῖσθαι, οὐ τὸ μὲν πρὸς ἀλλήλους ἀγωνίζεσθαι παραλείπειν, ἑτέρῳ δ' ὅτῳ κακόν τι δώσομεν ζητεῖν· ὑπερβολὴ γὰρ ἀδικίας τοῦτό γε.

17 Πάντα μὲν τοίνυν τὰ κατηγορημέν' ὁμοίως ἐκ τούτων ἄν τις ἴδοι, οὔτε δικαίως οὔτ' ἐπ' ἀληθείας οὐδεμιᾶς εἰρημένα· βούλομαι δὲ καὶ καθ' ἓν ἕκαστον αὐτῶν ἐξετάσαι, καὶ μάλισθ' ὅσ' ὑπὲρ τῆς εἰρήνης καὶ τῆς πρεσβείας κατεψεύσατό μου, τὰ πεπραγμέν' ἑαυτῷ μετὰ Φιλοκράτους ἀνατιθεὶς ἐμοί. Ἔστι δ' ἀναγκαῖον, ὦ ἄνδρες Ἀθηναῖοι, καὶ προσῆκον ἴσως, ὡς κατ' ἐκείνους τοὺς χρόνους εἶχε τὰ πράγματ' ἀναμνῆσαι, ἵνα πρὸς τὸν ὑπάρχοντα καιρὸν ἕκαστα θεωρῆτε.

18 Τοῦ γὰρ Φωκικοῦ συστάντος πολέμου, οὐ δι' ἐμέ· (οὐ γὰρ ἔγωγ' ἐπολιτευόμην πω τότε), πρῶτον μὲν ὑμεῖς οὕτω διέκεισθε ὥστε Φωκέας μὲν βούλεσθαι σωθῆναι, καίπερ οὐ δίκαια ποιοῦντας ὁρῶντες, Θηβαίοις δ' ὁτιοῦν ἂν ἐφησθῆναι παθοῦσιν, οὐκ ἀλόγως οὐδ' ἀδίκως αὐτοῖς ὀργι-

5. Allusion (comme 13 : *tragiquement*) à l'ancien métier d'Eschine ; cf. aussi 180, 242, 262, 313 ; *Amb.*, 246-247.

6. Cf. Eschine, *C. Ctés.*, 54 et suiv. (où il se dit renseigné sur le plan de Démosthène et fait succéder l'exposé historique à la discussion juridique sur le décret).

trations contemporaines des événements mêmes, c'est si longtemps après qu'il a ramassé des imputations, des railleries et des injures, et qu'il joue sa comédie[5] ; et puis c'est moi qu'il accuse, et Ctésiphon ici présent qu'il traduit en justice ; c'est sa haine contre moi qu'il met en avant dans tout le débat, mais il ne m'a jamais affronté pour liquider cette affaire, et c'est un autre qu'on le voit chercher à priver de ses droits de citoyen. **16** Or, Athéniens, en plus de tous les autres justes arguments qu'on pourrait faire valoir en faveur de Ctésiphon, il serait naturel aussi, me semble-t-il, de dire qu'il était juste de faire juger nos motifs de haine à nos propres risques, au lieu de négliger l'occasion de lutter l'un contre l'autre pour chercher quelque tiers à qui faire du mal ; car ce serait là le comble de l'injustice.

17 Or toutes ses accusations, comme on peut le voir également d'après cela, ne sont ni justes ni inspirées par la vérité. Mais je veux encore examiner chacune d'elles séparément, et surtout les attaques mensongères qu'il a dirigées contre moi à propos de la paix[6] et de l'ambassade, en m'attribuant ce qu'il a fait avec Philocrate. Il est nécessaire, Athéniens, et peut-être opportun, de vous rappeler quelle était la situation à ce moment-là, pour que vous examiniez chaque fait dans les circonstances mêmes où il s'est produit.

18 Quand la guerre de Phocide[7] eut éclaté (non pas par mon fait, car à ce moment-là je ne faisais pas encore de politique), en premier lieu vos dispositions étaient telles que vous souhaitiez le salut des Phocidiens bien que les voyant agir injustement et que vous vous réjouissiez de tout ce qui pouvait arriver aux Thébains, irrités que vous étiez contre eux non sans raison ni justice, car

7. Par « guerre de Phocide », Démosthène entend ce que l'on a coutume d'appeler la Troisième Guerre sacrée, décidée par le Conseil amphictyonique de Delphes contre les Phocidiens. Elle débuta en 355, en un moment où Démosthène n'était pas encore engagé dans la vie politique.

ζόμενοι· οἷς γὰρ εὐτυχήκεσαν ἐν Λεύκτροις οὐ μετρίως ἐκέχρηντο· ἔπειθ' ἡ Πελοπόννησος ἅπασα διειστήκει, καὶ οὔθ' οἱ μισοῦντες Λακεδαιμονίους οὕτως ἴσχυον ὥστ' ἀνελεῖν αὐτούς, οὔθ' οἱ πρότερον δι' ἐκείνων ἄρχοντες κύριοι τῶν πόλεων ἦσαν, ἀλλά τις ἦν ἄκριτος καὶ παρὰ τούτοις καὶ παρὰ τοῖς ἄλλοις ἅπασιν ἔρις καὶ ταραχή.
19 Ταῦτα δ' ὁρῶν ὁ Φίλιππος (οὐ γὰρ ἦν ἀφανῆ) τοῖς παρ' ἑκάστοις προδόταις χρήματ' ἀναλίσκων πάντας συνέκρουεν καὶ πρὸς αὑτοὺς ἐτάραττεν· εἶτ' ἐν οἷς ἡμάρτανον ἄλλοι καὶ κακῶς ἐφρόνουν, αὐτὸς παρεσκευάζετο καὶ κατὰ πάντων ἐφύετο. Ὡς δὲ ταλαιπωρούμενοι τῷ μήκει τοῦ πολέμου οἱ τότε μὲν βαρεῖς, νῦν δ' ἀτυχεῖς Θηβαῖοι φανεροὶ πᾶσιν ἦσαν ἀναγκασθησόμενοι καταφεύγειν ἐφ' ὑμᾶς, ὁ Φίλιππος, ἵνα μὴ τοῦτο γένοιτο μηδὲ συνέλθοιεν αἱ πόλεις, ὑμῖν μὲν εἰρήνην, ἐκείνοις δὲ βοήθειαν ἐπηγγείλατο. 20 Τί οὖν συνηγωνίσατο αὐτῷ πρὸς τὸ λαβεῖν ὀλίγου δεῖν ὑμᾶς ἑκόντας ἐξαπατωμένους ; Ἡ τῶν ἄλλων Ἑλλήνων, εἴτε χρὴ κακίαν εἴτ' ἄγνοιαν εἴτε καὶ ἀμφότερα ταῦτ' εἰπεῖν· οἳ πόλεμον συνεχῆ καὶ μακρὸν πολεμούντων ὑμῶν, καὶ τοῦτον ὑπὲρ τῶν πᾶσι συμφερόντων, ὡς ἔργῳ φανερὸν γέγονεν, οὔτε χρήμασιν οὔτε σώμασιν, οὔτ' ἄλλῳ οὐδενὶ τῶν ἁπάντων συνελάμβανον ὑμῖν· οἷς καὶ δικαίως καὶ προσηκόντως ὀργιζόμενοι, ἑτοίμως ὑπηκούσατε τῷ Φιλίππῳ. Ἡ μὲν οὖν τότε συγχωρηθεῖσ' εἰρήνη διὰ ταῦτα, οὐ δι' ἐμέ, ὡς οὗτος διέβαλλεν, ἐπράχθη· τὰ δὲ τούτων ἀδικήματα καὶ δωροδοκήματα ἐν αὐτῇ τῶν νυνὶ παρόντων πραγμάτων, ἄν τις ἐξετάζῃ δικαίως, αἴτι' εὑρήσει.
21 Καὶ ταυτὶ πάνθ' ὑπὲρ τῆς ἀληθείας ἀκριβολογοῦμαι καὶ διεξέρχομαι. Εἰ γὰρ εἶναί τι δοκοίη τὰ μάλιστα ἐν

ils avaient abusé de leur succès de Leuctres. Puis tout le Péloponnèse était divisé : ceux qui détestaient Lacédémone[8], n'avaient pas assez de force pour l'abattre, et ceux qui auparavant gouvernaient grâce à elle, n'étaient plus les maîtres dans les États ; c'était en quelque sorte, là et partout ailleurs, une dissension confuse et le désordre[9]. **19** Voyant cela (ce n'était pas un mystère), Philippe, en distribuant de l'argent aux traîtres de chaque pays, provoquait partout des conflits et des troubles intérieurs ; puis, dans les moments où d'autres commettaient des fautes et des erreurs, lui se préparait et grandissait aux dépens de tous. Comme tout le monde voyait bien qu'accablés par la prolongation des hostilités, les Thébains, alors gênants, maintenant misérables, seraient forcés d'avoir recours à vous, Philippe, pour éviter et cela et la réconciliation des deux pays, vous offrit la paix et à eux des secours. **20** Qu'est-ce donc qui l'aida à vous prendre au piège, pour ainsi dire, en vous laissant trompés et contents ? Chez les autres Grecs, ce qu'on peut appeler de la méchanceté ou de l'aveuglement ou les deux à la fois ; alors que vous faisiez une guerre longue et ininterrompue, et cela dans l'intérêt de tous, comme les faits l'ont montré, ils ne vous aidaient ni de leur argent ni de leurs personnes, ni par quoi que ce fût d'autre. Aussi, justement et logiquement irrités contre eux, vous avez volontiers écouté Philippe. Donc la paix qu'on accorda alors, se fit pour ces motifs, non pas par mon fait, comme le prétendait cet individu ; mais ce sont les crimes et la vénalité de ces gens lors de sa conclusion, si l'on examine la question en toute justice, qu'on trouvera responsables de la situation présente. **21** Tout cela, c'est dans l'intérêt de la vérité que je le précise et que je l'expose. Si en effet on jugeait absolument qu'il y a eu crime en ces circonstances, il n'y a évidemment

8. Surtout les Messéniens, les Arcadiens et les Argiens.

9. Expression très proche de celle par laquelle Xénophon (*Hell.*, VII, 5, 27) caractérise l'état de la Grèce après la bataille de Mantinée.

τούτοις ἀδίκημα, οὐδέν ἐστι δήπου πρὸς ἐμέ· ἀλλ' ὁ μὲν πρῶτος εἰπὼν καὶ μνησθεὶς ὑπὲρ τῆς εἰρήνης Ἀριστόδημος ἦν ὁ ὑποκριτής· ὁ δ' ἐκδεξάμενος καὶ γράψας καὶ ἑαυτὸν μετὰ τούτου μισθώσας ἐπὶ ταῦτα Φιλοκράτης ὁ Ἁγνούσιος, ὁ σός, Αἰσχίνη, κοινωνός, οὐχ ὁ ἐμός, οὐδ' ἂν σὺ διαρραγῇς ψευδόμενος· οἱ δὲ συνειπόντες, ὅτου δήποτε εἵνεκα (ἐῶ γὰρ τοῦτό γ' ἐν τῷ παρόντι) Εὔβουλος καὶ Κηφισοφῶν, ἐγὼ δ' οὐδὲν οὐδαμοῦ. 22 Ἀλλ' ὅμως, τούτων τοιούτων ὄντων καὶ ἐπ' αὐτῆς τῆς ἀληθείας οὕτω δεικνυμένων, εἰς τοῦθ' ἧκεν ἀναιδείας ὥστ' ἐτόλμα λέγειν ὡς ἄρα ἐγὼ πρὸς τῷ τῆς εἰρήνης αἴτιος γεγενῆσθαι καὶ κεκωλυκὼς εἴην τὴν πόλιν μετὰ κοινοῦ συνεδρίου τῶν Ἑλλήνων ταύτην ποιήσασθαι. Εἶτ', ὦ [1] τί ἂν εἰπών σέ τις ὀρθῶς προσείποι; Ἔστιν ὅπου σὺ παρὼν τηλικαύτην πρᾶξιν καὶ συμμαχίαν ἡλίκην νυνὶ διεξῄεις ὁρῶν ἀφαιρούμενόν με τῆς πόλεως, ἠγανάκτησας, ἢ παρελθὼν ταῦτα ἃ νῦν κατηγορεῖς ἐδίδαξας καὶ διεξῆλθες; 23 Καὶ μὴν εἰ τὸ κωλῦσαι τὴν τῶν Ἑλλήνων κοινωνίαν ἐπεπράκειν ἐγὼ Φιλίππῳ, σοὶ τὸ μὴ σιγῆσαι λοιπὸν ἦν, ἀλλὰ βοᾶν καὶ διαμαρτύρεσθαι καὶ δηλοῦν τουτοισί. Οὐ τοίνυν ἐποίησας οὐδαμοῦ τοῦτο, | οὐδ' ἤκουσέ σου ταύτην τὴν φωνὴν οὐδείς. Εἰκότως· οὔτε γὰρ ἦν πρεσβεία πρὸς οὐδένʼ ἀπεσταλμένη τότε τῶν Ἑλλήνων, ἀλλὰ πάλαι πάντες ἦσαν ἐξεληλεγμένοι, οὔθ' οὗτος ὑγιὲς περὶ τούτων εἴρηκεν οὐδέν. 24 Χωρὶς δὲ τούτων καὶ διαβάλλει τὴν πόλιν τὰ μέγιστα ἐν οἷς ψεύδεται. Εἰ γὰρ ὑμεῖς ἅμα τοὺς μὲν Ἕλληνας εἰς πόλεμον παρεκαλεῖτε, αὐτοὶ δὲ πρὸς Φίλιππον περὶ εἰρήνης πρέσβεις ἐπέμπετε, Εὐρυβάτου πρᾶγμα, οὐ πόλεως ἔργον οὐδὲ χρηστῶν ἀνθρώ-

[1] Aposiopèse : interrupt° brutale traduisant une émot°, une indignat°, voire une menace (le ὦ reste « en l'air »)

10. Le « conseil commun des Grecs », c'est-à-dire l'assemblée fédérale de la Seconde confédération maritime, créée en 378/377, mais quasi inexistante depuis la guerre des alliés.

rien là qui me regarde. Le premier qui ait parlé et fait mention de la paix, fut l'acteur Aristodèmos ; celui qui a pris la suite, a rédigé le projet de décret et s'est vendu pour cela d'accord avec cet individu, c'est Philocrate d'Hagnonte, ton complice, Eschine, non pas le mien (dusses-tu crever de tes mensonges) ; ceux qui l'ont appuyé, pour quelque raison que ce soit (je laisse cela de côté pour le moment), ce sont Eubule et Képhisophon. Moi, je n'ai paru en rien nulle part. **22** Néanmoins, les faits étant tels et leur exposé d'accord avec la stricte vérité, Eschine en est arrivé à un tel point d'impudence qu'il a osé dire que c'était moi qui, non content d'avoir été responsable de la paix, avais empêché notre pays de la conclure d'accord avec le Conseil commun des Grecs[10]. Et alors, toi… Que pourrait-on dire pour t'appeler de ton vrai nom ? Y a-t-il eu une circonstance où, me voyant en ta présence essayer de priver l'État d'une entreprise et d'une alliance telles que tu viens de les exposer, tu as montré ton indignation, ou bien où tu es monté à la tribune pour apprendre ou exposer ce dont tu m'accuses maintenant ? **23** Eh bien ! si j'avais vendu à Philippe la possibilité d'empêcher l'union des Grecs, il te restait de ne pas te taire, de crier, de protester, d'exposer les faits aux citoyens que voici. Or tu ne l'as jamais fait et personne n'a entendu cette belle voix. C'est tout naturel : il n'y avait alors aucune ambassade envoyée à aucun État grec ; tous étaient depuis longtemps dévoilés ; et cet individu n'a rien dit de bon sur ce point. **24** En outre, ses mensonges sont une grave insulte pour l'État. En effet, si vous, en même temps que vous invitiez les Grecs à faire la guerre, séparément vous envoyiez des ambassadeurs traiter de la paix avec Philippe, c'était agir en Eurybate[11], non pas avoir une conduite digne de notre

11. Type proverbial du traître et du fourbe ; l'origine de l'expression était déjà discutée dans l'Antiquité ; Éphore, à en croire Harpocration, faisait vivre Eurybate au temps de Crésus.

πων διεπράττεσθε. Ἀλλ' οὐκ ἔστι ταῦτα, οὐκ ἔστι. Τί γὰρ καὶ βουλόμενοι μετεπέμπεσθ' ἂν αὐτοὺς ἐν τούτῳ τῷ καιρῷ; Ἐπὶ τὴν εἰρήνην; ἀλλ' ὑπῆρχεν ἅπασιν. Ἀλλ' ἐπὶ τὸν πόλεμον; ἀλλ' αὐτοὶ περὶ εἰρήνης ἐβουλεύεσθε. Οὔκουν οὔτε τῆς ἐξ ἀρχῆς εἰρήνης ἡγεμὼν οὐδ' αἴτιος ὢν ἐγὼ φαίνομαι, οὔτε τῶν ἄλλων ὧν κατεψεύσατό μου οὐδὲν ἀληθὲς ὂν δείκνυται.

25 Ἐπειδὴ τοίνυν ἐποιήσατο τὴν εἰρήνην ἡ πόλις, ἐνταῦθα πάλιν σκέψασθε τί ἡμῶν ἑκάτερος προείλετο πράττειν· καὶ γὰρ ἐκ τούτων εἴσεσθε τίς ἦν ὁ Φιλίππῳ περὶ τὴν εἰρήνην συναγωνιζόμενος, καὶ τίς ὁ πράττων ὑπὲρ ὑμῶν καὶ τὸ τῇ πόλει συμφέρον ζητῶν. Ἐγὼ μὲν τοίνυν ἔγραψα βουλεύων ἀποπλεῖν τὴν ταχίστην τοὺς πρέσβεις ἐπὶ τοὺς τόπους ἐν οἷς ἂν ὄντα Φίλιππον πυνθάνωνται, καὶ τοὺς ὅρκους ἀπολαμβάνειν· οὗτοι δ' οὐδὲ γράψαντος ἐμοῦ ταῦτα ποιεῖν ἠθέλησαν. 26 Τί δὲ τοῦτ' ἠδύνατο, ὦ ἄνδρες Ἀθηναῖοι; Ἐγὼ διδάξω. Φιλίππῳ μὲν ἦν συμφέρον ὡς πλεῖστον τὸν μεταξὺ χρόνον γενέσθαι τῶν ὅρκων, ὑμῖν δ' ὡς ἐλάχιστον. | Διὰ τί; Ὅτι ὑμεῖς μέν, οὐκ ἀφ' ἧς ὠμόσαθ' ἡμέρας, ἀλλ' ἀφ' ἧς ἠλπίσατε τὴν εἰρήνην ἔσεσθαι, πάσας ἐξελύσατε τὰς παρακευὰς τὰς τοῦ πολέμου· ὁ δὲ τοῦτ' ἐκ παντὸς τοῦ χρόνου μάλιστ' ἐπραγματεύετο, νομίζων, ὅπερ ἦν ἀληθές, ὅσα τῆς πόλεως προλάβοι πρὸ τοῦ τοὺς ὅρκους ἀποδοῦναι, πάντα ταῦτα βεβαίως ἕξειν· οὐδένα γὰρ τὴν εἰρήνην λύσειν τούτων ἕνεκεν. 27 Ἁγὼ προορώμενος, ἄνδρες Ἀθηναῖοι, καὶ λογιζόμενος τὸ ψήφισμα τοῦτο γράφω, πλεῖν ἐπὶ τοὺς τόπους ἐν οἷς ἂν ᾖ Φίλιππος καὶ τοὺς ὅρκους τὴν ταχίστην ἀπολαμβάνειν· ἵν' ἐχόντων τῶν Θρᾳκῶν τῶν ὑμετέρων συμμάχων ταῦτα τὰ

12. Démosthène fait allusion aux premières stipulations de la paix de 346 qui allaient être modifiées de fait par l'action menée par Philippe entre la conclusion de l'accord et l'échange des serments. Sur

pays ni d'honnêtes gens. Mais cela n'est pas, non, cela n'est pas. Quelles auraient été vos intentions en convoquant les Grecs dans ces circonstances ? Pour faire la paix ? Mais tous l'avaient déjà. Pour faire la guerre ? Mais vous-mêmes, vous délibériez sur la paix. Ainsi donc on voit que je n'ai pas été l'instigateur ni le responsable de la paix primitive[12] et on ne montre comme vraie aucune des choses dont il m'a accusé mensongèrement.

25 Donc examinez encore la conduite qu'adopta chacun de nous deux quand Athènes eut fait la paix. D'après cela, vous saurez qui soutenait Philippe dans la question de la paix, et qui agissait dans votre intérêt et cherchait l'avantage de l'État. Moi, comme membre du Conseil, j'ai proposé que les ambassadeurs partissent par la voie la plus rapide pour les lieux où ils apprendraient la présence de Philippe et qu'ils reçussent ses serments ; eux, même après ma proposition, ont refusé de le faire. **26** Quelle était la portée de cela, Athéniens ? Je vais vous l'apprendre. L'avantage de Philippe était que l'intervalle de temps jusqu'aux serments fût le plus grand possible ; le vôtre, qu'il fût le plus court. Pourquoi ? Parce que, vous, ce n'est pas seulement à dater du jour où vous aviez juré, mais à dater de celui où vous aviez espéré la paix, que vous aviez suspendu tous les préparatifs de guerre. Philippe, au contraire, travaillait de tout temps à obtenir cela, dans la pensée – pensée justifiée –, que tout ce qu'il aurait pris à notre pays avant d'avoir prêté serment, tout cela lui resterait acquis ; car personne ne romprait la paix pour ce motif. **27** Moi, qui prévoyais et calculais cela, Athéniens, je propose par écrit ce décret, portant qu'on ira par mer vers les lieux où se trouve Philippe et qu'on recevra au plus vite ses serments, afin que les serments eussent lieu pendant que les Thraces, vos alliés, conservaient ces positions que cet individu

tout cela, voir les deux discours de Démosthène et d'Eschine prononcés lors du procès de 343.

χωρία ἃ νῦν οὗτος διέσυρε, τὸ Σέρριον καὶ τὸ Μύρτηνον καὶ τὴν Ἐργίσκην, οὕτω γίγνοινθ' οἱ ὅρκοι, καὶ μὴ προλαβὼν ἐκεῖνος τοὺς ἐπικαίρους τῶν τόπων κύριος τῆς Θρᾴκης καταστaίη, μηδὲ πολλῶν μὲν χρημάτων, πολλῶν δὲ στρατιωτῶν εὐπορήσας ἐκ τούτων ῥᾳδίως τοῖς λοιποῖς ἐπιχειροίη πράγμασιν. 28 Εἶτα τοῦτο μὲν οὐχὶ λέγει τὸ ψήφισμα, οὐδ' ἀναγιγνώσκει· εἰ δὲ βουλεύων ἐγὼ προσάγειν τοὺς πρέσβεις ᾤμην δεῖν, τοῦτό μου διαβάλλει. Ἀλλὰ τί ἐχρῆν με ποιεῖν; Μὴ προσάγειν γράψαι τοὺς ἐπὶ τοῦθ' ἥκοντας, ἵν' ὑμῖν διαλεχθῶσιν; ἢ θέαν μὴ κατανεῖμαι τὸν ἀρχιτέκτον' αὐτοῖς κελεῦσαι; Ἀλλ' ἐν τοῖν δυοῖν ὀβολοῖν ἐθεώρουν ἄν, εἰ μὴ τοῦτ' ἐγράφη. Τὰ σμικρὰ συμφέροντα τῆς πόλεως ἔδει με φυλάττειν, τὰ δ' ὅλα, ὥσπερ οὗτοι, πεπρακέναι; Οὐ δήπου. Λέγε τοίνυν μοι τὸ ψήφισμα τουτὶ λαβών, ὃ σαφῶς οὗτος εἰδὼς παρέβη. Λέγε. |

Ψήφισμα

29 [Ἐπὶ ἄρχοντος Μνησιφίλου, Ἑκατομβαιῶνος ἕνῃ καὶ νέᾳ, φυλῆς πρυτανευούσης Πανδιονίδος, Δημοσθένης Δημοσθένους Παιανιεὺς εἶπεν· ἐπειδὴ Φίλιππος ἀποστείλας πρέσβεις περὶ τῆς εἰρήνης ὁμολογουμένας πεποίηται συνθήκας, δεδόχθαι τῇ βουλῇ καὶ τῷ δήμῳ τῷ Ἀθηναίων, ὅπως ἂν ἡ εἰρήνη ἐπιτελεσθῇ ἡ ἐπιχειροτονηθεῖσα ἐν τῇ πρώτῃ ἐκκλησίᾳ, πρέσβεις ἑλέσθαι ἐκ πάντων Ἀθηναίων ἤδη πέντε, τοὺς δὲ χειροτονηθέντας ἀποδημεῖν μηδεμίαν ὑπερβολὴν ποιουμένους, ὅπου ἂν ὄντα πυνθάνωνται τὸν Φίλιππον, καὶ τοὺς ὅρκους λαβεῖν τε παρ' αὐτοῦ καὶ δοῦναι τὴν ταχίστην ἐπὶ ταῖς ὡμολογημέναις συνθήκαις αὐτῷ πρὸς τὸν Ἀθηναίων δῆμον, συμπεριλαμβάνοντας καὶ τοὺς ἑκατέρων συμμάχους. Πρέσβεις ᾑρέθησαν Εὔβουλος Ἀναφλύστιος, Αἰσχίνης Κοθωκίδης, Κηφισοφῶν Ῥαμνούσιος, Δημοκράτης Φλυεύς, Κλέων Κοθωκίδης.]

persiflait[13] tout à l'heure, Serrhion, Myrtènon, Ergiskè ; cela, pour éviter que Philippe ne s'emparât d'abord des positions favorables et ne se rendît maître de la Thrace ; puis, bien pourvu d'argent et de soldats tirés de cette région, ne pût facilement entreprendre la suite de ses opérations. **28** Et alors, de ce décret, Eschine ne parle pas ; il ne le fait pas lire. Mais si, en tant que membre du Conseil, j'ai cru nécessaire d'introduire les ambassadeurs devant le peuple, c'est pour cela qu'il me calomnie. Mais que devais-je faire ? Proposer qu'on n'introduisît pas des gens venus précisément pour vous parler ? Ou bien ordonner que l'administrateur du théâtre ne leur réservât pas de places ? Mais ils auraient été spectateurs dans l'enceinte à deux oboles, si cette proposition n'avait pas été faite. J'aurais donc dû sauvegarder les petits intérêts de l'État après avoir vendu l'ensemble, comme ont fait ces gens-là ? Non évidemment. Prends-moi donc pour le lire ce décret qu'Eschine qui le connaît bien, a passé sous silence. Lis.

DÉCRET

29 [Sous l'archontat de Mnésiphilos, le trente Hécatombéon, la tribu Pandionis exerçant la prytanie, Démosthène de Paiania, fils de Démosthène, a proposé : considérant que Philippe, après avoir envoyé des ambassadeurs au sujet de la paix, a conclu une convention d'accord, plaise au Conseil et au peuple athénien : afin que devienne définitive la paix votée à la première assemblée, on choisira dès maintenant parmi tous les Athéniens cinq ambassadeurs ; les ambassadeurs élus partiront, sans aucun délai, pour le lieu où ils apprendront la présence de Philippe ; ils échangeront les serments avec lui au plus vite selon la convention d'accord faite par lui avec le peuple athénien, en y comprenant les alliés des deux parties. Ont été désignés pour ambassadeurs : Eubule d'Anaphlystos, Eschine de Cothôkidai, Képhisophon de Rhamnonte, Démocratès de Phlya, Cléon de Cothôkidai.]

13. Cf. Eschine, *Ctés.*, 82. Noms d'ailleurs mal connus du public, dit Démosthène (70).

30 Ταῦτα γράψαντος ἐμοῦ τότε καὶ τὸ τῇ πόλει συμφέρον, οὐ τὸ Φιλίππῳ, ζητοῦντος, βραχὺ φροντίσαντες οἱ χρηστοὶ πρέσβεις οὗτοι καθῆντ' ἐν Μακεδονίᾳ τρεῖς ὅλους μῆνας, ἕως ἦλθε Φίλιππος ἐκ Θρᾴκης πάντα καταστρεψάμενος, ἐξὸν ἡμερῶν δέκα, ὁμοίως δὲ τριῶν ἢ τεττάρων, εἰς τὸν Ἑλλήσποντον ἀφῖχθαι καὶ τὰ χωρία σῶσαι, λαβόντας τοὺς ὅρκους πρὶν ἐκεῖνον ἐξελεῖν αὐτά· οὐ γὰρ ἂν ἥψατ' αὐτῶν παρόντων ἡμῶν, ἢ οὐκ ἂν ὡρκίζομεν αὐτόν, ὥστε τῆς εἰρήνης ἂν διημαρτήκει καὶ οὐκ ἂν | ἀμφότερα εἶχε, καὶ τὴν εἰρήνην καὶ τὰ χωρία.

31 Τὸ μὲν τοίνυν ἐν τῇ πρεσβείᾳ πρῶτον κλέμμα μὲν Φιλίππου, δωροδόκημα δὲ τῶν ἀδίκων τούτων ἀνθρώπων τοιοῦτον ἐγένετο· ὑπὲρ οὗ καὶ τότε καὶ νῦν καὶ ἀεὶ ὁμολογῶ καὶ πολεμεῖν καὶ διαφέρεσθαι τουτοισί. Ἕτερον δ' εὐθὺς ἐφεξῆς ἔτι τούτου μεῖζον κακούργημα θεάσασθε.

32 Ἐπειδὴ γὰρ ὤμοσε τὴν εἰρήνην ὁ Φίλιππος προλαβὼν τὴν Θρᾴκην διὰ τούτους οὐχὶ πεισθέντας τῷ ἐμῷ ψηφίσματι, πάλιν ὠνεῖται παρ' αὐτῶν ὅπως μὴ ἄπιμεν ἐκ Μακεδονίας, ἕως τὰ τῆς στρατείας τῆς ἐπὶ τοὺς Φωκέας εὐτρεπῆ ποιήσαιτο, ἵνα μή, δεῦρ' ἀπαγγειλάντων ἡμῶν ὅτι μέλλει καὶ παρασκευάζεται πορεύεσθαι, ἐξέλθοιθ' ὑμεῖς καὶ περιπλεύσαντες ταῖς τριήρεσιν εἰς Πύλας, ὥσπερ πρότερον, κλείσαιτε τὸν τόπον, ἀλλ' ἅμ' ἀκούοιτε ταῦτα ἀπαγγελλόντων ἡμῶν κἀκεῖνος ἐντὸς εἴη Πυλῶν καὶ μηδὲν ἔχοιθ' ὑμεῖς ποιῆσαι. 33 Οὕτω δ' ἦν ὁ Φίλιππος ἐν φόβῳ καὶ πολλῇ ἀγωνίᾳ, μὴ καὶ ταῦτα προειληφότος αὐτοῦ,

14. Exagération oratoire ; Démosthène (*Amb.*, 57) donne le même chiffre pour *tout le voyage*; ailleurs (*Amb.*, 155) il dit : 23 jours pour l'aller et 27 pour le séjour à Pella. Il y eut trois mois entre l'acceptation de la paix (16 Élaphébolion) et le compte rendu de la deuxième ambassade (15 Skirophorion).

30 Quand j'avais alors proposé cela et que je cherchais l'avantage de l'État, non pas celui de Philippe, s'en étant peu souciés, ces honnêtes ambassadeurs sont restés immobiles en Macédoine trois mois entiers[14], jusqu'au moment où Philippe revint de Thrace après avoir tout subjugué, – alors qu'on pouvait en dix jours, et tout aussi bien en trois ou quatre, être rendu dans l'Hellespont et, en recevant les serments, sauver les positions avant qu'il les eût emportées. En effet, il ne les aurait pas attaquées en notre présence, ou bien nous n'aurions pas admis son serment, en sorte qu'il n'eût pas obtenu la paix et n'aurait pas eu à la fois la paix et ces positions.

31 Telle fut donc, dans l'affaire de l'ambassade, la première escroquerie de Philippe et le premier acte de vénalité de ces criminels. Contre cela, je reconnais qu'alors et maintenant et toujours j'ai fait la guerre et ai été en désaccord avec eux. Mais voyez une seconde fourberie qui suivit immédiatement et fut encore plus grande. **32** Quand Philippe a juré la paix après s'être emparé de la Thrace grâce à ces gens qui n'avaient pas obéi à mon décret, il achète encore d'eux le moyen de nous empêcher de partir de Macédoine tant qu'il préparerait son expédition contre la Phocide, cela pour éviter que, si nous annoncions ici qu'il va avancer et s'y prépare, vous ne partiez en expédition et, venant avec une flotte aux Thermopyles comme auparavant[15], vous ne barriez la région ; pour qu'au contraire, au moment même où vous entendriez notre rapport, lui eût franchi les Thermopyles et que vous ne pussiez plus rien faire. **33** Mais Philippe était fort angoissé par la crainte que, même après qu'il aurait acquis ces avantages, l'affaire

15. En 353, après avoir défait les Phocidiens d'Onomarchos aux environs du golfe de Pagases, Philippe avait marché sur les Thermopyles : mais il avait renoncé à son entreprise, le passage ayant été occupé par 5 000 hoplites et 400 cavaliers athéniens (soutenus par 1 000 Lacédémoniens et 2 000 Achéens).

εἰ πρὸ τοῦ τοὺς Φωκέας ἀπολέσθαι ψηφίσαισθε βοηθεῖν, ἐκφύγοι τὰ πράγματ' αὐτόν, ὥστε μισθοῦται τὸν κατάπτυστον τουτονί, οὐκέτι κοινῇ μετὰ τῶν ἄλλων πρέσβεων, ἀλλ' ἰδίᾳ καθ' αὑτόν, τοιαῦτα πρὸς ὑμᾶς εἰπεῖν καὶ ἀπαγγεῖλαι δι' ὧν ἅπαντ' ἀπώλετο. 34 Ἀξιῶ δ', ὦ ἄνδρες Ἀθηναῖοι, καὶ δέομαι τοῦτο μεμνῆσθαι παρ' ὅλον τὸν ἀγῶνα, ὅτι, μὴ κατηγορήσαντος Αἰσχίνου μηδὲν ἔξω τῆς γραφῆς, οὐδ' ἂν ἐγὼ λόγον οὐδέν' ἐποιούμην ἕτερον· πάσαις δ' αἰτίαις καὶ βλασφημίαις ἅμα τούτου κεχρημένου, ἀνάγκη κἀμοὶ πρὸς ἕκαστα τῶν κατηγορημένων μικρ' ἀποκρίνασθαι. 35 Τίνες οὖν ἦσαν οἱ παρὰ τούτου λόγοι τότε ῥηθέντες, καὶ δι' οὓς ἅπαντ' ἀπώλετο; Ὡς οὐ δεῖ θορυβεῖσθαι τῷ παρεληλυθέναι Φίλιππον εἴσω Πυλῶν· ἔσται γὰρ ἅπανθ' ὅσα βούλεσθ' ὑμεῖς, ἐὰν ἔχηθ' ἡσυχίαν, καὶ ἀκούσεσθε δυοῖν ἢ τριῶν ἡμερῶν, οἷς μὲν ἐχθρὸς ἥκει, φίλον αὐτὸν γεγενημένον, οἷς δὲ φίλος, τοὐναντίον ἐχθρόν. Οὐ γὰρ τὰ ῥήματα τὰς οἰκειότητας ἔφη βεβαιοῦν, μάλα σεμνῶς ὀνομάζων, ἀλλὰ τὸ ταὐτὰ συμφέρειν· συμφέρειν δὲ Φιλίππῳ καὶ Φωκεῦσι καὶ ὑμῖν ὁμοίως ἅπασι τῆς ἀναλγησίας καὶ τῆς βαρύτητος ἀπαλλαγῆναι τῆς τῶν Θηβαίων 36 Ταῦτα δ' ἀσμένως τινὲς ἤκουον αὐτοῦ διὰ τὴν τόθ' ὑποῦσαν ἀπέχθειαν πρὸς τοὺς Θηβαίους. Τί οὖν συνέβη μετὰ ταῦτ' εὐθύς, οὐκ εἰς μακράν ; Τοὺς μὲν Φωκέας ἀπολέσθαι καὶ κατασκαφῆναι τὰς πόλεις αὐτῶν, ὑμᾶς δ' ἡσυχίαν ἀγαγόντας καὶ τούτῳ πεισθέντας μικρὸν ὕστερον σκευαγωγεῖν ἐκ τῶν ἀγρῶν, τοῦτον δὲ χρυσίον λαβεῖν καὶ ἔτι πρὸς

16. Cf. 9, où Démosthène prétend déjà qu'Eschine a recours à des imputations sans rapport avec la question.

lui échappât si vous votiez une expédition de secours avant la perte des Phocidiens ; en conséquence, il prend à ses gages ce répugnant individu, non plus de concert avec les autres ambassadeurs, mais personnellement et isolément, pour vous dire et vous rapporter ce qui a causé le désastre total. **34** Je vous demande, Athéniens, et je vous prie de vous souvenir durant tout le procès que, si Eschine n'avait présenté aucune accusation étrangère à sa plainte[16], moi non plus je ne ferais aucun développement extérieur à la question, mais que, puisqu'il a employé à la fois toutes les critiques et toutes les calomnies, je suis forcé, moi aussi, de répondre en peu de mots à chacune de ses accusations. **35** Quels étaient donc les discours qu'Eschine tint alors et qui causèrent le désastre total ? « Il ne fallait pas être troublé par le passage de Philippe en deçà des Thermopyles ; tout ce que vous désiriez arriverait si vous restiez tranquilles ; dans deux ou trois jours vous apprendriez qu'il est devenu l'ami de ceux pour qui il est venu en ennemi, l'ennemi au contraire de ceux pour qui il est venu en ami. Car ce ne sont pas les mots qui affermissent les bonnes relations, disait-il en employant des termes tout à fait solennels, mais l'identité d'intérêts ; or, c'est l'intérêt de Philippe aussi bien que des Phocidiens et de vous tous, d'être débarrassés de l'inhumanité et de la sottise des Thébains. » **36** Il y avait des gens pour l'écouter avec plaisir en raison de la haine sourde qui existait alors contre les Thébains. Qu'arriva-t-il donc, non pas longtemps après, mais aussitôt ? C'est que les Phocidiens furent perdus et leurs villes détruites ; que vous, qui étiez restés tranquilles et aviez été persuadés par cet individu, peu après vous déménagiez[17] de la campagne ; que cet individu reçut de l'argent, et qu'en outre Athènes eut de

17. La panique qui éclata alors à Athènes lors de l'annonce de la capitulation des Phocidiens amena le peuple à se réfugier à l'intérieur des murs.

τούτοις τὴν μὲν ἀπέχθειαν τὴν πρὸς Θηβαίους καὶ Θετταλοὺς τῇ πόλει γενέσθαι, τὴν δὲ χάριν τὴν ὑπὲρ τῶν πεπραγμένων Φιλίππῳ. 37 Ὅτι δ' οὕτω ταῦτ' ἔχει, λέγε μοι τό τε τοῦ Καλλισθένους ψήφισμα καὶ τὴν ἐπιστολὴν τὴν τοῦ Φιλίππου, ἐξ ὧν ἀμφοτέρων ταῦθ' ἅπανθ' ὑμῖν ἔσται φανερά. Λέγε.

Ψήφισμα

[Ἐπὶ Μνησιφίλου ἄρχοντος, συγκλήτου ἐκκλησίας ὑπὸ στρατηγῶν καὶ πρυτάνεων καὶ βουλῆς γνώμῃ, μαιμακτηριῶνος δεκάτῃ ἀπιόντος, Καλλισθένης Ἐτεονίκου Φαληρεὺς εἶπε· μηδένα Ἀθηναίων μηδεμιᾷ παρευρέσει ἐν τῇ χώρᾳ κοιταῖον γίγνεσθαι, ἀλλ' ἐν ἄστει καὶ Πειραιεῖ, ὅσοι μὴ ἐν τοῖς φρουρίοις εἰσὶν ἀποτεταγμένοι· τούτων δ' ἑκάστους ἣν παρέλαβον τάξιν διατηρεῖν, μήτε ἀφημερεύοντας μήτε ἀποκοιτοῦντας. 38 Ὃς ἂν δ' ἀπειθήσῃ τῷδε τῷ ψηφίσματι, ἔνοχος ἔστω τοῖς τῆς προδοσίας ἐπιτιμίοις, ἐὰν μή τι ἀδύνατον ἐπιδεικνύῃ περὶ ἑαυτόν· περὶ δὲ τοῦ ἀδυνάτου ἐπικρινέτω ὁ ἐπὶ τῶν ὅπλων στρατηγὸς καὶ ὁ ἐπὶ τῆς διοικήσεως καὶ ὁ γραμματεὺς τῆς βουλῆς. Κατακομίζειν δὲ καὶ τὰ ἐκ τῶν ἀγρῶν πάντα τὴν ταχίστην, τὰ μὲν ἐντὸς σταδίων ἑκατὸν εἴκοσι εἰς ἄστυ καὶ Πειραιᾶ, τὰ δὲ ἐκτὸς σταδίων ἑκατὸν εἴκοσι Ἐλευσῖνα καὶ Φυλὴν καὶ Ἄφιδναν καὶ Ῥαμνοῦντα καὶ Σούνιον. Εἶπε Καλλισθένης Φαληρεύς.]

Ἆρ' ἐπὶ ταύταις ταῖς ἐλπίσιν τὴν εἰρήνην ἐποιεῖσθε, ἢ ταῦτ' ἐπηγγέλλεθ' ὑμῖν οὗτος ὁ μισθωτός; 39 Λέγε δὴ τὴν ἐπιστολὴν ἣν ἔπεμψε Φίλιππος μετὰ ταῦτα.

Ἐπιστολή

[Βασιλεὺς Μακεδόνων Φίλιππος Ἀθηναίων τῇ βουλῇ καὶ τῷ δήμῳ χαίρειν. Ἴστε ἡμᾶς παρεληλυθότας εἴσω Πυλῶν καὶ τὰ κατὰ τὴν Φωκίδα ὑφ' ἑαυτοὺς πεποιημένους, καὶ ὅσα μὲν ἑκουσίως προσετίθετο τῶν πολισμάτων,

la haine pour les Thébains et les Thessaliens, mais de la reconnaissance pour Philippe en raison de ce qui s'était passé. **37** Pour montrer qu'il en est ainsi, lis-moi le décret de Callisthénès et la lettre de Philippe, qui tous deux rendront cela évident pour vous. Lis.

Décret

[Sous l'archontat de Mnésiphilos, assemblée extraordinaire convoquée par les stratèges sur avis des prytanes et du Conseil, le 20 Maimactérion. Proposition de Callisthénès de Phalère, fils d'Étéonicos : aucun Athénien, sous aucun prétexte, ne couchera à la campagne, mais dans la ville et au Pirée, sauf ceux qui sont détachés dans les forteresses ; chacun de ceux-là conservera le poste qu'il a reçu, sans le quitter ni jour ni nuit. **38** Quiconque désobéira au présent décret, encourra la peine prévue pour la trahison, à moins qu'il ne fasse preuve d'un cas de force majeure ; de cette force majeure seront juges le stratège des hoplites, le directeur de l'administration et le secrétaire du Conseil. On ramènera le plus tôt possible tout ce qui se trouve à la campagne en deçà de 120 stades, dans la ville et au Pirée, au-delà de 120 stades à Éleusis, Phylè, Aphidna, Rhamnonte et Sounion. Proposition de Callisthénès de Phalère.]

Est-ce avec ces espérances que vous faisiez la paix, ou bien est-ce là ce que vous promettait ce salarié ?

39 Lis donc la lettre que Philippe envoya après cela.

Lettre

[Philippe, roi de Macédoine, au Conseil et au peuple athénien, salut. Vous savez que nous nous sommes avancés en deçà des Thermopyles et avons soumis la Phocide ; que nous avons mis garnison dans celles des villes qui se sont ralliées à nous volontaire-

φρουρὰς εἰσαγηοχότας, | τὰ δὲ μὴ ὑπακούοντα κατὰ κράτος λαβόντες καὶ ἐξανδραποδισάμενοι κατεσκάψαμεν. Ἀκούων δὲ καὶ ὑμᾶς παρασκευάζεσθαι βοηθεῖν αὐτοῖς, γέγραφα ὑμῖν ἵνα μὴ πλέον ἐνοχλῆσθε περὶ τούτων. Τοῖς μὲν γὰρ ὅλοις οὐδὲ μέτριόν μοι δοκεῖτε ποιεῖν, τὴν εἰρήνην συνθέμενοι καὶ ὁμοίως ἀντιπαρεξάγοντες· καὶ ταῦτα, οὐδὲ συμπεριειλημμένων τῶν Φωκέων ἐν ταῖς κοιναῖς ἡμῶν συνθήκαις. Ὥστε ἐὰν μὴ ἐμμένητε τοῖς ὡμολογημένοις, οὐδὲν προτερήσετε ἔξω τοῦ ἐφθακέναι ἀδικοῦντες.]

40 Ἀκούεθ' ὡς σαφῶς δηλοῖ καὶ διορίζεται ἐν τῇ πρὸς ὑμᾶς ἐπιστολῇ, πρὸς τοὺς αὑτοῦ συμμάχους, ὅτι· « Ἐγὼ ταῦτα πεποίηκα ἀκόντων Ἀθηναίων καὶ λυπουμένων ὥστ', εἴπερ εὖ φρονεῖτ' ὦ Θηβαῖοι καὶ Θετταλοί, τούτους μὲν ἐχθροὺς ὑπολήψεσθε, ἐμοὶ δὲ πιστεύσετε. » οὐ τούτοις τοῖς ῥήμασι γράψας, ταῦτα δὲ βουλόμενος δεικνύναι. Τοιγαροῦν ἐκ τούτων ᾤχετο ἐκείνους λαβὼν εἰς τὸ μηδ' ὁτιοῦν προορᾶν τῶν μετὰ ταῦτα μηδ' αἰσθάνεσθαι, ἀλλ' ἐᾶσαι πάντα τὰ πράγματα ἐκεῖνον ὑφ' ἑαυτῷ ποιήσασθαι· ἐξ ὧν ταῖς παρούσαις συμφοραῖς οἱ ταλαίπωροι κέχρηνται. 41 Ὁ δὲ ταύτης τῆς πίστεως αὐτῷ συνεργὸς καὶ συναγωνιστὴς καὶ ὁ δεῦρ' ἀπαγγείλας τὰ ψευδῆ καὶ φενακίσας ὑμᾶς, οὗτός ἐσθ' ὁ τὰ Θηβαίων ὀδυρόμενος νῦν πάθη καὶ διεξιὼν ὡς οἰκτρά, καὶ τούτων καὶ τῶν ἐν Φωκεῦσι κακῶν καὶ ὅσ' ἄλλα πεπόνθασιν οἱ Ἕλληνες ἁπάντων αὐτὸς ὢν αἴτιος. Δῆλον γὰρ ὅτι σὺ μὲν ἀλγεῖς ἐπὶ τοῖς συμβεβηκόσιν, Αἰσχίνη, καὶ τοὺς Θηβαίους ἐλεεῖς, κτήματ' ἔχων ἐν τῇ Βοιωτίᾳ καὶ γεωργῶν τὰ ἐκείνων· ἐγὼ δὲ χαίρω, ὃς εὐθὺς ἐξῃτούμην ὑπὸ τοῦ ταῦτα πράξαντος. |

18. Eschine faisait allusion au sort réservé à Thèbes par Alexandre après l'écrasement de la révolte de la cité, un sort qu'Eschine tenait pour un « juste châtiment d'une ville mal inspirée dans toute sa politique ». (*Ctés.*, 133 ; cf. aussi 155-156, où Démosthène est rendu responsable de cette politique.)

ment ; pour celles qui n'obéissaient pas, nous les avons prises de force, asservies et rasées. Apprenant que vous vous préparez à leur porter secours, je vous écris pour que vous ne soyez plus troublés à ce sujet ; car il me semble que dans la politique générale vous ne faites non plus rien de convenable, après avoir conclu la paix, en faisant néanmoins sortir des troupes contre moi, et cela alors que les Phocidiens ne sont pas compris dans notre commun accord. Ainsi, donc, si vous ne respectez pas la convention, vous ne gagnerez rien, sinon d'avoir eu les premiers torts]

40 Vous entendez comme, dans la lettre qui vous est adressée, il montre clairement et distinctement en s'adressant à ses alliés : « Moi, j'ai agi ainsi malgré l'opposition et le chagrin des Athéniens ; ainsi donc, si vous êtes raisonnables, Thébains et Thessaliens, vous verrez en eux des ennemis et vous aurez confiance en moi. » Ce n'est pas qu'il écrivit en ces termes, mais c'est ce qu'il voulait indiquer. Donc, à la suite de cela, il partit après les avoir subjugués au point qu'ils ne prévoyaient et n'apercevaient absolument rien de l'avenir et qu'ils l'ont laissé tout mettre en son pouvoir ; par suite de quoi les malheureux sont en proie à leurs présentes calamités. **41** Or son complice et son allié pour obtenir cette confiance, celui qui a fait ici un faux rapport et vous a abusés, c'est cet individu, lui qui gémit maintenant sur les souffrances des Thébains[18], qui expose combien elles sont lamentables, alors qu'il est lui-même responsable de cela et des malheurs de la Phocide et de tout ce que les Grecs ont souffert. Évidemment c'est toi qui souffres de ce qui s'est passé, Eschine, et qui as pitié des Thébains, toi qui possèdes des propriétés en Béotie et fais cultiver les terres des Thébains ; et c'est moi qui me réjouis, moi dont l'extradition était immédiatement demandée par l'auteur de ces actes[19] !

19. C'est après l'écrasement de la révolte de Thèbes qu'Alexandre aurait demandé que lui soient livrés les orateurs antimacédoniens, parmi lesquels Démosthène (voir Plutarque, *Dém.*, 23.)

42 Ἀλλὰ γὰρ ἐμπέπτωκ' εἰς λόγους οὓς αὐτίκα μᾶλλον ἴσως ἁρμόσει λέγειν· ἐπάνειμι δὴ πάλιν ἐπὶ τὰς ἀποδείξεις, ὡς τὰ τούτων ἀδικήματα τῶν νυνὶ παρόντων πραγμάτων γέγον' αἴτια.

Ἐπειδὴ γὰρ ἐξηπάτησθε μὲν ὑμεῖς ὑπὸ τοῦ Φιλίππου διὰ τούτων τῶν ἐν ταῖς πρεσβείαις μισθωσάντων ἑαυτοὺς καὶ οὐδὲν ἀληθὲς ὑμῖν ἀπαγγειλάντων, ἐξηπάτηντο δ' οἱ ταλαίπωροι Φωκεῖς καὶ ἀνῄρηνθ' αἱ πόλεις αὐτῶν, τί ἐγένετο; 43 Οἱ μὲν κατάπτυστοι Θετταλοὶ καὶ ἀναίσθητοι Θηβαῖοι φίλον, εὐεργέτην, σωτῆρα τὸν Φίλιππον ἡγοῦντο· πάντ' ἐκεῖνος ἦν αὐτοῖς οὐδὲ φωνὴν ἤκουον, εἴ τις ἄλλο τι βούλοιτο λέγειν. Ὑμεῖς δ' ὑφορώμενοι τὰ πεπραγμένα καὶ δυσχεραίνοντες ἤγετε τὴν εἰρήνην ὅμως· οὐ γὰρ ἦν ὅ τι ἂν ἐποιεῖτε. Καὶ οἱ ἄλλοι δ' Ἕλληνες, ὁμοίως ὑμῖν πεφενακισμένοι καὶ διημαρτηκότες ὧν ἤλπισαν, ἦγον τὴν εἰρήνην ἄσμενοι, καὶ αὐτοὶ τρόπον τινὰ ἐκ πολλοῦ πολεμούμενοι. 44 Ὅτε γὰρ περιιὼν Φίλιππος Ἰλλυριοὺς καὶ Τριβαλλούς, τινὰς δὲ καὶ τῶν Ἑλλήνων κατεστρέφετο, καὶ δυνάμεις πολλὰς καὶ μεγάλας ἐποιεῖθ' ὑφ' ἑαυτῷ, καί τινες τῶν ἐκ τῶν πόλεων ἐπὶ τῇ τῆς εἰρήνης ἐξουσίᾳ βαδίζοντες ἐκεῖσε διεφθείροντο, ὧν εἷς οὗτος ἦν, τότε πάντες ἐφ' οὓς ταῦτα παρεσκευάζετ' ἐκεῖνος ἐπολεμοῦντο. Εἰ δὲ μὴ ᾔσθάνοντο, ἕτερος ὁ λόγος οὗτος, οὐ πρὸς ἐμέ. 45 Ἐγὼ μὲν γὰρ προύλεγον καὶ διεμαρτυρόμην καὶ παρ' ὑμῖν ἀεὶ καὶ ὅποι πεμφθείην· αἱ δὲ πόλεις ἐνόσουν, τῶν μὲν ἐν τῷ πολιτεύεσθαι καὶ πράττειν δωροδοκούντων καὶ διαφθειρομένων ἐπὶ χρήμασι, | τῶν δὲ ἰδιωτῶν καὶ πολλῶν τὰ μὲν οὐ προορω-

42 Mais je me suis laissé entraîner à un développement que peut-être il vaudra mieux faire dans un instant. Je reviens donc à démontrer que ce sont les crimes de ces gens qui ont causé la situation présente.

Après que vous eûtes été trompés par Philippe, grâce à ces gens qui, dans leurs ambassades, s'étaient mis à ses gages et ne vous avaient fait que des rapports mensongers, après que les malheureux Phocidiens eurent été trompés et leurs villes détruites, que se passa-t-il ? **43** Les dégoûtants Thessaliens et les stupides Thébains voyaient en Philippe un ami, un bienfaiteur, un sauveur ; Philippe était tout pour eux ; ils n'écoutaient pas même un mot si l'on voulait dire autre chose. Vous, qui regardiez avec défiance et irritation ce qui s'était passé, vous observiez la paix malgré tout, car vous ne pouviez rien faire. Et les autres Grecs, eux aussi, abusés comme vous et déçus dans leurs espérances, étaient contents d'observer la paix, alors qu'eux-mêmes, depuis longtemps, étaient en quelque sorte attaqués. **44** En effet, au moment où Philippe circulait partout et soumettait Illyriens et Triballes[20] et aussi certains Grecs, quand il mettait sous son pouvoir beaucoup de grandes forces, quand, des villes grecques, certaines gens allaient là-bas grâce à la liberté donnée par la paix et se laissaient corrompre (et cet individu était l'un de ceux-là), alors tous ceux contre qui Philippe faisait ces préparatifs étaient attaqués. S'ils ne s'en apercevaient pas, c'est là une autre question qui ne me regarde pas. **45** Moi, en effet, je prévenais et protestais, tant devant vous, à chaque occasion, que partout où j'étais envoyé. Mais les États étaient malades : les hommes politiques, les hommes en situation d'agir, se faisaient payer et se laissaient corrompre par l'argent ; la foule des simples parti-

20. L'expédition contre les Illyriens est de 344 ; celle contre les Triballes est de 339. Les Grecs dont il est question, sont probablement ceux de Cardia et d'Eubée.

μένων, τὰ δὲ τῇ καθ' ἡμέραν ῥᾳστώνῃ καὶ σχολῇ δελεαζομένων, καὶ τοιουτονί τι πάθος πεπονθότων ἁπάντων, πλὴν οὐκ ἐφ' ἑαυτοὺς ἑκάστων οἰομένων τὸ δεινὸν ἥξειν καὶ διὰ τῶν ἑτέρων κινδύνων τὰ ἑαυτῶν ἀσφαλῶς σχήσειν ὅταν βούλωνται. 46 Εἶτ', οἶμαι, συμβέβηκε τοῖς μὲν πλήθεσιν ἀντὶ τῆς πολλῆς καὶ ἀκαίρου ῥᾳθυμίας, τὴν ἐλευθερίαν ἀπολωλεκέναι, τοῖς δὲ προεστηκόσι καὶ τἆλλα πλὴν ἑαυτοὺς οἰομένοις πωλεῖν πρώτους ἑαυτοὺς πεπρακόσιν αἰσθέσθαι· ἀντὶ γὰρ φίλων καὶ ξένων, ἃ τότ' ὠνομάζοντο ἡνίκ' ἐδωροδόκουν, νῦν κόλακες καὶ θεοῖς ἐχθροὶ καὶ τἆλλ' ἃ προσήκει πάντ' ἀκούουσιν. 47 Οὐδεὶς γάρ, ἄνδρες Ἀθηναῖοι, τὸ τοῦ προδιδόντος συμφέρον ζητῶν χρήματ' ἀναλίσκει, οὐδ' ἐπειδὰν ὧν ἂν πρίηται κύριος γένηται τῷ προδότῃ συμβούλῳ περὶ τῶν λοιπῶν ἔτι χρῆται· οὐδὲν γὰρ ἂν ἦν εὐδαιμονέστερον προδότου. Ἀλλ' οὐκ ἔστι ταῦτα. Πόθεν ; Πολλοῦ γε καὶ δεῖ. Ἀλλ', ἐπειδὰν τῶν πραγμάτων ἐγκρατὴς ὁ ζητῶν ἄρχειν καταστῇ, καὶ τῶν ταῦτα ἀποδομένων δεσπότης ἐστί, τὴν δὲ πονηρίαν εἰδώς, τότε δή, τότε καὶ μισεῖ καὶ ἀπιστεῖ καὶ προπηλακίζει. 48 Σκοπεῖτε δέ· καὶ γάρ, εἰ παρελήλυθεν ὁ τῶν πραγμάτων καιρός, ὁ τοῦ γ' εἰδέναι τὰ τοιαῦτα καιρὸς ἀεὶ πάρεστι τοῖς εὖ φρονοῦσιν. Μέχρι τούτου Λασθένης φίλος ὠνομάζετο, ἕως προύδωκεν Ὄλυνθον· μέχρι τούτου Τιμόλαος, ἕως ἀπώλεσε Θήβας· μέχρι τούτου Εὔδικος καὶ Σῖμος ὁ Λαρισαῖος, ἕως Θετταλίαν ὑπὸ Φιλίππῳ ἐποίησαν. | Εἶτ' ἐλαυνομένων καὶ ὑβρι-

21. Lasthénès livra (avec Euthycratès) la cavalerie olynthienne à Philippe (cf. *Amb.*, 265, 342) ; il était en défaveur dès 341 (*Chers.*, 40). Timolaos, mal connu est encore mentionné à 295. Eudicos et Simos auraient été, selon Harpocration, des Aleuades adversaires des tyrans

culiers ou bien ne prévoyait rien ou bien se laissait prendre à l'appât de la facilité et des loisirs journaliers ; et tous les gens avaient à peu près l'idée que la catastrophe s'abattrait partout sauf sur eux et que, grâce aux périls d'autrui, leur situation conserverait sa pleine sécurité quand ils le voudraient. **46** Et après cela, j'imagine, il en est résulté que les foules, en échange de leur insouciance excessive et déplacée, ont perdu leur liberté ; que les dirigeants, qui se figuraient tout vendre sauf eux-mêmes, se sont aperçus qu'ils s'étaient vendus les premiers ; car, au lieu d'amis et d'hôtes, noms qu'ils recevaient au moment où ils se faisaient payer, ils s'entendent appeler maintenant flatteurs, ennemis des dieux et tous autres noms bien mérités. **47** C'est que personne, Athéniens, ne cherche l'avantage du traître quand on dépense de l'argent, ni, une fois qu'on s'est rendu maître de ce qu'on achète, ne prend désormais le traître comme conseiller pour le reste ; si cela était, il n'y aurait rien de plus heureux qu'un traître. Mais cela n'est pas ; pourquoi ? Tant s'en faut, Quand celui qui cherche à commander tient fermement en mains la situation, il est aussi le maître de ceux qui la lui ont livrée et, connaissant leur crapulerie, alors, oui, il les déteste, il s'en défie, il les couvre de boue. **48** Voyez en effet ; car, si le moment de l'action est passé, c'est toujours du moins, pour les gens raisonnables, le moment de se rendre compte de cette sorte de faits. Lasthénès[21] était appelé ami jusqu'au moment où il eut livré Olynthe ; Timolaos, jusqu'au moment où il eut causé la perte de Thèbes ; Eudicos et Simos de Larissa, jusqu'au moment où ils eurent mis la Thessalie aux mains de Philippe. Après cela, la terre entière a été remplie de gens expulsés,

de Phères et auraient été portés au pouvoir en 344 lors de la réorganisation de la Thessalie. Aristratos, tyran de Sicyone depuis 360, fut soutenu par Philippe vers 344, mais renversé par la suite. Sur Périllos de Mégare, cf. *Amb.*, 295.

ζομένων καὶ τί κακὸν οὐχὶ πασχόντων πᾶσ' ἡ οἰκουμένη μεστὴ γέγονεν. Τί δ' Ἀρίστρατος ἐν Σικυῶνι, καὶ τί Πέριλλος ἐν Μεγάροις; Οὐκ ἀπερριμμένοι; 49 Ἐξ ὧν καὶ σαφέστατ' ἄν τις ἴδοι ὅτι ὁ μάλιστα φυλάττων τὴν αὑτοῦ πατρίδα καὶ πλεῖστα ἀντιλέγων τούτοις, οὗτος ὑμῖν, Αἰσχίνη, τοῖς προδιδοῦσι καὶ μισθαρνοῦσι, τὸ ἔχειν ἐφ' ὅτῳ δωροδοκήσετε περιποιεῖ, καὶ διὰ τοὺς πολλοὺς τουτωνὶ καὶ τοὺς ἀνθισταμένους τοῖς ὑμετέροις βουλήμασιν ὑμεῖς ἐστὲ σῷοι καὶ ἔμμισθοι, ἐπεὶ διά γ' ὑμᾶς αὐτοὺς πάλαι ἂν ἀπολώλειτε.

50 Καὶ περὶ μὲν τῶν τότε πραχθέντων ἔχων ἔτι πολλὰ λέγειν, καὶ ταῦθ' ἡγοῦμαι πλείω τῶν ἱκανῶν εἰρῆσθαι. Αἴτιος δ' οὗτος, ὥσπερ ἑωλοκρασίαν τινά μου τῆς πονηρίας τῆς ἑαυτοῦ καὶ τῶν ἀδικημάτων κατασκεδάσας, ἣν ἀναγκαῖον ἦν πρὸς τοὺς νεωτέρους τῶν πεπραγμένων ἀπολύσασθαι. Παρηνώχλησθε δ' ἴσως οἱ καὶ πρὶν ἔμ' εἰπεῖν ὁτιοῦν εἰδότες τὴν τούτου τότε μισθαρνίαν. 51 Καίτοι φιλίαν γε καὶ ξενίαν αὐτὴν ὀνομάζει, καὶ νῦν εἶπέ που λέγων· « Ὁ τὴν Ἀλεξάνδρου ξενίαν ὀνειδίζων ἐμοί. » Ἐγώ σοι ξενίαν Ἀλεξάνδρου; Πόθεν λαβόντι, ἢ πῶς ἀξιωθέντι; Οὔτε Φιλίππου ξένον οὔτ' Ἀλεξάνδρου φίλον εἴποιμ' ἂν ἐγώ σε (οὐχ οὕτω μαίνομαι), εἰ μὴ καὶ τοὺς θεριστὰς καὶ τοὺς ἄλλο τι μισθοῦ πράττοντας φίλους καὶ ξένους δεῖ καλεῖν τῶν μισθωσαμένων. 52 [Ἀλλ' οὐκ ἔστι ταῦτα. Πόθεν; Πολλοῦ γε καὶ δεῖ.] Ἀλλὰ μισθωτὸν ἐγώ σε Φιλίππου πρότερον, καὶ νῦν Ἀλεξάνδρου καλῶ, καὶ οὗτοι πάντες. Εἰ δ' ἀπιστεῖς, ἐρώτησον αὐτούς· μᾶλλον δ' ἐγὼ τοῦθ' ὑπὲρ σοῦ ποιήσω. Πότερον ὑμῖν, ὦ ἄνδρες Ἀθηναῖοι, δοκεῖ μισθωτὸς Αἰσχίνης ἢ ξένος εἶναι Ἀλεξάνδρου;... Ἀκούεις ἃ λέγουσιν.

53 Βούλομαι τοίνυν ἤδη καὶ περὶ τῆς γραφῆς αὐτῆς ἀπολογήσασθαι καὶ διεξελθεῖν τὰ πεπραγμέν' ἐμαυτῷ, ἵνα καίπερ εἰδὼς Αἰσχίνης ὅμως ἀκούσῃ δι' ἅ φημι καὶ τούτων

outragés, en butte à tous les maux possibles. Qu'est Aristratos à Sicyone ? Qu'est Périllos à Mégare ? Ne sont-ils pas jetés au rebut ? **49** Cela permet de voir clairement que celui qui veille le mieux sur sa patrie et contredit le plus souvent ces gens-là, celui-là, Eschine, vous conserve, à vous, les traîtres soudoyés, le moyen de toucher de l'argent ; et c'est grâce à la majorité des citoyens ici présents, grâce à ceux qui s'opposent à vos plans, que, vous, vous êtes saufs et salariés ; car, par votre fait, vous seriez perdus depuis longtemps.

50 Quoique pouvant dire encore bien des choses sur ce qui s'est fait alors, je crois que même ce que j'ai dit est plus que suffisant. Le responsable est cet homme, qui a déversé sur moi pour ainsi dire le résidu de sa perversité et de ses crimes ; il fallait m'en laver devant ceux qui sont nés après les événements. Mais peut-être avez-vous été ennuyés, vous qui, avant que j'eusse dit le moindre mot, connaissiez sa vénalité d'alors. **51** Cependant il l'appelle amitié et hospitalité, et il vient de dire quelque part : « Celui qui me reproche l'hospitalité d'Alexandre. » Moi, te reprocher l'hospitalité d'Alexandre ? Où l'as-tu prise, ou comment l'as-tu méritée ? Je ne t'appellerais pas hôte de Philippe ni ami d'Alexandre ; je ne suis pas assez fou pour cela ; à moins qu'on ne doive appeler les moissonneurs ou ceux qui font quelque autre chose moyennant salaire, amis et hôtes de ceux qui les paient. **52** [Cela n'est pas. Pourquoi ? Tant s'en faut.] Mais je t'appelle salarié de Philippe autrefois, et maintenant d'Alexandre[22] ; et tous ces gens que voilà font de même. Si tu en doutes, interroge-les ; ou plutôt je le ferai pour toi. Athéniens, Eschine vous semble-t-il être le salarié ou bien l'hôte d'Alexandre ? Tu entends ce qu'ils disent.

53 Maintenant je veux me justifier sur les faits mêmes de la plainte et exposer mes propres actes, afin qu'Eschine, bien que le sachant, entende encore pour-

22. Cf. Eschine, *Ctés.*, 66.

τῶν προβεβουλευμένων καὶ πολλῷ μειζόνων ἔτι τούτων δωρεῶν δίκαιος εἶναι τυγχάνειν. Καί μοι λέγε τὴν γραφὴν αὐτὴν λαβών.

Γραφή

54 [Ἐπὶ Χαιρώνδου ἄρχοντος, ἐλαφηβολιῶνος ἕκτῃ ἱσταμένου, Αἰσχίνης Ἀτρομήτου Κοθωκίδης ἀπήνεγκε πρὸς τὸν ἄρχοντα παρανόμων κατὰ Κτησιφῶντος τοῦ Λεωσθένους Ἀναφλυστίου, ὅτι ἔγραψε παράνομον ψήφισμα, ὡς ἄρα δεῖ στεφανῶσαι Δημοσθένην Δημοσθένους Παιανιέα χρυσῷ στεφάνῳ, καὶ ἀναγορεῦσαι ἐν τῷ θεάτρῳ Διονυσίοις τοῖς μεγάλοις, τραγῳδοῖς καινοῖς, ὅτι στεφανοῖ ὁ δῆμος Δημοσθένην Δημοσθένους Παιανιέα χρυσῷ στεφάνῳ ἀρετῆς ἕνεκα, καὶ εὐνοίας ἧς ἔχων διατελεῖ εἴς τε τοὺς Ἕλληνας ἅπαντας καὶ τὸν δῆμον τὸν Ἀθηναίων καὶ ἀνδραγαθίας, καὶ διότι διετελεῖ πράττων καὶ λέγων τὰ βέλτιστα τῷ δήμῳ καὶ πρόθυμός ἐστι ποιεῖν ὅ τι ἂν δύνηται ἀγαθόν,
55 πάντα ταῦτα ψευδῆ γράψας καὶ παράνομα, τῶν νόμων οὐκ ἐώντων πρῶτον μὲν ψευδεῖς γραφὰς εἰς τὰ δημόσια γράμματα καταβάλλεσθαι, εἶτα τὸν ὑπεύθυνον στεφανοῦν (ἔστι δὲ Δημοσθένης τειχοποιὸς καὶ ἐπὶ τῷ θεωρικῷ τεταγμένος)· ἔτι δὲ μὴ ἀναγορεύειν τὸν στέφανον ἐν τῷ θεάτρῳ Διονυσίοις, τραγῳδῶν τῇ καινῇ, | ἀλλ', ἐὰν μὲν ἡ βουλὴ στεφανοῖ, ἐν τῷ βουλευτηρίῳ ἀνειπεῖν, ἐὰν δὲ ἡ πόλις, ἐν Πυκνὶ ἐν τῇ ἐκκλησίᾳ. Τίμημα τάλαντα πεντήκοντα. Κλήτορες· Κηφισοφῶν Κηφισοφῶντος Ῥαμνούσιος, Κλέων Κλέωνος Κοθωκίδης.]

56 Ἃ μὲν διώκει τοῦ ψηφίσματος, ὦ ἄνδρες Ἀθηναῖοι, ταῦτ' ἐστίν. Ἐγὼ δ' ἀπ' αὐτῶν τούτων πρῶτον οἶμαι δῆλον ὑμῖν ποιήσειν ὅτι πάντα δικαίως ἀπολογήσομαι· τὴν γὰρ αὐτὴν τούτῳ ποιησάμενος τῶν γεγραμμένων τάξιν, περὶ πάντων ἐρῶ καθ' ἕκαστον ἐφεξῆς καὶ οὐδὲν ἑκὼν παραλείψω. 57 Τοῦ μὲν οὖν γράψαι πράττοντα καὶ λέγοντα τὰ βελτιστά με τῷ δήμῳ διατελεῖν καὶ πρόθυμον εἶναι ποιεῖν ὅ τι δύναμαι ἀγαθόν, καὶ ἐπαινεῖν ἐπὶ τούτοις, ἐν

quoi j'affirme mériter d'obtenir et les récompenses prévues par le projet du Conseil et d'autres encore plus grandes. Prends-moi et lis le texte même de la plainte.

TEXTE DE LA PLAINTE

54 [Sous l'archontat de Chairondas, le 6 Elaphébolion, Eschine de Cothôkidai, fils d'Atrométos, a déposé devant l'archonte une plainte en illégalité contre Ctésiphon d'Anaphlystos, fils de Léosthénès, pour avoir proposé un décret illégal portant qu'il faut décerner une couronne d'or à Démosthène de Paiania, fils de Démosthène, et proclamer au théâtre, lors des Grandes Dionysies, à la représentation des tragédies nouvelles, que le peuple décerne une couronne d'or à Démosthène de Paiania, fils de Démosthène, en raison de ses mérites et du dévouement qu'il ne cesse d'avoir pour tous les Grecs et pour le peuple athénien, en raison de son courage, et parce que sans cesse il agit et parle pour le plus grand bien du peuple et met toute son activité à faire tout le bien qu'il peut ; **55** toutes affirmations mensongères et illégales, puisque les lois interdisent premièrement d'introduire des faux dans les actes publics, ensuite de couronner le citoyen soumis à reddition de comptes (or Démosthène est commissaire aux fortifications et préposé aux fonds des spectacles), et qu'en outre elles ordonnent de proclamer la couronne, non pas au théâtre, lors des Dionysies, à la représentation des tragédies nouvelles, mais, si la couronne est décernée par le Conseil, dans la salle du Conseil, si elle est décernée par l'État, à la Pnyx dans l'Assemblée. Peine proposée : cinquante talents d'amende. Témoins instrumentaires : Képhisophon de Rhamnonte, fils de Képhisophon ; Cléon de Cothôkidai, fils de Cléon.]

56 Telles sont, Athéniens, les choses qu'il poursuit dans le décret. Pour ma part, c'est grâce à cela même que tout d'abord je vous montrerai, je crois, que ma défense sera entièrement juste ; car j'adopterai le même ordre que celui de la plainte pour vous parler de chaque point successivement, et je n'omettrai rien consciemment. **57** Pour ce qui est d'avoir écrit que sans cesse j'agis et je parle pour le plus grand bien du peuple et que je mets toute mon activité à faire le bien que je puis, et de me décerner un éloge pour ce motif, c'est dans mes actes

τοῖς πεπολιτευμένοις τὴν κρίσιν εἶναι νομίζω· ἀπὸ γὰρ τούτων ἐξεταζομένων εὑρεθήσεται εἴτ' ἀληθῆ περὶ ἐμοῦ γέγραφε Κτησιφῶν ταῦτα καὶ προσήκοντα εἴτε καὶ ψευδῆ.
58 Τὸ δὲ μὴ προσγράψαντα « ἐπειδὰν τὰς εὐθύνας δῷ » στεφανοῦν καὶ ἀνειπεῖν ἐν τῷ θεάτρῳ τὸν στέφανον κελεῦσαι, κοινωνεῖν μὲν ἡγοῦμαι καὶ τοῦτο τοῖς πεπολιτευμένοις, εἴτε ἄξιός εἰμι τοῦ στεφάνου καὶ τῆς ἀναρρήσεως τῆς ἐν τούτοις εἴτε καὶ μή· ἔτι μέντοι καὶ τοὺς νόμους δεικτέον εἶναί μοι δοκεῖ, καθ' οὓς ταῦτα γράφειν ἐξῆν τούτῳ. Οὑτωσὶ μέν, ὦ ἄνδρες Ἀθηναῖοι, δικαίως καὶ ἁπλῶς τὴν ἀπολογίαν ἔγνωκα ποιεῖσθαι. 59 Βαδιοῦμαι δ' ἐπ' αὔθ' ἃ πέπρακταί μοι. Καί με μηδεὶς ἀπαρτᾶν ὑπολάβῃ τὸν λόγον τῆς γραφῆς, ἐὰν εἰς Ἑλληνικὰς πράξεις καὶ λόγους ἐμπέσω· | ὁ γὰρ διώκων τοῦ ψηφίσματος τὸ λέγειν καὶ πράττειν τὰ ἄριστά με καὶ γεγραμμένος ταῦθ' ὡς οὐκ ἀληθῆ, οὗτός ἐστιν ὁ τοὺς περὶ ἁπάντων τῶν ἐμοὶ πεπολιτευμένων λόγους οἰκείους καὶ ἀναγκαίους τῇ γραφῇ πεποιηκώς. Εἶτα καὶ πολλῶν προαιρέσεων οὐσῶν τῆς πολιτείας τὴν περὶ τὰς Ἑλληνικὰς πράξεις εἱλόμην ἐγώ, ὥστε καὶ τὰς ἀποδείξεις ἐκ τούτων δίκαιός εἰμι ποιεῖσθαι.

60 Ἃ μὲν οὖν πρὸ τοῦ πολιτεύεσθαι καὶ δημηγορεῖν ἐμὲ προύλαβε καὶ κατέσχε Φίλιππος, ἐάσω· οὐδὲν γὰρ ἡγοῦμαι τούτων εἶναι πρὸς ἐμέ. Ἃ δ' ἀφ' ἧς ἡμέρας ἐπὶ ταῦτα ἐπέστην ἐγὼ διεκωλύθη, ταῦτ' ἀναμνήσω καὶ τούτων ὑφέξω λόγον, τοσοῦτον ὑπειπών. Πλεονέκτημ', ἄνδρες Ἀθηναῖοι, μέγ' ὑπῆρξε Φιλίππῳ. 61 Παρὰ γὰρ τοῖς Ἕλλησιν, οὐ τισίν, ἀλλ' ἅπασιν ὁμοίως, φορὰν προδοτῶν καὶ δωροδόκων καὶ θεοῖς ἐχθρῶν ἀνθρώπων συνέβη γενέσθαι τοσαύτην ὅσην οὐδείς πω πρότερον μέμνηται γεγονυῖαν·

politiques que se trouve, je pense, le moyen d'en juger, c'est par leur examen qu'on trouvera si Ctésiphon, en écrivant cela à mon sujet, a dit ce qui est vrai et convenable ou s'il a menti. **58** Pour ce qui est de ne pas avoir ajouté[23] : couronner « quand il aura rendu ses comptes » et d'avoir ordonné de proclamer la couronne au théâtre, je prétends que cela aussi se rattache à ma conduite politique, soit que je mérite la couronne et la proclamation devant les citoyens que voici, soit dans le cas contraire ; néanmoins il me semble que j'ai à montrer aussi les lois qui permettaient à Ctésiphon de faire cette proposition. C'est donc de cette façon juste et simple, Athéniens, que j'ai résolu de présenter la défense. Je vais passer à ma conduite même. **59** Et que personne n'aille croire que mon discours s'écarte de l'accusation si je m'occupe d'actions et de discours touchant les affaires de la Grèce. Car c'est celui qui, dans le décret, attaque l'affirmation selon laquelle je parle et j'agis pour le mieux, celui qui a écrit que ce n'est pas vrai, c'est celui-là qui a rendu nécessaires et rattaché à l'accusation les exposés touchant l'ensemble de ma politique. Et puis, alors qu'il y a bien des méthodes en politique, j'ai choisi, moi, celle qui s'intéresse aux affaires de la Grèce, en sorte que j'ai le droit d'avoir recours à celles-ci pour ma démonstration.

60 Ce que Philippe avait pris et occupé avant que je fisse de la politique et des discours, je le laisserai de côté ; car j'estime que rien de cela ne me concerne. Mais ce qu'à partir du jour où j'ai pris position sur ces points, il a été empêché de faire, c'est cela que je rappellerai, et de cela je rendrai compte, en ajoutant un mot seulement. Un grand avantage, Athéniens, a été acquis à Philippe : **61** en Grèce, non pas en quelques lieux, mais partout également, il survint une abondance de traîtres, de vendus, d'ennemis des dieux, telle que personne ne se souvient qu'il y en ait jamais eu. Les prenant pour colla-

23. Cf. Eschine, *Ctés.*, 31 et 203.

οὓς συναγωνιστὰς καὶ συνεργοὺς λαβὼν καὶ πρότερον κακῶς τοὺς Ἕλληνας ἔχοντας πρὸς ἑαυτοὺς καὶ στασιαστικῶς ἔτι χεῖρον διέθηκε, τοὺς μὲν ἐξαπατῶν, τοῖς δὲ διδούς, τοὺς δὲ πάντα τρόπον διαφθείρων, καὶ διέστησεν εἰς μέρη πολλά, ἑνὸς τοῦ συμφέροντος ἅπασιν ὄντος, κωλύειν ἐκεῖνον μέγαν γίγνεσθαι.

62 Ἐν τοιαύτῃ δὲ καταστάσει καὶ ἔτ' ἀγνοίᾳ τοῦ συνισταμένου καὶ φυομένου κακοῦ τῶν ἁπάντων Ἑλλήνων ὄντων, δεῖ σκοπεῖν ὑμᾶς, ἄνδρες Ἀθηναῖοι, τί προσῆκον ἦν ἑλέσθαι πράττειν καὶ ποιεῖν τὴν πόλιν, καὶ τούτων λόγον παρ' ἐμοῦ λαβεῖν· ὁ γὰρ ἐνταῦθ' ἑαυτὸν τάξας τῆς πολιτείας εἴμ' ἐγώ. | 63 Πότερον αὐτὴν ἐχρῆν, Αἰσχίνη, τὸ φρόνημ' ἀφεῖσαν καὶ τὴν ἀξίαν τὴν αὑτῆς. ἐν τῇ Θετταλῶν καὶ Δολόπων τάξει συγκατακτᾶσθαι Φιλίππῳ τὴν τῶν Ἑλλήνων ἀρχὴν καὶ τὰ τῶν προγόνων καλὰ καὶ δίκαι' ἀναιρεῖν ; ἢ τοῦτο μὲν μὴ ποιεῖν (δεινὸν γὰρ ὡς ἀληθῶς), ἃ δ' ἑώρα συμβησόμενα εἰ μηδεὶς κωλύσει καὶ προῃσθάνεθ', ὡς ἔοικεν, ἐκ πολλοῦ, ταῦτα περιιδεῖν γιγνόμενα ; 64 Ἀλλὰ νῦν ἔγωγε τὸν μάλιστ' ἐπιτιμῶντα τοῖς πεπραγμένοις ἡδέως ἂν ἐροίμην τῆς ποίας μερίδος γενέσθαι τὴν πόλιν ἐβούλετ' ἄν, πότερον τῆς συναιτίας τῶν συμβεβηκότων τοῖς Ἕλλησι κακῶν καὶ αἰσχρῶν, ἧς ἂν Θετταλοὺς καὶ τοὺς μετὰ τούτων εἴποι τις, ἢ τῆς περιεορακυίας ταῦτα γιγνόμενα ἐπὶ τῇ τῆς ἰδίας πλεονεξίας ἐλπίδι, ἧς ἂν Ἀρκάδας καὶ Μεσσηνίους καὶ Ἀργείους θείημεν ; 65 Ἀλλὰ καὶ τούτων πολλοί, μᾶλλον δὲ πάντες, χεῖρον ἡμῶν ἀπηλλάχασι. Καὶ γὰρ εἰ μὲν ὡς ἐκράτησε Φίλιππος ᾤχετ' εὐθέως ἀπιὼν καὶ μετὰ ταῦτ' ἦγεν ἡσυχίαν, μήτε τῶν

24. Cf. *Ambassade*, 68 et 259-261.

25. De fait, Athènes a conservé après Chéronée son indépendance. C'est seulement avec l'avènement d'Alexandre et après l'écrasement de la révolte de Thèbes que le poids de la présence macédonienne s'est

borateurs et pour complices, alors que les Grecs étaient déjà auparavant en mauvaise situation et en état de dissension, Philippe les mit en plus mauvais état encore, trompant les uns, faisant des cadeaux à d'autres, corrompant les autres de toutes façons, et il les divisa[24] en plusieurs partis, alors qu'il n'y avait qu'un seul intérêt pour tous, l'empêcher de grandir. **62** Quand tous les Grecs étaient dans une telle situation et ignoraient encore le fléau qui se préparait et grandissait, il vous faut examiner, Athéniens, ce que notre pays devait choisir de faire et d'exécuter, et de cela me demander compte ; car celui qui a pris cette attitude politique, c'est moi. **63** Notre pays devait-il, Eschine, abandonner sa fierté et sa dignité pour se mettre au rang des Thessaliens et des Dolopes et aider Philippe à conquérir l'empire de la Grèce, en faisant disparaître la gloire et les droits de nos ancêtres ? Ou bien, sans faire cela (qui eût été vraiment scandaleux), voyant et devinant depuis longtemps, semble-t-il, ce qui arriverait si personne ne s'y opposait, devait-il le laisser se produire ? **64** Mais maintenant, moi, je demanderais volontiers à celui qui critique le plus les événements, à quel groupe il voudrait que notre cité appartînt, à celui qui fut complice des malheurs et des hontes infligés à la Grèce (groupe où l'on peut placer les. Thessaliens et leurs semblables) ou bien à celui qui, par espoir d'un accroissement particulier, a laissé cela se produire (groupe où nous pourrions mettre les Arcadiens, les Messéniens et les Argiens)? **65** Mais, même parmi ceux-là, beaucoup – tous, dirai-je plutôt, – s'en sont tirés plus mal que nous. En effet, quand Philippe eut remporté la victoire[25], s'il était reparti aussitôt et s'était ensuite tenu tranquille sans avoir fait nul mal à aucun de

réellement fait sentir. Mais Démosthène, à dessein, reste dans le vague et fait peut-être allusion à la Ligue de Corinthe, dont la formation en 337 était pour Philippe qui en était l'*hegemon*, un moyen de contrôler les États grecs.

αὑτοῦ συμμάχων μήτε τῶν ἄλλων Ἑλλήνων μηδένα μηδὲν λυπήσας, ἣν ἄν τις κατὰ τῶν ἐναντιωθέντων οἷς ἔπραττεν ἐκεῖνος μέμψις καὶ κατηγορία· εἰ δ' ὁμοίως ἁπάντων τὸ ἀξίωμα, τὴν ἡγεμονίαν, τὴν ἐλευθερίαν περιείλετο, μᾶλλον δὲ καὶ τὰς πολιτείας ὅσων ἐδύνατο, πῶς οὐχ ἁπάντων ἐνδοξόταθ' ὑμεῖς ἐβουλεύσασθ' ἐμοὶ πεισθέντες;

66 Ἀλλ' ἐκεῖσ' ἐπανέρχομαι. Τί τὴν πόλιν, Αἰσχίνη, προσῆκεν ποιεῖν ἀρχὴν καὶ τυραννίδα τῶν Ἑλλήνων ὁρῶσαν ἑαυτῷ κατασκευαζόμενον Φίλιππον; ἢ τί τὸν σύμβουλον ἔδει λέγειν ἢ γράφειν τὸν Ἀθήνησιν | (καὶ γὰρ τοῦτο πλεῖστον διαφέρει), ὃς συνῄδειν μὲν ἐκ παντὸς τοῦ χρόνου μέχρι τῆς ἡμέρας ἀφ' ἧς αὐτὸς ἐπὶ τὸ βῆμ' ἀνέβη, ἀεὶ περὶ πρωτείων καὶ τιμῆς καὶ δόξης ἀγωνιζομένην τὴν πατρίδα, καὶ πλείω καὶ χρήματα καὶ σώματ' ἀνηλωκυῖαν ὑπὲρ φιλοτιμίας καὶ τῶν πᾶσι συμφερόντων ἢ τῶν ἄλλων Ἑλλήνων ὑπὲρ αὑτῶν ἀνηλώκασιν ἕκαστοι, 67 ἑώρων δ' αὐτὸν τὸν Φίλιππον, πρὸς ὃν ἦν ὑμῖν ὁ ἀγών, ὑπὲρ ἀρχῆς καὶ δυναστείας τὸν ὀφθαλμὸν ἐκκεκομμένον, τὴν κλεῖν κατεαγότα, τὴν χεῖρα, τὸ σκέλος πεπηρωμένον, πᾶν ὅ τι βουληθείη μέρος ἡ τύχη τοῦ σώματος παρελέσθαι, τοῦτο προϊέμενον, ὥστε τῷ λοιπῷ μετὰ τιμῆς καὶ δόξης ζῆν; 68 Καὶ μὴν οὐδὲ τοῦτό γ' οὐδεὶς ἂν εἰπεῖν τολμήσαι, ὡς τῷ μὲν ἐν Πέλλῃ τραφέντι, χωρίῳ ἀδόξῳ τότε γ' ὄντι καὶ μικρῷ, τοσαύτην μεγαλοψυχίαν προσῆκεν ἐγγενέσθαι ὥστε τῆς τῶν Ἑλλήνων ἀρχῆς ἐπιθυμῆσαι καὶ τοῦτ' εἰς τὸν νοῦν ἐμβαλέσθαι, ὑμῖν δ' οὖσιν Ἀθηναίοις καὶ κατὰ τὴν ἡμέραν ἑκάστην ἐν πᾶσι καὶ λόγοις καὶ θεωρήμασι τῆς τῶν προγόνων ἀρετῆς ὑπομνήμαθ' ὁρῶσι τοσαύτην ὑπάρξαι κακίαν ὥστε τῆς ἐλευθερίας αὐτεπαγγέλτους ἐθελοντὰς παραχωρῆσαι Φιλίππῳ. 69 Οὐδ' ἂν

ses alliés ni des autres Grecs, ceux qui se sont opposés à ses entreprises, pourraient encourir quelque reproche et quelque accusation. Mais puisqu'à tous également il a enlevé l'honneur, l'hégémonie, la liberté et, où il l'a pu, la constitution, comment n'avez-vous pas pris, vous, les décisions les plus glorieuses en m'écoutant ?

66 Mais j'en reviens encore là. Que devait faire notre cité, Eschine, en voyant Philippe se préparer l'empire et la tyrannie de la Grèce ? Ou que devait dire ou proposer le conseiller qui se trouvait à Athènes (car c'est là le point le plus important), alors que je savais bien que, de tout temps, jusqu'au jour où moi-même j'étais monté à la tribune, ma patrie avait toujours lutté pour le premier rang, le prestige et la gloire, et avait dépensé pour l'honneur et l'intérêt commun plus d'argent et plus d'hommes que chacun des autres peuples grecs n'en a dépensé pour lui-même, **67** alors que je voyais que Philippe lui-même, contre qui nous luttions, pour son empire et sa domination avait eu l'œil crevé, la clavicule brisée, le bras et la jambe mutilés[26], avait sacrifié toute partie de son corps que le sort désirait, afin que le reste lui permît de vivre avec honneur et gloire ? **68** Eh bien ! Personne n'oserait même dire qu'un homme élevé à Pella, lieu alors obscur et petit, devait avoir assez de grandeur d'âme pour aspirer à l'empire de la Grèce et se mettre cela dans l'esprit, tandis que vous, des Athéniens, qui, chaque jour, dans tous les discours et tous les spectacles, voyez des monuments de la valeur de vos ancêtres, vous auriez été assez lâches pour abandonner spontanément, volontairement, votre liberté à Philippe. **69** Pas un seul homme ne pourrait dire cela.

26. Les blessures de Philippe devinrent rapidement un lieu commun chez les orateurs et les historiens : Philippe perdit l'œil droit à Méthone en 353, fut blessé à la clavicule droite en Illyrie en 344, puis à la main et à la cuisse chez les Triballes en 339.

εἰς ταῦτα φήσειεν. Λοιπὸν τοίνυν ἦν καὶ ἀναγκαῖον ἅμα πᾶσιν οἷς ἐκεῖνος ἔπραττ' ἀδικῶν ὑμᾶς ἐναντιοῦσθαι δικαίως. Τοῦτ' ἐποιεῖτε μὲν ὑμεῖς ἐξ ἀρχῆς εἰκότως καὶ προσηκόντως, ἔγραφον δὲ καὶ συνεβούλευον κἀγὼ καθ' οὓς ἐπολιτευόμην χρόνους, ὁμολογῶ. | Ἀλλὰ τί ἐχρῆν με ποιεῖν; Ἤδη γάρ σ' ἐρωτῶ, πάντα τἆλλ' ἀφείς, Ἀμφίπολιν, Πύδναν, Ποτείδαιαν, Ἁλόννησον· οὐδενὸς τούτων μέμνημαι· 70 Σέρριον δὲ καὶ Δορίσκον καὶ τὴν Πεπαρήθου πόρθησιν καὶ ὅσ' ἄλλ' ἡ πόλις ἠδικεῖτο, οὐδ' εἰ γέγονεν οἶδα. Καίτοι σύ γ' ἔφησθά με ταῦτα λέγοντα εἰς ἔχθραν ἐμβαλεῖν τουτουσί, Εὐβούλου καὶ Ἀριστοφῶντος καὶ Διοπείθους τῶν περὶ τούτων ψηφισμάτων ὄντων, οὐκ ἐμῶν, ὦ λέγων εὐχερῶς ὅ τι ἂν βουληθῇς. Οὐδὲ νῦν περὶ τούτων ἐρῶ. 71 Ἀλλ' ὁ τὴν Εὔβοιαν ἐκεῖνος σφετεριζόμενος καὶ κατασκευάζων ἐπιτείχισμα ἐπὶ τὴν Ἀττικήν, καὶ Μεγάροις ἐπιχειρῶν, καὶ καταλαμβάνων Ὠρεὸν καὶ κατασκάπτων Πορθμὸν καὶ καθιστὰς ἐν μὲν Ὠρεῷ Φιλιστίδην τύραννον, ἐν δ' Ἐρετρίᾳ Κλείταρχον, καὶ τὸν Ἑλλήσποντον ὑφ' ἑαυτῷ ποιούμενος, καὶ Βυζάντιον πολιορκῶν, καὶ πόλεις Ἑλληνίδας τὰς μὲν ἀναιρῶν, εἰς τὰς δὲ τοὺς φυγάδας κατάγων, πότερον ταῦτα ποιῶν ἠδίκει καὶ παρεσπόνδει καὶ ἔλυε τὴν εἰρήνην, ἢ οὔ; Καὶ πότερον φανῆναί τινα τῶν Ἑλλήνων τὸν ταῦτα κωλύσοντα ποιεῖν αὐτὸν ἐχρῆν, ἢ μή; 72 Εἰ μὲν γὰρ μὴ ἐχρῆν, ἀλλὰ τὴν Μυσῶν λείαν καλουμένην τὴν Ἑλλάδ' οὖσαν ὀφθῆναι,

27. En droit, les questions concernant Amphipolis, Pydna et Potidée (occupées par Philippe en 357 et 356) étaient réglées depuis la paix de 346, mais la propagande athénienne les remettait sans cesse en discussion. La petite île d'Halonnèse, ancienne possession athénienne, semble avoir été reprise par Philippe à des pirates peu avant 342 (cf. Pseudo-Dém., c'est-à-dire Hégésippe, *Sur l'Halonnèse*).

Il ne vous restait donc, de toute nécessité, qu'à faire une juste opposition à tous ses actes injustes. C'est ce que vous faisiez depuis l'origine, selon la raison et le devoir ; c'est à quoi, moi aussi, je contribuais par mes propositions et mes conseils au temps où je faisais de la politique ; je le reconnais. Mais que devais-je faire ? Maintenant je te pose cette question, en laissant de côté tout le reste, Amphipolis, Pydna, Potidée, Halonnèse[27] ; Je ne rappelle rien de cela. **70** Serrhion, Doriscos, le sac de Péparèthos[28], toutes les injustices subies par notre pays, je ne sais même pas si c'est arrivé. Et pourtant tu as prétendu qu'en parlant de cela il avait poussé à la haine les citoyens que voici, alors que les décrets sur ces questions sont d'Eubule, d'Aristophon, de Diopeithès, non pas de moi, ô homme qui dis facilement tout ce que tu veux. Maintenant je ne parlerai même pas de cela. **71** Mais cet homme-là, qui s'appropriait l'Eubée[29] et en faisait une base d'opérations contre l'Attique, qui faisait une tentative sur Mégare, qui s'emparait d'Oréos, qui détruisait Porthmos, qui établissait comme tyran à Oréos Philistidès, à Érétrie, Cleitarchos, qui soumettait l'Hellespont à son pouvoir, qui assiégeait Byzance, qui anéantissait certaines villes grecques, ramenait les bannis dans d'autres, en faisant cela, violait-il la justice et les traités, rompait-il la paix, oui ou non ? Fallait-il, oui ou non, que parût quelque Grec pour l'empêcher d'agir ainsi ? **72** S'il ne le fallait pas, s'il fallait voir la Grèce devenue, comme on dit, la proie des Mysiens quand les Athéniens vivaient

28. Serrhion et Doriscos, en Thrace, furent pris par Philippe en 346 avant la prestation des serments (cf. 27 ; *Amb.*, 156, 334). L'île de Péparèthos fut saccagée par le navarque macédonien Alkinos dans l'été de 340 (en représailles d'ailleurs d'une attaque sur Halonnèse ; cf. [Ps.-Dém.], *Lettre de Philippe*, 12).

29. L'intervention de Philippe en Eubée date de 343, ainsi que la tentative contre Mégare. Philippe assiégea Byzance en 341 mais dut lever le siège de la ville en 340.

ζώντων καὶ ὄντων Ἀθηναίων, περιείργασμαι μὲν ἐγὼ περὶ τούτων εἰπών, περιείργασται δ' ἡ πόλις ἡ πεισθεῖσ' ἐμοί· ἔστω δ' ἀδικήματα πάνθ' ἃ πέπρακται καὶ ἁμαρτήματ' ἐμά. Εἰ δ' ἔδει τινὰ τούτων κωλυτὴν φανῆναι, τίν' ἄλλον ἢ τὸν Ἀθηναίων δῆμον προσῆκε γενέσθαι; Ταῦτα τοίνυν ἐπολιτευόμην ἐγώ, καὶ δρῶν καταδουλούμενον πάντας ἀνθρώπους ἐκεῖνον ἠναντιούμην, καὶ προλέγων καὶ διδάσκων μὴ προίεσθαι διετέλουν. Καὶ μὴν τὴν εἰρήνην γ' ἐκεῖνος ἔλυσε τὰ πλοῖα λαβών, οὐχ ἡ πόλις, Αἰσχίνη. 73 Φέρε δ' αὐτὰ τὰ ψηφίσματα καὶ τὴν ἐπιστολὴν τὴν τοῦ Φιλίππου, καὶ λέγ' ἐφεξῆς· ἀπὸ γὰρ τούτων τίς τίνος αἴτιός ἐστι γενήσεται φανερόν.

Ψήφισμα

[Ἐπὶ ἄρχοντος Νεοκλέους, μηνὸς βοηδρομιῶνος, ἐκκλησία σύγκλητος ὑπὸ στρατηγῶν, Εὔβουλος Μνησιθέου Κόπριος εἶπεν· ἐπειδὴ προσήγγειλαν οἱ στρατηγοὶ ἐν τῇ ἐκκλησίᾳ ὡς ἄρα Λεωδάμαντα τὸν ναύαρχον καὶ τὰ μετ' αὐτοῦ ἀποσταλέντα σκάφη εἴκοσι ἐπὶ τὴν τοῦ σίτου παραπομπὴν εἰς Ἑλλήσποντον ὁ παρὰ Φιλίππου στρατηγὸς Ἀμύντας καταγήοχεν εἰς Μακεδονίαν καὶ ἐν φυλακῇ ἔχει, ἐπιμεληθῆναι τοὺς πρυτάνεις καὶ τοὺς στρατηγοὺς ὅπως ἡ βουλὴ συναχθῇ καὶ αἱρεθῶσι πρέσβεις πρὸς Φίλιππον, 74 οἳ παραγενόμενοι διαλέξονται πρὸς αὐτὸν περὶ τοῦ ἀφεθῆναι τόν τε ναύαρχον καὶ τὰ πλοῖα καὶ τοὺς στρατιώτας, καὶ εἰ μὲν δι' ἄγνοιαν ταῦτα πεποίηκεν ὁ Ἀμύντας, ὅτι οὐ μεμψιμοιρεῖ ὁ δῆμος οὐδέν· εἰ δέ τι πλημμελοῦντα παρὰ τὰ ἐπεσταλμένα λαβών, ὅτι ἐπισκεψάμενοι Ἀθηναῖοι ἐπιτιμήσουσι κατὰ τὴν τῆς ὀλιγωρίας ἀξίαν· εἰ δὲ μηδέτερον τούτων ἐστίν, ἀλλ' ἰδίᾳ ἀγνωμονοῦσιν ἢ ὁ ἀποστείλας ἢ ὁ ἀπεσταλμένος, καὶ τοῦτο λέγειν, ἵνα αἰσθανόμενος ὁ δῆμος βουλεύσηται τί δεῖ ποιεῖν.]

et existaient, je me suis mêlé de ce qui ne me regardait pas en parlant de cela notre pays, qui m'a écouté, s'est mêlé de ce qui ne le regardait pas ; que tout ce qui s'est fait, soit crimes et fautes à mon actif. Mais s'il fallait que quelqu'un parût pour l'empêcher, qui convenait-il que ce fût, sinon le peuple athénien ? Voilà donc la politique que je faisais ; en voyant cet homme chercher à asservir le monde entier, je m'y opposais et je ne cessais de vous avertir et de vous conseiller de ne pas vous abandonner. Et voilà que c'est Philippe qui a rompu la paix en prenant nos bateaux[30], non pas notre pays, Eschine. **73** *(Au greffier.)* Apporte les décrets eux-mêmes et la lettre de Philippe, et lis-les à la suite. Ils montreront clairement ce qui s'est passé et qui en est responsable.

DÉCRET

[Sous l'archontat de Néoclès, au mois de Boédromion, assemblée extraordinaire convoquée par les stratèges ; proposition d'Euboulos de Copros, fils de Mnésithéos : considérant que les stratèges ont rapporté à l'Assemblée que le navarque Léodamas et les vingt vaisseaux envoyés avec lui pour convoyer le blé dans l'Hellespont ont été emmenés en Macédoine par le stratège Amyntas envoyé par Philippe et sont retenus par lui, les prytanes et les stratèges prendront des mesures pour que le Conseil se réunisse et que des ambassadeurs soient désignés pour aller trouver Philippe. **74** Ceux-ci, à leur arrivée, s'entretiendront avec Philippe pour faire relâcher le navarque, les bateaux et les soldats. Si Amyntas a fait cela par ignorance, ils diront que le peuple n'en a nulle rancune ; s'il a surpris Léodamas à commettre une erreur contraire à ses instructions, ils diront que les Athéniens, après enquête, infligeront à celui-là une sanction en rapport avec sa négligence ; s'il n'en est rien et s'il s'agit d'une méconnaissance du droit, commise à titre personnel par qui a ordonné l'expédition ou par qui l'a exécutée, ils en parleront aussi, afin que le peuple s'en rende compte et délibère sur ce qu'il doit faire.]

30. En septembre 340, Philippe s'empara de 180 navires marchands athéniens venant du Pont-Euxin.

75 Τοῦτο μὲν τοίνυν τὸ ψήφισμα Εὔβουλος ἔγραψεν, οὐκ ἐγώ· τὸ δ' ἐφεξῆς Ἀριστοφῶν, εἶθ' Ἡγήσιππος, εἶτα Ἀριστοφῶν πάλιν, εἶτα Φιλοκράτης, εἶτα Κηφισοφῶν, εἶτα πάντες, ἐγὼ δ' οὐδὲν περὶ τούτων. Λέγε.

Ψηφίσματα

[Ἐπὶ Νεοκλέους ἄρχοντος, βοηδρομιῶνος ἕνῃ καὶ νέᾳ, βουλῆς γνώμῃ, πρυτάνεις καὶ στρατηγοὶ ἐχρημάτισαν τὰ ἐκ τῆς ἐκκλησίας ἀνενεγκόντες, ὅτι ἔδοξε τῷ δήμῳ πρέσβεις ἑλέσθαι πρὸς Φίλιππον περὶ τῆς τῶν πλοίων ἀνακομιδῆς καὶ ἐντολὰς δοῦναι κατὰ τὰ ἐκ τῆς ἐκκλησίας ψηφίσματα. Καὶ εἵλοντο τούσδε· Κηφισοφῶντα Κλέωνος Ἀναφλύστιον, Δημόκριτον Δημοφῶντος Ἀναγυράσιον, Πολύκριτον Ἀπημάντου Κοθωκίδην. Πρυτανεία φυλῆς Ἱπποθωντίδος, Ἀριστοφῶν Κολλυτεὺς πρόεδρος εἶπεν.]

76 Ὥσπερ τοίνυν ἐγὼ ταῦτα δεικνύω τὰ ψηφίσματα, οὕτω καὶ σὺ δεῖξον, Αἰσχίνη, ὁποῖον ἐγὼ γράψας ψήφισμα αἴτιός εἰμι τοῦ πολέμου. Ἀλλ' οὐκ ἂν ἔχοις· εἰ γὰρ εἶχες, οὐδὲν ἂν αὐτοῦ πρότερον νυνὶ παρέσχου. Καὶ μὴν οὐδ' ὁ Φίλιππος οὐδὲν αἰτιᾶται ἔμ' ὑπὲρ τοῦ πολέμου, ἑτέροις ἐγκαλῶν. Λέγε δ' αὐτὴν τὴν ἐπιστολὴν τὴν τοῦ Φιλίππου.

Ἐπιστολή

77 [Βασιλεὺς Μακεδόνων Φίλιππος Ἀθηναίων τῇ βουλῇ καὶ τῷ δήμῳ χαίρειν. | Παραγενόμενοι πρὸς ἐμὲ οἱ παρ' ὑμῶν πρεσβευταί, Κηφισοφῶν καὶ Δημόκριτος καὶ Πολύκριτος, διελέγοντο περὶ τῆς τῶν πλοίων ἀφέσεως, ὧν ἐναυάρχει Λεωδάμας. Καθ' ὅλου μὲν οὖν ἔμοιγε φαίνεσθε ἐν μεγάλῃ εὐηθείᾳ ἔσεσθαι, εἰ οἴεσθ' ἐμὲ λανθάνειν ὅτι ἐξαπεστάλη ταῦτα τὰ πλοῖα πρόφασιν μὲν ὡς τὸν σῖτον παραπέμψοντα ἐκ τοῦ Ἑλλησπόντου εἰς Λῆμνον, βοηθήσοντα δὲ Σηλυμβριανοῖς, τοῖς ὑπ' ἐμοῦ μὲν πολιορκουμένοις, οὐ συμ-

75 Ce décret a été rédigé par Eubule, non par moi ; le suivant par Aristophon ; puis c'est Hégésippe, ensuite encore Aristophon, puis Philocrate, puis Képhisophon, puis tout le monde. De moi, rien touchant cette question. Lis.

DÉCRETS

[Sous l'archontat de Néoclès, le **30** Boédromion, sur l'avis du Conseil, les prytanes et les stratèges ont mis en délibération les décisions qu'ils rapportaient de l'Assemblée, à savoir que le peuple a décidé d'élire des ambassadeurs à envoyer à Philippe pour récupérer les bateaux et de leur donner des instructions conformes aux décrets de l'Assemblée. Ont été désignés : Képhisophon d'Anaphlystos, fils de Cléon ; Démocritos d'Anagyronte, fils de Démophon ; Polycritos de Cothôkidai, fils d'Apémantos. Prytanie de la tribu Hippothontide. Proposition du proèdre Aristophon de Collytos.]

76 De même donc que je montre ces décrets, montre, toi aussi, Eschine, quel décret j'ai proposé qui me fasse responsable de la guerre. Tu ne le pourrais pas ; car, si tu le pouvais, tout à l'heure tu n'aurais rien produit avant lui. Et voilà que Philippe lui-même ne m'accuse pas de la guerre, alors qu'il s'en prend à d'autres. Lis la lettre même de Philippe.

LETTRE

77 [Philippe, roi de Macédoine, au Conseil et au peuple athénien, salut. Vos ambassadeurs, Képhisophon, Démocritos et Polycritos, se sont présentés à moi et m'ont parlé de faire relâcher les bateaux dont Léodamas était navarque. Dans l'ensemble, vous me semblez être bien simples si vous croyez que j'ignore que ces bateaux ont été envoyés sous prétexte de convoyer le blé de l'Hellespont jusqu'à Lemnos, mais en réalité pour secourir Sélymbria que j'assiège et qui n'est pas

περιειλημμένοις δὲ ἐν ταῖς τῆς φιλίας κοινῇ κειμέναις ἡμῖν συνθήκαις. 78 Καὶ ταῦτα συνετάχθη τῷ ναυάρχῳ ἄνευ μὲν τοῦ δήμου τοῦ Ἀθηναίων, ὑπὸ δέ τινων ἀρχόντων καὶ ἑτέρων ἰδιωτῶν μὲν νῦν ὄντων, ἐκ παντὸς δὲ τρόπου βουλομένων τὸν δῆμον ἀντὶ τῆς νῦν ὑπαρχούσης πρὸς ἐμὲ φιλίας τὸν πόλεμον ἀναλαβεῖν, πολλῷ μᾶλλον φιλοτιμουμένων τοῦτο συντετελέσθαι ἢ τοῖς Σηλυμβριανοῖς βοηθῆσαι. Καὶ ὑπολαμβάνουσιν αὐτοῖς τὸ τοιοῦτον πρόσοδον ἔσεσθαι· οὐ μέντοι μοι δοκεῖ τοῦτο χρήσιμον ὑπάρχειν οὔθ' ὑμῖν οὔτ' ἐμοί. Διόπερ τά τε νῦν καταχθέντα πλοῖα πρὸς ἡμᾶς ἀφίημι ὑμῖν, καὶ τοῦ λοιποῦ, ἐὰν βούλησθε μὴ ἐπιτρέπειν τοῖς προεστηκόσιν ὑμῶν κακοήθως πολιτεύεσθαι, ἀλλ' ἐπιτιμᾶτε, πειράσομαι κἀγὼ διαφυλάττειν τὴν εἰρήνην. Εὐτυχεῖτε.]

79 Ἐνταῦθ' οὐδαμοῦ Δημοσθένην γέγραφεν, οὐδ' αἰτίαν οὐδεμίαν κατ' ἐμοῦ. Τί ποτ' οὖν τοῖς ἄλλοις ἐγκαλῶν τῶν ἐμοὶ πεπραγμένων οὐχὶ μέμνηται ; Ὅτι τῶν ἀδικημάτων ἂν ἐμέμνητο τῶν ἑαυτοῦ, εἴ τι περὶ ἐμοῦ γέγραφεν. | Τούτων γὰρ εἰχόμην ἐγὼ καὶ τούτοις ἠναντιούμην. Καὶ πρῶτον μὲν τὴν εἰς Πελοπόννησον πρεσβείαν ἔγραψα, ὅτε πρῶτον ἐκεῖνος εἰς Πελοπόννησον παρεδύετο· εἶτα τὴν εἰς Εὔβοιαν, ἡνίκ' Εὐβοίας ἥπτετο· εἶτα τὴν ἐπ' Ὠρεὸν ἔξοδον, οὐκέτι πρεσβείαν, καὶ τὴν εἰς Ἐρέτριαν, ἐπειδὴ τυράννους ἐκεῖνος ἐν ταύταις ταῖς πόλεσι κατέστησε. 80 Μετὰ ταῦτα δὲ τοὺς ἀποστόλους ἅπαντας ἀπέστειλα, καθ' οὓς Χερρόνησος ἐσώθη καὶ τὸ Βυζάντιον καὶ πάντες οἱ σύμμαχοι. Ἐξ ὧν ὑμῖν μὲν τὰ κάλλιστα, ἔπαινοι, δόξαι, τιμαί, στέφανοι, χάριτες, παρὰ τῶν εὖ πεπονθότων ὑπῆρχον· τῶν δ' ἀδικουμένων τοῖς μὲν ὑμῖν τότε πεισθεῖσιν ἡ σωτηρία περιεγένετο, τοῖς δ' ὀλιγωρήσασι, τὸ πολλάκις ὧν ὑμεῖς προείπατε μεμνῆσθαι, καὶ νομίζειν ὑμᾶς μὴ μόνον εὔνους ἑαυτοῖς, ἀλλὰ καὶ φρονίμους ἀνθρώπους καὶ μάντεις εἶναι· πάντα γὰρ ἐκβέβηχ' ἃ προείπατε.

comprise dans le traité d'amitié conclu entre nous. **78** Ces instructions ont été données au navarque, sans l'aveu du peuple athénien, par certains magistrats et d'autres gens, maintenant simples particuliers, qui veulent par tous les moyens que le peuple abandonne l'amitié qu'il a maintenant pour moi et recommence la guerre, et qui s'efforcent de réaliser cela bien plus que de secourir Sélymbria. Ils se figurent que de tels actes seront un profit pour eux. Je crois, pour ma part, que ce n'est ni votre intérêt ni le mien. C'est pourquoi je relâche en votre faveur les bateaux amenés chez nous ; et, à l'avenir, si vous voulez interdire à vos dirigeants de faire une politique malveillante et si vous les châtiez, moi aussi je m'efforcerai de conserver la paix. Soyez heureux.]

79 Là, il n'a nulle part écrit le nom de Démosthène, ni aucune imputation contre moi. Pourquoi donc, alors qu'il s'en prenait aux autres, ne mentionne-t-il pas ce que j'ai fait ? Parce qu'il aurait mentionné ses propres torts, s'il avait écrit quelque chose à mon sujet ; car c'est à eux que je m'attachais et que je m'opposais. Tout d'abord j'ai proposé l'ambassade envoyée dans le Péloponnèse[31], quand pour la première fois il s'y infiltrait ; puis celle d'Eubée, quand il touchait à l'Eubée, puis l'expédition d'Oréos (non plus une ambassade) et celle d'Érétrie, quand il institua des tyrans dans ces villes. **80** Après cela, j'ai fait envoyer toutes les expéditions qui ont sauvé la Chersonèse, Byzance et tous les alliés. À vous, elles rapportaient ce qu'il y a de plus beau, éloges, gloire, honneurs, couronnes, reconnaissance de ceux qui en bénéficiaient ; il en résulta pour les victimes qui vous ont alors écoutés, leur salut ; pour celles qui n'ont pas fait attention, le souvenir fréquent de ce que vous aviez prédit et la pensée que vous n'étiez pas seulement dévoués pour elles, mais des hommes intelligents et des devins ; car tout ce que vous aviez prédit, est arrivé.

31. L'ambassade dans le Péloponnèse est sans doute celle de 343, de même que l'ambassade en Eubée. L'expédition contre les tyrans d'Oréos et d'Érétrie eut lieu en 341.

81 Καὶ μὴν ὅτι πολλὰ μὲν ἂν χρήματα ἔδωκε Φιλιστίδης ὥστ' ἔχειν Ὠρεόν, πολλὰ δὲ Κλείταρχος ὥστ' ἔχειν Ἐρέτριαν, πολλὰ δ' αὐτὸς ὁ Φίλιππος ὥστε ταῦθ' ὑπάρχειν ἐφ' ὑμᾶς αὐτῷ, καὶ περὶ τῶν ἄλλων μηδὲν ἐξελέγχεσθαι μηδ' ἃ ποιῶν ἠδίκει μηδέν' ἐξετάζειν πανταχοῦ, οὐδεὶς ἀγνοεῖ, καὶ πάντων ἥκιστα σύ· 82 οἱ γὰρ παρὰ τοῦ Κλειτάρχου καὶ τοῦ Φιλιστίδου τότε πρέσβεις δεῦρ' ἀφικνούμενοι παρὰ σοὶ κατέλυον, Αἰσχίνη, καὶ σὺ προυξένεις αὐτῶν· οὓς ἡ μὲν πόλις ὡς ἐχθροὺς καὶ οὔτε δίκαι' οὔτε συμφέροντα λέγοντας ἀπήλασε, σοὶ δ' ἦσαν φίλοι. Οὐ τοίνυν ἐπράχθη τούτων οὐδέν, ὦ βλασφημῶν περὶ ἐμοῦ καὶ λέγων ὡς σιωπῶ μὲν λαβών, βοῶ δ' ἀναλώσας. | Ἀλλ' οὐ σύ, ἀλλὰ βοᾷς μὲν ἔχων, παύσει δ' οὐδέποτ' ἐὰν μή σ' οὗτοι παύσωσιν ἀτιμώσαντες τήμερον. 83 Στεφανωσάντων τοίνυν ὑμῶν ἔμ' ἐπὶ τούτοις τότε, καὶ γράψαντος Ἀριστονίκου τὰς αὐτὰς συλλαβὰς ἅσπερ οὑτοσὶ Κτησιφῶν νῦν γέγραφεν, καὶ ἀναρρηθέντος ἐν τῷ θεάτρῳ τοῦ στεφάνου, καὶ δευτέρου κηρύγματος ἤδη μοι τούτου γιγνομένου, οὔτ' ἀντεῖπεν Αἰσχίνης παρὼν οὔτε τὸν εἰπόντ' ἐγράψατο. Καί μοι λέγε καὶ τοῦτο τὸ ψήφισμα λαβών.

Ψήφισμα

84 [Ἐπὶ Χαιρώνδου Ἡγέμονος ἄρχοντος, γαμηλιῶνος ἕκτῃ ἀπιόντος, φυλῆς πρυτανευούσης Λεοντίδος, Ἀριστόνικος Φρεάρριος εἶπεν· ἐπειδὴ Δημοσθένης Δημοσθένους Παιανιεὺς πολλὰς καὶ μεγάλας χρείας παρέσχηται τῷ δήμῳ Ἀθηναίων, καὶ πολλοῖς τῶν συμμάχων καὶ πρότερον

81 D'ailleurs, que Philistidès eût donné beaucoup d'argent pour conserver Oréos, Cleitarchos beaucoup pour conserver Érétrie, Philippe lui-même beaucoup pour disposer de ces points contre vous, pour ne pas être dénoncé pour le reste de ses actes et pour que personne n'examinât en toute occasion ses actes injustes, nul ne l'ignore, et toi moins que tout autre. **82** Car les ambassadeurs de Cleitarchos et de Philistidès, à leur arrivée ici, logeaient alors chez toi, Eschine, et tu leur rendais de bons offices. L'État, les regardant comme des ennemis qui ne parlaient que de choses injustes et sans intérêt, les a expulsés ; mais ils étaient tes amis. Donc rien n'a été fait de ce que tu dis, homme qui me calomnies et prétends que je me tais quand j'ai reçu de l'argent et que je crie quand je l'ai dépensé[32]. Ce n'est pas ce que tu fais : tu cries quand tu as de l'argent et tu ne t'arrêteras jamais, à moins que les juges que voici ne t'arrêtent en te frappant aujourd'hui d'atimie. **83** À cette occasion, vous m'avez alors décerné une couronne ; Aristonicos a usé dans son décret des mêmes termes que Ctésiphon ici présent dans le décret dont il s'agit maintenant ; la couronne a été proclamée au théâtre ; c'était la deuxième proclamation dont j'étais l'objet ; et Eschine, qui était présent, n'a pas protesté et n'a pas cité en justice l'auteur de la proposition. *(Au greffier.)* Prends-moi encore, pour le lire, ce décret-là.

DÉCRET

84 [Sous l'archontat de Chairondas, fils d'Hégémon, le **25** Gamélion, la tribu Léontis ayant la prytanie, proposition d'Aristonicos de Phréarrhoi : considérant que Démosthène de Paiania, fils de Démosthène, a rendu beaucoup de grands services au peuple athénien, que, par ses décrets, autrefois et dans les circonstances présentes, il a porté secours à beaucoup de nos alliés, qu'il a délivré certaines villes

32. Cf. Eschine, *Ctés.*, 218, et aussi 91-104 (Démosthène aurait été payé par les Eubéens Callias et Taurosthénès).

καὶ ἐν τῷ παρόντι καιρῷ βεβοήθηκε διὰ τῶν ψηφισμάτων, καί τινας τῶν ἐν τῇ Εὐβοίᾳ πόλεων ἠλευθέρωκε, καὶ διατελεῖ εὔνους ὢν τῷ δήμῳ τῷ Ἀθηναίων, καὶ λέγει καὶ πράττει ὅ τι ἂν δύνηται ἀγαθὸν ὑπέρ τε αὐτῶν Ἀθηναίων καὶ τῶν ἄλλων Ἑλλήνων, δεδόχθαι τῇ βουλῇ καὶ τῷ δήμῳ τῷ Ἀθηναίων ἐπαινέσαι Δημοσθένην Δημοσθένους Παιανιέα καὶ στεφανῶσαι χρυσῷ στεφάνῳ, καὶ ἀναγορεῦσαι τὸν στέφανον ἐν τῷ θεάτρῳ, Διονυσίοις τραγῳδοῖς καινοῖς· τῆς δὲ ἀναγορεύσεως τοῦ στεφάνου ἐπιμεληθῆναι τὴν πρυτανεύουσαν φυλὴν καὶ τὸν ἀγωνοθέτην. Εἶπεν Ἀριστόνικος Φρεάρριος.] |

85 Ἔστιν οὖν ὅστις ὑμῶν οἶδέ τινα αἰσχύνην τῇ πόλει συμβᾶσαν διὰ τοῦτο τὸ ψήφισμα, ἢ χλευασμὸν ἢ γέλωτα, ἃ νῦν οὗτος ἔφη συμβήσεσθαι ἂν ἐγὼ στεφανῶμαι; Καὶ μὴν ὅταν ᾖ νέα καὶ γνώριμα πᾶσι τα πράγματα, ἐάν τε καλῶς ἔχῃ, χάριτος τυγχάνει, ἐάν θ' ὡς ἑτέρως, τιμωρίας. Φαίνομαι τοίνυν ἐγὼ χάριτος τετυχηκὼς τότε, καὶ οὐ μέμψεως οὐδὲ τιμωρίας.

86 Οὐκοῦν, μέχρι μὲν τῶν χρόνων ἐκείνων ἐν οἷς ταῦτ' ἐπράχθη, πάντ' ἀνωμολόγημαι τὰ ἄριστα πράττειν τῇ πόλει τῷ νικᾶν, ὅτ' ἐβουλεύεσθε, λέγων καὶ γράφων, τῷ καταπραχθῆναι τὰ γραφέντα, καὶ στεφάνους ἐξ αὐτῶν τῇ πόλει καὶ ἐμοὶ καὶ πᾶσιν γενέσθαι, τῷ θυσίας τοῖς θεοῖς καὶ προσόδους ὡς ἀγαθῶν τούτων ὄντων ὑμᾶς πεποιῆσθαι.

87 Ἐπειδὴ τοίνυν ἐκ τῆς Εὐβοίας ὁ Φίλιππος ὑφ' ὑμῶν ἐξηλάθη τοῖς ὅπλοις, τῇ δὲ πολιτείᾳ καὶ τοῖς ψηφίσμασι κἂν διαρραγῶσί τινες τούτων, ὑπ' ἐμοῦ, ἕτερον κατὰ τῆς πόλεως ἐπιτειχισμὸν ἐζήτει. Ὁρῶν δ' ὅτι σίτῳ πάντων ἀνθρώπων πλείστῳ χρώμεθ' ἐπεισάκτῳ, βουλόμενος

33. Cf. Eschine, *Ctés.*, 231.
34. Cf. 79.
35. La même affirmation se trouve déjà dans *Contre Leptine* 31 (où Démosthène parle de 800 000 médimnes importés annuellement,

d'Eubée, qu'il a un dévouement incessant pour le peuple athénien, qu'il parle et agit, autant qu'il le peut, pour le bien des Athéniens eux-mêmes et des autres Grecs ; plaise au Conseil et au peuple athénien de décerner à Démosthène de Paiania, fils de Démosthène, un éloge et une couronne d'or, et de faire proclamer la couronne au théâtre, aux Dionysies, lors de la représentation des tragédies nouvelles. La proclamation de la couronne sera faite à la diligence de la tribu prytane et de l'agonothète. Proposition d'Aristonicos de Phréarrhoi.]

85 Y a-t-il parmi vous quelqu'un pour connaître une honte, une raillerie ou un ridicule causé à l'État par ce décret ? Chose qui arrivera, dit cet individu[33], si je suis couronné. Et pourtant, c'est quand les faits sont récents et connus de tous, qu'ils provoquent la reconnaissance s'ils sont heureux, le châtiment dans le cas contraire. Or, on voit bien que j'ai alors obtenu de la reconnaissance, et non pas quelque blâme ou quelque châtiment.

86 Donc, jusqu'au temps où cela a eu lieu, on a reconnu que tous mes actes étaient les meilleurs pour l'État, du fait que mes discours et mes propositions triomphaient quand vous délibériez, que mes propositions étaient exécutées et valaient des couronnes à l'État, à moi-même et à tous, que vous avez offert aux dieux sacrifices et processions en regardant ces actes comme bons.

87 Une fois donc que Philippe eut été expulsé d'Eubée[34], par vos armes et (dussent certains de ces individus en crever) par ma politique et par mes décrets, il cherchait un autre moyen d'offensive contre notre pays. Voyant que, plus que tout autre peuple, nous utilisons du blé importé[35], il voulut se rendre maître de la route du

dont la moitié venant du Bosphore Cimmérien ; le chiffre est d'ailleurs tenu pour bien trop faible par Gernet, *L'Approvisionnement d'Athènes en blé,* p. 299 et suiv., et Jardé, *La Culture des céréales en Grèce*, p. 123) ; cf. encore 241 et 301 (qui insistent sur l'importance de la « route du blé »).

τῆς σιτοπομπίας κύριος γενέσθαι, παρελθὼν ἐπὶ Θρᾴκης Βυζαντίους συμμάχους ὄντας αὐτῷ τὸ μὲν πρῶτον ἠξίου συμπολεμεῖν τὸν πρὸς ὑμᾶς πόλεμον, ὡς δ' οὐκ ἤθελον οὐδ' ἐπὶ τούτοις ἔφασαν τὴν συμμαχίαν πεποιῆσθαι, λέγοντες ἀληθῆ, χάρακα βαλόμενος πρὸς τῇ πόλει καὶ μηχανήματ' ἐπιστήσας ἐπολιόρκει. 88 Τούτων δὲ γιγνομένων, ὅ τι μὲν προσῆκε ποιεῖν ὑμᾶς οὐκ ἐπερωτήσω· δῆλον γάρ ἐστιν ἅπασιν. | Ἀλλὰ τίς ἦν ὁ βοηθήσας τοῖς Βυζαντίοις καὶ σώσας αὐτούς; Τίς ὁ κωλύσας τὸν Ἑλλήσποντον ἀλλοτριωθῆναι κατ' ἐκείνους τοὺς χρόνους; Ὑμεῖς, ἄνδρες Ἀθηναῖοι. Τὸ δ' ὑμεῖς ὅταν λέγω, τὴν πόλιν λέγω. Τίς δ' ὁ τῇ πόλει λέγων καὶ γράφων καὶ πράττων καὶ ἁπλῶς ἑαυτὸν εἰς τὰ πράγματ' ἀφειδῶς δούς; Ἐγώ. 89 Ἀλλὰ μὴν ἡλίκα ταῦτ' ὠφέλησεν ἅπαντας, οὐκέτ' ἐκ λόγου δεῖ μαθεῖν, ἀλλ' ἔργῳ πεπείρασθε. Ὁ γὰρ τότ' ἐνστὰς πόλεμος, ἄνευ τοῦ καλὴν δόξαν ἐνεγκεῖν, ἐν πᾶσι τοῖς κατὰ τὸν βίον ἀφθονωτέροις καὶ εὐωνοτέροις διῆγεν ὑμᾶς τῆς νῦν εἰρήνης ἣν οὗτοι κατὰ τῆς πατρίδος τηροῦσιν οἱ χρηστοὶ ἐπὶ ταῖς μελλούσαις ἐλπίσιν· ὧν διαμάρτοιεν, καὶ μετάσχοιεν ὧν ὑμεῖς οἱ τὰ βέλτιστα βουλόμενοι τοὺς θεοὺς αἰτεῖτε, μὴ μεταδοῖεν ὑμῖν ὧν αὐτοὶ προῄρηνται. Λέγε δ' αὐτοῖς καὶ τοὺς τῶν Βυζαντίων στεφάνους καὶ τοὺς τῶν Περινθίων, οἷς ἐστεφάνουν ἐκ τούτων τὴν πόλιν.

Ψήφισμα Βυζαντίων

90 [Ἐπὶ ἱερομνάμονος Βοσπορίχω, Δαμάγητος ἐν τᾷ ἁλίᾳ ἔλεξεν, ἐκ τᾶς βωλᾶς λαβὼν ῥήτραν· ἐπειδὴ ὁ δᾶμος ὁ Ἀθαναίων ἔν τε τοῖς προγεναμένοις καιροῖς εὐνοέων διατελεῖ Βυζαντίοις καὶ τοῖς συμμάχοις καὶ συγγενέσι

blé ; s'avançant en Thrace, comme les Byzantins étaient ses alliés, tout d'abord il leur demanda de participer à la guerre dirigée contre vous ; puis, comme ils refusaient et disaient (ce qui était vrai) qu'ils n'avaient pas conclu leur alliance pour cela, il établit des retranchements autour de leur ville, mit en position des machines et les assiégea. **88** Devant cette situation, ce que vous deviez faire, je ne le demanderai pas ; car tout le monde le voit. Mais qui porta secours aux Byzantins et les sauva ? Qui empêcha l'Hellespont de passer en des mains étrangères à ce moment-là ? C'est vous, Athéniens ; et quand je dis : vous, je dis : notre pays. Mais qui parla pour notre pays, proposa, agit et, en un mot, se dépensa sans compter pour l'action ? Moi. **89** Mais combien cela a été utile à tout le monde, ce n'est plus par mon discours que vous devez l'apprendre, car vous l'avez éprouvé par les faits. La guerre qui s'engagea alors (pour ne pas parler de la superbe gloire qu'elle rapporta) vous faisait vivre avec plus d'abondance et à meilleur marché que la paix actuelle[36], que ces individus observent au détriment de leur patrie, ces honnêtes gens, dans leurs espérances de l'avenir. Puissent-ils voir leurs espoirs trompés, profiter de ce que vous demandez aux dieux, vous qui désirez le plus grand bien, et ne pas vous faire partager le sort qu'eux-mêmes ont choisi ! *(Au greffier.)* Lis-leur les couronnes décernées à cette occasion à notre pays et par Byzance et par Périnthe.

DÉCRET DES BYZANTINS

90 [Sous le hiéromnémon Bosporichos, proposition de Damagètos à l'Assemblée, appuyée par une décision du Conseil considérant que le peuple athénien, dans le passé, n'a cessé de montrer son dévouement aux Byzantins et à leurs alliés et parents les Périnthiens, qu'il

36. Il s'agit bien entendu de la paix conclue au lendemain de Chéronée. Démosthène vise ici les artisans de cette paix, Démade et Phocion.

Περινθίοις καὶ πολλὰς καὶ μεγάλας χρείας παρέσχηται ἔν τε τῷ παρεστακότι καιρῷ Φιλίππω τῶ Μακεδόνος ἐπιστρατεύσαντος ἐπὶ τὰν χώραν καὶ τὰν πόλιν ἐπ' ἀναστάσει Βυζαντίων καὶ Περινθίων καὶ τὰν χώραν δαίοντος καὶ δενδροκοπέοντος, | βοαθήσας πλοίοις ἑκατὸν καὶ εἴκοσι καὶ σίτῳ καὶ βέλεσι καὶ ὁπλίταις ἐξείλετο ἁμὲ ἐκ τῶν μεγάλων κινδύνων καὶ ἀποκατέστασε τὰν πάτριον πολιτείαν καὶ τὼς νόμως καὶ τὼς τάφως, 91 δεδόχθαι τῷ δάμῳ τῷ Βυζαντίων καὶ Περινθίων Ἀθηναίοις δόμεν ἐπιγαμίαν, πολιτείαν, ἔγκτασιν γᾶς καὶ οἰκιᾶν, προεδρίαν ἐν τοῖς ἀγῶσι, πόθοδον ποτὶ τὰν βωλὰν καὶ τὸν δᾶμον πράτοις πεδὰ τὰ ἱερά, καὶ τοῖς κατοικεῖν ἐθέλουσι τὰν πόλιν ἀλειτουργήτοις ἦμεν πασᾶν τᾶν λειτουργιᾶν· στᾶσαι δὲ καὶ εἰκόνας τρεῖς ἑκκαιδεκαπάχεις ἐν τῷ Βοσπορείῳ, στεφανούμενον τὸν δᾶμον τὸν Ἀθηναίων ὑπὸ τῶ δάμω τῶ Βυζαντίων καὶ Περινθίων· ἀποστεῖλαι δὲ καὶ θεαρίας εἰς τὰς ἐν τᾷ Ἑλλάδι παναγύριας, Ἴσθμια καὶ Νέμεα καὶ Ὀλύμπια καὶ Πύθια, καὶ ἀνακαρῦξαι τὼ στεφάνω οἷς ἐστεφάνωται ὁ δᾶμος ὁ Ἀθηναίων ὑφ' ἁμέων ὅπως ἐπιστέωνται οἱ Ἕλλανες τάν τε Ἀθαναίων ἀρετὰν καὶ τὰν Βυζαντίων καὶ Περινθίων εὐχαριστίαν.]

92 Λέγε καὶ τοὺς παρὰ τῶν ἐν Χερρονήσῳ στεφάνους.

Ψήφισμα Χερρονησιτῶν

[Χερρονησιτῶν οἱ κατοικοῦντες Σηστόν, Ἐλαιοῦντα, Μάδυτον, Ἀλωπεκόννησον, στεφανοῦσιν Ἀθηναίων τὴν βουλὴν καὶ τὸν δῆμον χρυσῷ στεφάνῳ ἀπὸ ταλάντων ἑξήκοντα, καὶ Χάριτος βωμὸν ἱδρύονται καὶ Δήμου Ἀθηναίων, ὅτι πάντων ⟨τῶν⟩ μεγίστων ἀγαθῶν παραίτιος γέγονε Χερρονησίταις, ἐξελόμενος ἐκ τῆς Φιλίππου καὶ ἀποδοὺς τὰς πατρίδας, τοὺς νόμους, τὴν ἐλευθερίαν, τὰ ἱερά. | Καὶ ἐν τῷ μετὰ ταῦτα αἰῶνι παντὶ οὐκ ἐλλείψει εὐχαριστῶν καὶ ποιῶν ὅ τι ἂν δύνηται ἀγαθόν. Ταῦτα ἐψηφίσαντο ἐν τῷ κοινῷ βουλευτηρίῳ.]

leur a rendu beaucoup de grands services ; que, dans les circonstances présentes, alors que Philippe de Macédoine avait dirigé une expédition contre le pays et la ville, pour détruire Byzance et Périnthe, qu'il incendiait la campagne et y abattait les arbres, le peuple athénien est venu à notre secours avec cent vingt vaisseaux, du blé, des projectiles et des hoplites, qu'il nous a fait échapper à ces grands dangers et a rétabli la constitution de nos pères, les lois et les tombeaux ; **91** plaise au peuple de Byzance et de Périnthe de donner aux Athéniens le droit de mariage, le droit de cité, le droit d'acquérir terres et maisons, la place d'honneur dans les jeux, l'accès devant le Conseil et le peuple immédiatement après les questions religieuses et, pour les Athéniens qui voudraient habiter la ville, l'exemption de toutes les liturgies, – d'élever dans le Bosporeion trois statues de seize coudées représentant le peuple athénien couronné par le peuple de Byzance et de Périnthe ; – d'envoyer des missions aux grandes fêtes grecques, jeux Isthmiques, Néméens, Olympiques et Pythiques ; et de faire proclamer les deux couronnes décernées par nous au peuple athénien ; – cela afin que les Grecs connaissent les mérites des Athéniens et la reconnaissance de Byzance et de Périnthe.]

92 Lis aussi les couronnes, décernées par les habitants de la Chersonèse.

DÉCRET DES HABITANTS DE LA CHERSONÈSE

[Les habitants des villes de Chersonèse, Sestos, Éléonte, Madytos, Alopéconnésos, décernent au Conseil et au peuple athénien une couronne d'or de soixante talents, et ils élèvent un autel à la Reconnaissance et au peuple athénien parce que celui-ci a été cause des plus grands biens pour les habitants de la Chersonèse, en les arrachant à la domination de Philippe et en leur rendant leur patrie, leurs lois, leurs libertés, leurs sanctuaires. Et, à l'avenir, le peuple ne manquera pas de témoigner sa reconnaissance et de faire tout le bien qu'il pourra. Cela a été voté dans la salle du Conseil fédéral.]

93 Οὐκοῦν οὐ μόνον τὸ Χερρόνησον καὶ Βυζάντιον σῶσαι, οὐδὲ τὸ κωλῦσαι τὸν Ἑλλήσποντον ὑπὸ Φιλίππῳ γενέσθαι τότε, οὐδὲ τὸ τιμᾶσθαι τὴν πόλιν ἐκ τούτων ἡ προαίρεσις ἡ ἐμὴ καὶ ἡ πολιτεία διεπράξατο, ἀλλὰ καὶ πᾶσιν ἔδειξεν ἀνθρώποις τήν τε τῆς πόλεως καλοκαγαθίαν καὶ τὴν Φιλίππου κακίαν. Ὁ μὲν γὰρ σύμμαχος ὢν τοῖς Βυζαντίοις πολιορκῶν αὐτοὺς ἑωρᾶθ' ὑπὸ πάντων, οὗ τί γένοιτ' ἂν αἴσχιον ἢ μιαρώτερον; 94 Ὑμεῖς δ', οἱ καὶ μεμψάμενοι πολλὰ καὶ δίκαι' ἂν ἐκείνοις εἰκότως περὶ ὧν ἠγνωμονήκεσαν εἰς ὑμᾶς ἐν τοῖς ἔμπροσθεν χρόνοις, οὐ μόνον οὐ μνησικακοῦντες, οὐδὲ προιέμενοι τοὺς ἀδικουμένους, ἀλλὰ καὶ σῴζοντες ἐφαίνεσθε· ἐξ ὧν δόξαν, εὔνοιαν παρὰ πάντων ἐκτᾶσθε. Καὶ μὴν ὅτι μὲν πολλοὺς ἐστεφανώκατ' ἤδη τῶν πολιτευομένων, ἅπαντες ἴσασι· δι' ὅντινα δ' ἄλλον ἡ πόλις ἐστεφάνωται, σύμβουλον λέγω καὶ ῥήτορα, πλὴν δι' ἐμέ, οὐδ' ἂν εἷς εἰπεῖν ἔχοι.

95 Ἵνα τοίνυν καὶ τὰς βλασφημίας ἃς κατὰ τῶν Εὐβοέων καὶ τῶν Βυζαντίων ἐποιήσατο, εἴ τι δυσχερὲς αὐτοῖς ἐπέπρακτο πρὸς ὑμᾶς ὑπομιμνῄσκων, συκοφαντίας οὔσας ἐπιδείξω μὴ μόνον τῷ ψευδεῖς εἶναι (τοῦτο μὲν γὰρ ὑπάρχειν ὑμᾶς εἰδότας ἡγοῦμαι), ἀλλὰ καὶ τῷ, εἰ τὰ μάλιστ' ἦσαν ἀληθεῖς, οὕτως ὡς ἐγὼ κέχρημαι τοῖς πράγμασι συμφέρειν χρήσασθαι, | ἓν ἢ δύο βούλομαι τῶν καθ' ὑμᾶς πεπραγμένων καλῶν τῇ πόλει διεξελθεῖν, καὶ ταῦτ' ἐν βραχέσι. Καὶ γὰρ ἄνδρ' ἰδίᾳ καὶ πόλιν κοινῇ πρὸς τὰ κάλλιστα τῶν ὑπαρχόντων ἀεὶ δεῖ πειρᾶσθαι τὰ λοιπὰ πράττειν. 96 Ὑμεῖς τοίνυν, ὦ ἄνδρες Ἀθηναῖοι, Λακεδαιμονίων γῆς καὶ θαλάττης ἀρχόντων καὶ τὰ κύκλῳ τῆς

37. Démosthène fait ici allusion au rôle des Byzantins dans le déclenchement de la guerre qui en 357/356 opposa une partie des alliés

93 Ainsi donc mon plan et ma politique non seulement ont eu pour résultat que la Chersonèse et Byzance furent sauvées, que Philippe fut alors empêché de soumettre l'Hellespont, que notre pays en reçut de l'honneur, mais encore ils ont montré au monde entier la noblesse de notre cité et la perfidie de Philippe. Lui en effet, qui était l'allié des Byzantins, tous le voyaient les assiéger. Est-il conduite plus honteuse ou plus sacrilège ? **94** Vous qui auriez eu de bonnes raisons pour faire aux Byzantins maints justes reproches pour leurs erreurs[37] à votre égard dans le passé, vous montriez non seulement que vous n'aviez pas de rancune et n'abandonniez pas les opprimés, mais encore que vous les sauviez ; ce qui vous valait partout gloire et sympathie. Et d'ailleurs, que vous ayez déjà couronné bien des hommes politiques, tout le monde le sait. Mais un homme grâce à qui notre cité ait reçu des couronnes (je veux dire un conseiller et un orateur), moi excepté, nul ne pourrait en citer un.

95 Pour les calomnies qu'Eschine a proférées contre les habitants de l'Eubée et de Byzance en rappelant ce qu'ils avaient pu vous faire de désagréable, j'entends vous démontrer que ce sont paroles de sycophante, non pas seulement du fait qu'elles sont fausses (car je pense que vous le savez déjà), mais aussi du fait que, fussent-elles absolument vraies, il était utile qu'on tirât parti des événements comme je l'ai fait ; pour cela je veux vous exposer, en peu de mots d'ailleurs, une ou deux des belles actions accomplies de votre temps par notre pays ; car un homme pris isolément et une cité prise dans son ensemble doivent toujours s'efforcer d'agir en imitant les plus beaux actes de leur passé : **96** Vous donc, Athéniens, alors que les Lacédémoniens avaient l'empire de la terre et de la mer et tenaient par leurs harmostes et

d'Athènes à la cité, et s'acheva, après la défaite subie en 356 à Embata par la flotte athénienne, par la sortie des Byzantins de la confédération.

Ἀττικῆς κατεχόντων ἁρμοσταῖς καὶ φρουραῖς, Εὔβοιαν, Τάναγραν, τὴν Βοιωτίαν ἅπασαν, Μέγαρα, Αἴγιναν, Κέω, τὰς ἄλλας νήσους, οὐ ναῦς, οὐ τείχη τῆς πόλεως τότε κεκτημένης, ἐξήλθετ' εἰς Ἁλίαρτον καὶ πάλιν οὐ πολλαῖς ἡμέραις ὕστερον εἰς Κόρινθον, τῶν τότ' Ἀθηναίων πόλλ' ἂν ἐχόντων μνησικακῆσαι καὶ Κορινθίοις καὶ Θηβαίοις τῶν περὶ τὸν Δεκελεικὸν πόλεμον πραχθέντων· ἀλλ' οὐκ ἐποίουν τοῦτο, οὐδ' ἐγγύς. 97 Καίτοι τότε ταῦτ' ἀμφότερα, Αἰσχίνη, οὔθ' ὑπὲρ εὐεργετῶν ἐποίουν, οὔτ' ἀκίνδυν' ἑώρων· ἀλλ' οὐ διὰ ταῦτα προΐεντο τοὺς καταφεύγοντας ἐφ' ἑαυτούς, ἀλλ' ὑπὲρ εὐδοξίας καὶ τιμῆς ἤθελον τοῖς δεινοῖς αὑτοὺς διδόναι, ὀρθῶς καὶ καλῶς βουλευόμενοι. Πέρας μὲν γὰρ ἅπασιν ἀνθρώποις ἐστὶ τοῦ βίου θάνατος, κἂν ἐν οἰκίσκῳ τις αὑτὸν καθείρξας τηρῇ· δεῖ δὲ τοὺς ἀγαθοὺς ἄνδρας ἐγχειρεῖν μὲν ἅπασιν ἀεὶ τοῖς καλοῖς, τὴν ἀγαθὴν προβαλλομένους ἐλπίδα, φέρειν δ' ἂν ὁ θεὸς διδῷ γενναίως. 98 Ταῦτ' ἐποίουν οἱ ὑμέτεροι πρόγονοι· ταῦθ' ὑμεῖς οἱ πρεσβύτεροι, οἳ Λακεδαιμονίους οὐ φίλους ὄντας οὐδ' εὐεργέτας, ἀλλὰ πολλὰ τὴν πόλιν ἡμῶν ἠδικηκότας καὶ μεγάλα, ἐπειδὴ Θηβαῖοι κρατήσαντες ἐν Λεύκτροις ἀνελεῖν ἐπεχείρουν, διεκωλύσατε, οὐ φοβηθέντες τὴν τότε Θηβαίοις ῥώμην καὶ δόξαν ὑπάρχουσαν, | οὐδ' ὑπὲρ οἷα πεποιηκότων ἀνθρώπων κινδυνεύσετε διαλογισάμενοι. 99 Καὶ γάρ τοι πᾶσι τοῖς Ἕλλησιν ἐδείξατε ἐκ τούτων ὅτι, κἂν ὁτιοῦν τις

38. Démosthène rappelle ici les événements de la guerre dite de Corinthe qui vit Athènes s'engager aux côtés des anciens alliés de Sparte, Thèbes et Corinthe, en 395. Par « guerre décélique », il désigne la seconde partie de la guerre du Péloponnèse, quand les Lacédémoniens envahirent l'Attique en 413 et s'emparèrent de la forteresse de Décélie où ils se maintinrent jusqu'à la fin de la guerre en 405.

leurs garnisons tous les alentours de l'Attique : l'Eubée, Tanagra, toute la Béotie, Mégare, Égine, Céos, les autres îles ; quand notre cité ne possédait à ce moment ni flotte ni fortifications, vous vous êtes avancés jusqu'à Haliarte[38] et, quelques jours plus tard, jusqu'à Corinthe, bien que les Athéniens d'alors eussent beaucoup à reprocher aux Corinthiens et aux Thébains pour leur conduite dans la guerre décélique ; mais ils n'en firent rien ; loin de là. **97** Et cependant alors, en ces deux cas, Eschine, ils n'agissaient pas pour défendre des bienfaiteurs et ne voyaient pas que ce fût sans risques. Mais ce n'était pas pour eux une raison d'abandonner ceux qui avaient recours à eux ; ils acceptaient de s'offrir aux dangers pour la gloire et l'honneur, résolution logique et noble. En effet, pour tout le monde, l'aboutissement de la vie est la mort, même si l'on s'enferme et se garde dans une chambrette ; mais les braves doivent toujours entreprendre toutes les belles actions en fixant leurs yeux sur l'espoir du succès et supporter avec grandeur d'âme tout ce que leur donne la divinité. **98** Ainsi agissaient vos ancêtres, ainsi avez-vous agi, du moins les plus âgés d'entre vous : les Lacédémoniens n'étaient ni vos amis ni vos bienfaiteurs ; ils avaient traité injustement notre pays en bien de graves occasions ; mais, quand les Thébains, après leur victoire de Leuctres[39], essayaient de les détruire, vous vous y ôtes opposés, sans redouter la force et la réputation qu'avaient alors les Thébains et sans calculer ce qu'avaient fait ces hommes pour qui vous alliez courir des dangers. **99** Vous avez donc montré ainsi à tous les Grecs que, contre quiconque a mal agi envers vous, vous savez bien conserver de la

39. À Leuctres, en 371, les Spartiates furent battus par le Thébain Épaminondas qui s'efforça durant les années suivantes de détacher les principaux États péloponnésiens de l'alliance spartiate et proclama l'indépendance de la Messénie.

εἰς ὑμᾶς ἐξαμάρτῃ, τούτων τὴν ὀργὴν εἰς τἆλλ' ἔχετε· ἂν δ' ὑπὲρ σωτηρίας ἢ ἐλευθερίας κίνδυνός τις αὐτοὺς καταλαμβάνῃ, οὔτε μνησικακήσετ' οὔθ' ὑπολογιεῖσθε. Καὶ οὐκ ἐπὶ τούτων μόνον οὕτως ἐσχήκατε, ἀλλὰ πάλιν σφετεριζομένων Θηβαίων τὴν Εὔβοιαν οὐ περιείδετε, οὐδ' ὧν ὑπὸ Θεμίσωνος καὶ Θεοδώρου περὶ Ὠρωπὸν ἠδίκησθ' ἀνεμνήσθητε, ἀλλ' ἐβοηθήσατε καὶ τούτοις, τῶν ἐθελοντῶν τότε τριηράρχων πρῶτον γενομένων τῇ πόλει, ὧν εἷς ἦν ἐγώ.
100 Ἀλλ' οὔπω περὶ τούτων. Καὶ καλὸν μὲν ἐποιήσατε καὶ τὸ σῶσαι τὴν νῆσον, πολλῷ δ' ἔτι τούτου κάλλιον τὸ καταστάντες κύριοι καὶ τῶν σωμάτων καὶ τῶν πόλεων ἀποδοῦναι ταῦτα δικαίως αὐτοῖς τοῖς ἐξημαρτηκόσιν εἰς ὑμᾶς, μηδὲν ὧν ἠδίκησθε ἐν οἷς ἐπιστεύθητε ὑπολογισάμενοι. Μυρία τοίνυν ἕτερ' εἰπεῖν ἔχων παραλείπω, ναυμαχίας, ἐξόδους πεζάς, στρατείας καὶ πάλαι γεγονυίας καὶ νῦν ἐφ' ἡμῶν αὐτῶν, ἃς ἁπάσας ἡ πόλις τῆς τῶν ἄλλων Ἑλλήνων ἐλευθερίας καὶ σωτηρίας πεποίηται. 101 Εἶτ' ἐγὼ τεθεωρηκὼς ἐν τοσούτοις καὶ τοιούτοις τὴν πόλιν ὑπὲρ τῶν τοῖς ἄλλοις συμφερόντων ἐθέλουσαν ἀγωνίζεσθαι, ὑπὲρ αὐτῆς τρόπον τινὰ τῆς βουλῆς οὔσης, τί ἔμελλον κελεύσειν ἢ τί συμβουλεύσειν αὐτῇ ποιεῖν; Μνησικακεῖν νὴ Δία πρὸς τοὺς βουλομένους σῴζεσθαι, καὶ προφάσεις ζητεῖν δι' ἃς ἅπαντα προησόμεθα; Καὶ τίς οὐκ ἂν ἀπέκτεινέν με δικαίως, εἴ τι τῶν ὑπαρχόντων τῇ πόλει καλῶν λόγῳ μόνον καταισχύνειν ἐπεχείρησα; Ἐπεὶ τό γ' ἔργον οὐκ ἂν ἐποιήσαθ' ὑμεῖς, ἀκριβῶς οἶδ' ἐγώ· εἰ γὰρ ἐβούλεσθε, τί ἦν ἐμποδών; Οὐκ ἐξῆν; Οὐκ ὑπῆρχον οἱ ταῦτ' ἐροῦντες οὗτοι;

colère pour les autres circonstances, mais que, si un danger les menace dans leur intégrité et leur liberté, vous n'aurez pas de rancune et vous n'en tiendrez pas compte. Ce n'est pas le seul cas où vous ayez montré cet état d'esprit ; une autre fois, quand les Thébains essayaient de s'approprier l'Eubée, vous n'êtes pas restés indifférents ; vous ne vous êtes pas rappelé les injustices commises à vos dépens par Thémison et Théodoros à propos d'Oropos[40] ; vous êtes même allés à leur secours, quand la cité trouva pour la première fois des triérarques volontaires dont je faisais partie. **100** – Mais ce n'est pas encore le moment de parler de ceci. – Vous avez noblement agi en sauvant l'île, bien plus noblement encore quand, devenus maître des personnes et des villes, vous les avez rendues, conformément à la justice, à ceux-mêmes qui avaient mal agi envers vous, sans tenir compte d'aucune injustice subie, dans ce cas où l'on s'était fié à vous. Je pourrais citer mille faits semblables ; mais je les passe sous silence : batailles navales, sorties sur terre, expéditions anciennes et contemporaines, qui toutes ont été faites par notre pays pour la liberté et le salut des autres Grecs. **101** Et alors moi, qui avais vu que, dans des circonstances si nombreuses et si graves, notre cité avait accepté de combattre pour les intérêts des autres, quand la délibération portait en quelque sorte sur son sort même, que devais-je dire ou lui conseiller de faire ? De garder rancune, par Zeus, à ceux qui demandaient d'être sauvés, et de chercher des prétextes, pour tout abandonner ? Et qui n'aurait pas eu raison de me condamner à mort, si j'avais cherché à salir, ne fût-ce qu'en paroles, quelqu'une des gloires de la cité ? Car, pour l'acte, vous ne l'auriez pas fait, je le sais bien. Si vous l'aviez voulu, qu'est-ce qui vous empêchait ? N'en aviez-vous pas la liberté ? N'aviez-vous pas ces individus pour vous le dire ?

40. En 366, Thémison d'Érétrie avait pris Oropos et l'avait remise aux Thébains ; l'expédition athénienne date de 357 (cf. *Chers.*, 74-75).

102 Βούλομαι τοίνυν ἐπανελθεῖν ἐφ' ἃ τούτων ἑξῆς ἐπολιτευόμην· καὶ σκοπεῖτ' ἐν τούτοις πάλιν αὖ τί τὸ τῇ πόλει βέλτιστον ἦν. Ὁρῶν γάρ, ὦ ἄνδρες Ἀθηναῖοι, τὸ ναυτικὸν ὑμῶν καταλυόμενον καὶ τοὺς μὲν πλουσίους ἀτελεῖς ἀπὸ μικρῶν ἀναλωμάτων γιγνομένους, τοὺς δὲ μέτρια ἢ μικρὰ κεκτημένους τῶν πολιτῶν τὰ ὄντ' ἀπολλύοντας, ἔτι δ' ὑστερίζουσαν ἐκ τούτων τὴν πόλιν τῶν καιρῶν, ἔθηκα νόμον καθ' ὃν τοὺς μὲν τὰ δίκαια ποιεῖν ἠνάγκασα, τοὺς πλουσίους, τοὺς δὲ πένητας ἔπαυσ' ἀδικουμένους, τῇ πόλει δ' ὅπερ ἦν χρησιμώτατον, ἐν καιρῷ γίγνεσθαι τὰς παρασκευὰς ἐποίησα. 103 Καὶ γραφεὶς τὸν ἀγῶνα τοῦτον εἰς ὑμᾶς εἰσῆλθον καὶ ἀπέφυγον, καὶ τὸ μέρος τῶν ψήφων ὁ διώκων οὐκ ἔλαβεν. Καίτοι πόσα χρήματα τοὺς ἡγεμόνας τῶν συμμοριῶν ἢ τοὺς δευτέρους καὶ τρίτους οἴεσθέ μοι διδόναι, ὥστε μάλιστα μὲν μὴ θεῖναι τὸν νόμον τοῦτον, εἰ δὲ μή, καταβάλλοντ' ἐᾶν ἐν ὑπωμοσίᾳ; Τοσαῦτ', ὦ ἄνδρες Ἀθηναῖοι, ὅσ' ὀκνήσαιμ' ἂν πρὸς ὑμᾶς εἰπεῖν. 104 Καὶ ταῦτ' εἰκότως ἔπραττον ἐκεῖνοι. Ἦν γὰρ αὐτοῖς, ἐκ μὲν τῶν προτέρων νόμων συνεκκαίδεκα λῃτουργεῖν, αὐτοῖς μὲν μικρὰ καὶ οὐδὲν ἀναλίσκουσιν, | τοὺς δ' ἀπόρους τῶν πολιτῶν ἐπιτρίβουσιν, ἐκ δὲ τοῦ ἐμοῦ νόμου τὸ γιγνόμενον κατὰ τὴν οὐσίαν ἕκαστον τιθέναι καὶ δυοῖν ἐφάνη τριήραρχος ὁ τῆς μιᾶς ἕκτος καὶ δέκατος πρότερον συντελής· οὐδὲ γὰρ τριηράρχους

41. En 357, le système des symmories, c'est-à-dire des groupes de contribuables s'acquittant de l'impôt de guerre *(eisphora)* avait été étendu à la triérarchie, c'est-à-dire à la charge d'équiper un navire de guerre qui ne concernait que les citoyens les plus riches. Les conséquences en furent un allégement sensible pour ceux-ci, comme l'explique Démosthène. C'est sans doute en 340 qu'il fit passer une loi rétablissant le système ancien. Chaque symmorie représentait une

102 Je veux donc revenir sur la politique que j'ai pratiquée à la suite de cela. Voyez encore une fois ce qui, dans ce cas, valait le mieux pour l'État. Constatant, Athéniens, que notre marine périclitait, que les riches étaient exempts de charges à peu de frais et que les citoyens de petite ou moyenne fortune perdaient ce qu'ils avaient ; que, de plus, par ce fait, le pays était en retard sur les occasions, j'ai fait passer une loi[41] par laquelle j'ai forcé les uns, les riches, à faire leur devoir, tandis que je mettais un terme aux injustices subies par les pauvres et que j'obtenais que les préparatifs eussent lieu au bon moment, chose la plus utile pour l'État. **103** Accusé pour cela, je me suis présenté devant vous pour ce procès ; j'ai été acquitté, et mon accusateur n'a pas obtenu le minimum légal des voix. Pourtant, quelle somme croyez-vous que m'offraient les chefs des symmories ou les seconds et les troisièmes, pour qu'avant tout je ne proposasse pas cette loi, ou, sinon, que je la laissasse tomber au moment du serment d'opposition ? Une telle somme, Athéniens, que je n'oserais pas vous la dire. **104** Et ils avaient leurs raisons pour agir ainsi. Car les lois précédentes les faisaient s'acquitter de leur liturgie par groupes de seize, en dépensant peu et même presque rien, et en écrasant les citoyens embarrassés ; mais ma loi faisait verser par chacun le montant proportionnel à sa fortune, et on vit tout à coup triérarque de deux vaisseaux l'homme qui auparavant était contribuable d'un seul pour un seizième[42] ; car ils ne se nommaient plus

même fraction de capital imposable, et les trois plus riches de la symmorie étaient responsables pour toute la symmorie.

42. En étendant à la triérarchie le système des symmories, Périandre, l'initiateur de la loi de 357, avait transformé ce qui était jusque-là une liturgie, c'est-à-dire une charge honorifique assumée volontairement par les plus riches, en un simple impôt, comme Démosthène en fait justement la remarque : de triérarques ils étaient devenus des contribuables.

ἔτ' ὠνόμαζον ἑαυτούς, ἀλλὰ συντελεῖς. Ὥστε δὴ ταῦτα λυθῆναι καὶ μὴ τὰ δίκαια ποιεῖν ἀναγκασθῆναι, οὐκ ἔσθ' ὅ τι οὐκ ἐδίδοσαν. 105 Καί μοι λέγε πρῶτον μὲν τὸ ψήφισμα καθ' ὃ εἰσῆλθον τὴν γραφήν, εἶτα τοὺς καταλόγους, τόν τ' ἐκ τοῦ προτέρου νόμου καὶ τὸν κατὰ τὸν ἐμόν. Λέγε.

Ψήφισμα

[Ἐπὶ ἄρχοντος Πολυκλέους, μηνὸς Βοηδρομιῶνος ἕκτῃ ἐπὶ δέκα, φυλῆς πρυτανευούσης Ἱπποθωντίδος, Δημοσθένης Δημοσθένους Παιανιεὺς εἰσήνεγκε [εἰς τὸ] τριηραρχικὸν ἀντὶ τοῦ πρότερον, καθ' ὃν αἱ συντέλειαι ἦσαν τῶν τριηράρχων· καὶ ἐπεχειροτόνησεν ἡ βουλὴ καὶ ὁ δῆμος. Καὶ ἀπήνεγκε παρανόμων Δημοσθένει Πατροκλῆς Φλυεύς, καὶ τὸ μέρος τῶν ψήφων οὐ λαβὼν ἀπέτεισε τὰς πεντακοσίας δραχμάς.]

106 Φέρε δὴ καὶ τὸν καλὸν κατάλογον.

Κατάλογος

[Τοὺς τριηράρχους καλεῖσθαι ἐπὶ τὴν τριήρη συνεκκαίδεκα ἐκ τῶν ἐν τοῖς λόχοις συντελειῶν, ἀπὸ εἴκοσι καὶ πέντε ἐτῶν εἰς τετταράκοντα, ἐπὶ ἴσον τῇ χορηγίᾳ χρωμένους.]

Φέρε δὴ παρὰ τοῦτον τὸν ἐκ τοῦ ἐμοῦ νόμου κατάλογον. |

Κατάλογος

[Τοὺς τριηράρχους αἱρεῖσθαι ἐπὶ τὴν τριήρη ἀπὸ τῆς οὐσίας κατὰ τίμησιν ἀπὸ ταλάντων δέκα. Ἐὰν δὲ πλειόνων ἡ οὐσία ἀποτετιμημένη ᾖ χρημάτων, κατὰ τὸν ἀναλογισμὸν ἕως τριῶν πλοίων καὶ ὑπηρετικοῦ ἡ λειτουργία ἔστω· κατὰ τὴν αὐτὴν δὲ ἀναλογίαν ἔστω καὶ οἷς ἐλάττων οὐσία ἐστὶ τῶν δέκα ταλάντων, εἰς συντέλειαν συναγομένοις εἰς τὰ δέκα τάλαντα.]

triérarques, mais contribuables. Aussi, pour faire abolir cette loi et pour éviter d'être forcés de faire leur devoir, il n'est rien qu'ils n'offraient. **105** Lis-moi d'abord le décret en vertu duquel j'ai dû me présenter au procès, puis les listes *(des triérarques)*, celle qui résulte de la loi précédente et celle qui résulte de la mienne. Lis.

DÉCRET

[Sous l'archontat de Polyclès, le **16** Boédromion, la tribu Hippothontis exerçant la prytanie, Démosthène de Paiania, fils de Démosthène, a présenté une loi sur la triérarchie, contraire à la loi précédente qui organisait les syndicats de triérarques ; la loi a été votée par le Conseil et par le peuple. Patroclès de Phlya a introduit une action en illégalité contre Démosthène et, n'ayant pas obtenu le minimum légal des voix, a payé les cinq cents drachmes.]

106 Produis maintenant cette belle liste.

LISTE

[Les triérarques seront appelée pair seize pour l'équipement d'une trière ; ils seront pris dans les syndicats des compagnies, de **25** à **40** ans, et participeront à la dépense pour une part égale.]

Produis à côté la liste qui résulte de ma loi.

LISTE

[On choisira les triérarques pour une trière d'après l'évaluation de leur fortune, à partir de dix talents ; si la fortune est évaluée à une somme plus élevée, la liturgie ira proportionnellement jusqu'à trois vaisseaux et un bâtiment de service. Selon la même proportion, la liturgie incombera aussi à ceux dont la fortune est inférieure à dix talents, ceux-ci étant réunis en syndicats pour atteindre dix talents.]

107 Ἆρα μικρὰ βοηθῆσαι τοῖς πένησιν ὑμῶν δοκῶ, ἢ μίκρ' ἀναλῶσαι τοῦ μὴ τὰ δίκαια ποιεῖν ἐθέλειν οἱ πλούσιοι; Οὐ τοίνυν μόνον τῷ μὴ καθυφεῖναι ταῦτα σεμνύνομαι, οὐδὲ τῷ γραφεὶς ἀποφυγεῖν, ἀλλὰ καὶ τῷ συμφέροντα θεῖναι τὸν νόμον καὶ τῷ πεῖραν ἔργῳ δεδωκέναι. Πάντα γὰρ τὸν πόλεμον τῶν ἀποστόλων γιγνομένων κατὰ τὸν νόμον τὸν ἐμὸν οὐχ ἱκετηρίαν ἔθηκε τριήραρχος οὐδεὶς πώποθ' ὡς ἀδικούμενος παρ' ὑμῖν, οὐκ ἐν Μουνιχίας ἐκαθέζετο, οὐχ ὑπὸ τῶν ἀποστολέων ἐδέθη, οὐ τριήρης οὔτ' ἔξω καταλειφθεῖσ' ἀπώλετο τῇ πόλει, οὔτ' αὐτοῦ ἀπελείφθη οὐ δυναμένη ἀνάγεσθαι. 108 Καίτοι κατὰ τοὺς προτέρους νόμους ἅπαντα ταῦτ' ἐγίγνετο. Τὸ δ' αἴτιον· ἐν τοῖς πένησιν ἦν τὸ λειτουργεῖν· πολλὰ δὴ τἀδύνατα συνέβαινεν. Ἐγὼ δ' ἐκ τῶν ἀπόρων εἰς τοὺς εὐπόρους μετήνεγκα τὰς τριηραρχίας· πάντ' οὖν τὰ δέοντ' ἐγίγνετο. Καὶ μὴν καὶ κατ' αὐτὸ τοῦτ' ἄξιός εἰμ' ἐπαίνου τυχεῖν, ὅτι πάντα τὰ τοιαῦτα προῃρούμην πολιτεύματα, ἀφ' ὧν ἅμα δόξαι καὶ τιμαὶ καὶ δυνάμεις συνέβαινον τῇ πόλει, | βάσκανον δὲ καὶ πικρὸν καὶ κακόηθες οὐδέν ἐστι πολίτευμ' ἐμόν, οὐδὲ ταπεινόν, οὐδὲ τῆς πόλεως ἀνάξιον. 109 Ταὐτὸ τοίνυν ἦθος ἔχων ἔν τε τοῖς κατὰ τὴν πόλιν πολιτεύμασι καὶ ἐν τοῖς Ἑλληνικοῖς φανήσομαι· οὔτε γὰρ ἐν τῇ πόλει τὰς παρὰ τῶν πλουσίων χάριτας μᾶλλον ἢ τὰ τῶν πολλῶν δίκαι' εἱλόμην, οὔτ' ἐν τοῖς Ἑλληνικοῖς τὰ Φιλίππου δῶρα καὶ τὴν ξενίαν ἠγάπησα ἀντὶ τῶν κοινῇ πᾶσι τοῖς Ἕλλησι συμφερόντων.

43. Le triérarque défaillant pouvait être emprisonné par un des dix « commissaires aux expéditions », à moins qu'il ne se réfugiât dans le sanctuaire d'Artémis à Munychie ou n'obtînt du peuple l'autorisation de faire réviser sa situation (sur cette procédure, cf. Aristote, *Const. d'Ath.*, 43, 6).

107 Vous semble-t-il que j'aie prêté un faible appui aux pauvres ou que les riches aient voulu ne dépenser que peu pour éviter de faire leur devoir ? Ce n'est pas seulement de n'avoir pas cédé sur ce point que je m'enorgueillis, ni d'avoir été acquitté après avoir été accusé, mais encore d'avoir fait adopter une loi utile et d'en avoir fait la preuve par les faits. En effet, pendant toute la durée de la guerre, les expéditions navales se firent selon ma loi ; or aucun triérarque ne vous présenta jamais un rameau de suppliant en se prétendant victime d'une injustice, aucun n'alla s'asseoir dans le sanctuaire d'Artémis Mounichia[43], aucun ne fut mis en prison par les commissaires aux expéditions, aucune trière ne fut abandonnée à l'extérieur et perdue pour l'État ou ne fut laissée sur place comme inapte à prendre la mer. **108** Or, sous l'empire des lois précédentes, c'est tout cela qui se produisait. La raison, c'est que la liturgie retombait sur les pauvres[44] ; il y avait donc bien des impossibilités. Moi, j'ai fait passer la triérarchie des gens sans ressources sur les gens à leur aise ; donc tout ce qu'il fallait faire, se faisait. Voilà encore pourquoi je mérite un éloge, parce que j'ai adopté en tout une politique qui produisait à la fois pour la cité de la gloire, des honneurs et de la puissance ; il n'y a, dans ma conduite politique, aucun trait de jalousie, de chagrin ou de méchanceté, aucune bassesse, rien qui soit indigne de notre pays. **109** On verra que j'ai eu le même état d'esprit dans ma politique à l'égard de notre cité et dans ma politique grecque ; dans la cité, je n'ai pas préféré les faveurs des riches aux droits de la majorité ; dans les affaires grecques, je n'ai pas accueilli les présents et l'hospitalité de Philippe au détriment de l'intérêt commun des Grecs.

44. Dans tout ce développement, Démosthène se pose en défenseur des « pauvres » contre les « riches », mais le qualificatif de « pauvre » est tout à fait excessif pour désigner les membres des symmories triérarchiques, douze cents sur trente mille citoyens environ.

110 Ἡγοῦμαι τοίνυν λοιπὸν εἶναί μοι περὶ τοῦ κηρύγματος εἰπεῖν καὶ τῶν εὐθυνῶν· τὸ γὰρ ὡς τἄριστά τ' ἔπραττον καὶ διὰ παντὸς εὔνους εἰμὶ καὶ πρόθυμος εὖ ποιεῖν ὑμᾶς, ἱκανῶς ἐκ τῶν εἰρημένων δεδηλῶσθαί μοι νομίζω. Καίτοι τὰ μέγιστά γε τῶν πεπολιτευμένων καὶ πεπραγμένων ἐμαυτῷ παραλείπω, ὑπολαμβάνων πρῶτον μὲν ἐφεξῆς τοὺς περὶ αὐτοῦ τοῦ παρανόμου λόγους ἀποδοῦναί με δεῖν, εἶτα, κἂν μηδὲν εἴπω περὶ τῶν λοιπῶν πολιτευμάτων, ὁμοίως παρ' ὑμῶν ἑκάστῳ τὸ συνειδὸς ὑπάρχειν μοι.

111 Τῶν μὲν οὖν λόγων, οὓς οὗτος ἄνω καὶ κάτω διακυκῶν ἔλεγε περὶ τῶν παραγεγραμμένων νόμων, οὔτε μὰ τοὺς θεοὺς ὑμᾶς οἶμαι μανθάνειν οὔτ' αὐτὸς ἐδυνάμην συνιέναι τοὺς πολλούς· ἁπλῶς δὲ τὴν ὀρθὴν περὶ τῶν δικαίων διαλέξομαι. Τοσούτου γὰρ δέω λέγειν ὡς οὐκ εἰμ' ὑπεύθυνος, ὃ νῦν οὗτος διέβαλλε καὶ διωρίζετο, ὥσθ' ἅπαντα τὸν βίον ὑπεύθυνος εἶναι ὁμολογῶ ὧν ἢ διακεχείρικ' ἢ πεπολίτευμαι παρ' ὑμῖν. 112 Ὧν μέντοι γ' ἐκ τῆς ἰδίας οὐσίας ἐπαγγειλάμενος δέδωκα τῷ δήμῳ, οὐδεμίαν ἡμέραν ὑπεύθυνος εἶναί φημι (ἀκούεις, Αἰσχίνη ;) | οὐδ' ἄλλον οὐδένα, οὐδ' ἂν τῶν ἐννέ' ἀρχόντων τις ὢν τύχῃ. Τίς γάρ ἐστιν νόμος τοσαύτης ἀδικίας καὶ μισανθρωπίας μεστὸς ὥστε τὸν δόντα τι τῶν ἰδίων καὶ ποιήσαντα πρᾶγμα φιλάνθρωπον καὶ φιλόδωρον τῆς χάριτος μὲν ἀποστερεῖν, εἰς τοὺς συκοφάντας δ' ἄγειν, καὶ τούτους ἐπὶ τὰς εὐθύνας ὧν ἔδωκεν ἐφιστάναι ; Οὐδὲ εἷς. Εἰ δέ φησιν οὗτος, δειξάτω, κἀγὼ στέρξω καὶ σιωπήσομαι. 113 Ἀλλ' οὐκ ἔστιν, ἄνδρες Ἀθηναῖοι, ἀλλ' οὗτος συκοφαντῶν, ὅτι ἐπὶ τῷ θεωρικῷ τότ' ὢν ἐπέδωκα τὰ χρήματα· « Ἐπῄνεσεν αὐτόν, φησίν, ὑπεύθυνον ὄντα. » Οὐ περὶ τούτων γ' οὐδενὸς

110 Je pense qu'il me reste à parler de la proclamation et des comptes à rendre ; car, que j'aie agi pour le mieux et qu'en toute circonstance je sois plein de dévouement et de zèle pour vous rendre service, je crois l'avoir suffisamment montré dans ce que je viens de dire. D'ailleurs, je laisse de côté les plus importants de mes actes politiques, car j'estime d'abord que je dois exposer à la suite tous les arguments portant sur la question même d'illégalité, puis que, même si je ne dis rien sur le reste de ma politique, tout de même la conscience de chacun de vous me sera acquise.

111 Pour les arguments qu'il exposait en un désordre complet touchant les lois annexées à sa plainte, je ne crois pas, par les dieux, que vous les compreniez, et, pour ma part, je n'ai pu en saisir la majeure partie. C'est tout simplement, sans détours, que je vous parlerai de la question de droit. Bien loin de dire que je ne suis pas soumis à reddition de comptes (comme cet individu le précisait en me calomniant), c'est toute ma vie durant, je le reconnais, que j'ai à rendre compte de tout ce que j'ai géré ou accompli devant vous comme homme politique. **112** Mais pour ce que j'ai offert et donné au peuple sur ma propre fortune, pas un seul jour, je l'affirme, je n'ai de comptes à en rendre (tu entends, Eschine ?), ni d'ailleurs personne d'autre, fût-ce l'un des neuf archontes. Y a-t-il en effet une loi assez pleine d'injustice et d'inhumanité pour que quiconque a donné de son propre bien et accompli un acte d'humanité et de générosité, soit privé de toute reconnaissance et traîné devant les sycophantes et que ceux-ci soient chargés de lui faire rendre compte de ce qu'il a donné ? Il n'y en a pas une. Si cet individu prétend le contraire, qu'il la montre ; je me résignerai et me tairai. **113** Il n'y en a point, Athéniens. Cet individu, en vrai sycophante, parce que j'étais préposé au fonds des spectacles au moment où j'ai fait un don volontaire, dit : « (Ctésiphon) lui a accordé un éloge quand il avait des comptes à rendre. »

ὧν ὑπεύθυνος ἦν, ἀλλ' ἐφ' οἷς ἐπέδωκα, ὦ συκοφάντα. « Ἀλλὰ καὶ τειχοποιὸς ἦσθα ». Καὶ διά γε τοῦτο ὀρθῶς ἐπῃνούμην, ὅτι τἀνηλωμέν' ἔδωκα καὶ οὐκ ἐλογιζόμην. Ὁ μὲν γὰρ λογισμὸς εὐθυνῶν καὶ τῶν ἐξετασόντων προσδεῖται, ἡ δὲ δωρεὰ χάριτος καὶ ἐπαίνου δικαία ἐστὶ τυγχάνειν· διόπερ ταῦτ' ἔγραψεν ὁδὶ περὶ ἐμοῦ. 114 Ὅτι δ' οὕτω ταῦτ' οὐ μόνον ἐν τοῖς νόμοις, ἀλλὰ καὶ ἐν τοῖς ὑμετέροις ἤθεσιν ὥρισται, ἐγὼ ῥᾳδίως πολλαχόθεν δείξω. Πρῶτον μὲν γὰρ Ναυσικλῆς στρατηγῶν ἐφ' οἷς ἀπὸ τῶν ἰδίων προεῖτο πολλάκις ἐστεφάνωται ὑφ' ὑμῶν· εἶθ' ὅτε τὰς ἀσπίδας Διότιμος ἔδωκε καὶ πάλιν Χαρίδημος, ἐστεφανοῦντο· εἶθ' οὑτοσὶ Νεοπτόλεμος πολλῶν ἔργων ἐπιστάτης ὢν ἐφ' οἷς ἐπέδωκεν τετίμηται. Σχέτλιον γὰρ ἂν εἴη τοῦτό γε, εἰ τῷ τιν' ἀρχὴν ἄρχοντι ἢ διδόναι τῇ πόλει τὰ ἑαυτοῦ διὰ τὴν ἀρχὴν μὴ ἐξέσται, | ἢ τῶν δοθέντων ἀντὶ τοῦ κομίσασθαι χάριν εὐθύνας ὑφέξει. 115 Ὅτι τοίνυν ταῦτ' ἀληθῆ λέγω, λέγε τὰ ψηφίσματά μοι τὰ τούτοις γεγενημέν' αὐτὰ λαβών. Λέγε.

Ψήφισμα

[Ἄρχων Δημόνικος Φλυεύς, βοηδρομιῶνος ἕκτῃ μετ' εἰκάδα, γνώμῃ βουλῆς καὶ δήμου, Καλλίας Φρεάρριος εἶπεν ὅτι δοκεῖ τῇ βουλῇ καὶ τῷ δήμῳ στεφανῶσαι Ναυσικλέα τὸν ἐπὶ τῶν ὅπλων, ὅτι Ἀθηναίων ὁπλιτῶν δισχιλίων ὄντων ἐν Ἴμβρῳ καὶ βοηθούντων τοῖς κατοικοῦσιν Ἀθηναίων τὴν νῆσον, οὐ δυναμένου Φίλωνος τοῦ ἐπὶ τῆς διοικήσεως κεχειροτονημένου διὰ τοὺς χειμῶνας πλεῦσαι καὶ μισθοδοτῆσαι τοὺς ὁπλίτας, ἐκ τῆς ἰδίας οὐσίας ἔδωκε καὶ οὐκ εἰσέπραξε τὸν δῆμον, καὶ ἀναγορεῦσαι τὸν στέφανον Διονυσίοις τραγῳδοῖς καινοῖς.]

Oui, mais non pas pour rien de ce dont j'avais à rendre compte ; pour mon don volontaire, sycophante. « Mais tu étais commissaire aux fortifications. » Oui, et c'est pour cela qu'on avait raison de me décerner un éloge, puisque j'ai fait don de la dépense au lieu de la porter au compte de l'État. Ce sont les comptes qui demandent un examen et des enquêteurs ; les dons méritent reconnaissance et éloge ; et c'est pourquoi Ctésiphon ici présent a proposé cela pour moi : **114** Que cette définition soit conforme non seulement aux lois, mais encore à vos mœurs, je le montrerai facilement par bien des exemples. Tout d'abord, Nausiclès était stratège quand il a maintes fois été couronné par le peuple pour ce qu'il avait sacrifié de sa fortune personnelle. Puis, quand Diotimos et, une autre fois, Charidémos donnèrent des boucliers, ils furent couronnés ; puis Néoptolémos ici présent était inspecteur de nombreux travaux quand il a été honoré pour ses dons volontaires. En effet, il serait lamentable qu'un magistrat quelconque ou bien fût empêché, de par sa fonction, de donner de ses biens à l'État ou bien fût soumis à rendre compte de ses dons au lieu d'en recevoir de la reconnaissance. **115** Pour montrer que c'est bien la vérité que je dis, lis-moi les décrets en l'honneur de ces gens, en prenant le texte même. Lis.

DÉCRET

[Archontat de Dèmonicos de Phlya, le 26 Boédromion, sur avis du Conseil et du peuple, Callias de Phréarrhoi a proposé qu'il semblât bon au Conseil et au peuple de couronner Nausiclès, stratège des hoplites, parce que, deux milles hoplites athéniens se trouvant à Imbros pour soutenir les Athéniens établis dans l'île, comme les tempêtes empêchaient Philon, élu directeur de l'administration financière, de prendre la mer et de distribuer la solde aux hoplites, Nausiclès l'a offerte sur ses propres biens sans la recouvrer sur le peuple ; on proclamera la couronne aux Dionysies à la représentation des tragédies nouvelles.]

Ἕτερον ψήφισμα

116 [Εἶπε Καλλίας Φρεάρριος, πρυτάνεων λεγόντων βουλῆς γνώμη· ἐπειδὴ Χαρίδημος ὁ ἐπὶ τῶν ὁπλιτῶν ἀποσταλεὶς εἰς Σαλαμῖνα καὶ Διότιμος ὁ ἐπὶ τῶν ἱππέων ἐν τῇ ἐπὶ τοῦ ποταμοῦ μάχῃ τῶν στρατιωτῶν τινων ὑπὸ τῶν πολεμίων σκυλευθέντων, ἐκ τῶν ἰδίων ἀναλωμάτων καθώπλισαν τοὺς νεανίσκους ἀσπίσιν ὀκτακοσίαις, δεδόχθαι τῇ βουλῇ καὶ τῷ δήμῳ στεφανῶσαι Χαρίδημον καὶ Διότιμον χρυσῷ στεφάνῳ, καὶ ἀναγορεῦσαι Παναθηναίοις τοῖς μεγάλοις ἐν τῷ γυμνικῷ ἀγῶνι καὶ Διονυσίοις τραγῳδοῖς καινοῖς· τῆς δὲ ἀναγορεύσεως ἐπιμεληθῆναι θεσμοθέτας, πρυτάνεις, ἀγωνοθέτας.] |

117 Τούτων ἕκαστος, Αἰσχίνη, τῆς μὲν ἀρχῆς ἧς ἦρχεν ὑπεύθυνος ἦν, ἐφ' οἷς δ' ἐστεφανοῦτο οὐχ ὑπεύθυνος. Οὐκοῦν οὐδ' ἐγώ· ταὐτὰ γὰρ δίκαι' ἐστί μοι περὶ τῶν αὐτῶν τοῖς ἄλλοις δήπου. Ἐπέδωκα· ἐπαινοῦμαι διὰ ταῦτα, οὐκ ὢν ὧν ἔδωχ' ὑπεύθυνος. Ἦρχον· καὶ δέδωκά γ' εὐθύνας ἐκείνων, οὐχ ὧν ἐπέδωκα. Νὴ Δί', ἀλλ' ἀδίκως ἦρξα. Εἶτα, παρὼν ὅτε μ' εἰσῆγον οἱ λογισταί, οὐ κατηγόρεις; 118 Ἵνα τοίνυν ἴδηθ' ὅτι αὐτὸς οὗτός μοι μαρτυρεῖ ἐφ' οἷς οὐχ ὑπεύθυνος ἦν ἐστεφανῶσθαι, λαβὼν ἀνάγνωθι τὸ ψήφισμ' ὅλον τὸ γραφέν μοι. Οἷς γὰρ οὐκ ἐγράψατο τοῦ προβουλεύματος, τούτοις ἃ διώκει συκοφαντῶν φανήσεται. Λέγε.

SECOND DÉCRET

116 [Proposition de Callias de Phréarrhoi, sur proposition des prytanes après avis du Conseil ; considérant que Charidèmos, commandant des hoplites, envoyé à Salamine, et Diotimos, commandant de la cavalerie, après qu'à la bataille près du fleuve certains soldats eurent été dépouillés de leurs armes par l'ennemi, ont, à leurs propres frais, armé les conscrits avec huit cents boucliers ; plaise au Conseil et au peuple de décerner à Charidèmos et à Diotimos une couronne d'or et d'en faire la proclamation aux grandes Panathénées lors du concours gymnique et aux Dionysies lors de la représentation des tragédies nouvelles ; le soin de la proclamation incombera aux thesmothètes, prytanes et agonothètes.]

117 Chacun d'eux, Eschine, devait rendre ses comptes pour la magistrature qu'il exerçait, non pas pour les faits qui lui valaient une couronne. Donc moi non plus ; car j'ai sans doute les mêmes droits que les autres pour les mêmes actes. J'ai fait un don : je reçois un éloge pour cela, sans avoir à rendre compte de ce que j'ai donné. J'ai exercé une magistrature ; oui, et j'en ai rendu compte, mais non pas des dons que j'ai faits. « Oui, par Zeus » ; mais j'ai trahi les devoirs de ma charge. Et alors, toi, qui étais là quand les auditeurs des comptes[45] introduisaient mon affaire, tu ne m'accusais pas ?

118 Pour vous faire voir qu'Eschine lui-même témoigne que j'ai été couronné pour des faits dont je n'avais pas à rendre compte, prends et lis en entier le décret proposé en mon honneur. Grâce aux points mêmes que dans le projet il n'a pas incriminés, on verra qu'il agit en sycophante dans sa plainte. Lis.

45. Sur cette procédure, cf. Aristote, *Const. d'Ath.*, 48, 3-4 et 54, 2.

Ψήφισμα

[Ἐπὶ ἄρχοντος Εὐθυκλέους, πυανεψιῶνος ἐνάτῃ ἀπιόντος, φυλῆς πρυτανευούσης Οἰνηίδος, Κτησιφῶν Λεωσθένους Ἀναφλύστιος εἶπεν· ἐπειδὴ Δημοσθένης Δημοσθένους Παιανιεὺς γενόμενος ἐπιμελητὴς τῆς τῶν τειχῶν ἐπισκευῆς καὶ προσαναλώσας εἰς τὰ ἔργα ἀπὸ τῆς ἰδίας οὐσίας τρία τάλαντα ἐπέδωκε ταῦτα τῷ δήμῳ, καὶ ἐπὶ τοῦ θεωρικοῦ κατασταθεὶς ἐπέδωκε τοῖς ἐκ πασῶν τῶν φυλῶν θεωροῖς ἑκατὸν μνᾶς εἰς θυσίας, δεδόχθαι τῇ βουλῇ καὶ τῷ δήμῳ τῷ Ἀθηναίων ἐπαινέσαι Δημοσθένην Δημοσθένους Παιανιέα, ἀρετῆς ἕνεκα καὶ καλοκαγαθίας ἧς ἔχων διατελεῖ ἐν παντὶ καιρῷ εἰς τὸν δῆμον τὸν Ἀθηναίων, καὶ στεφανῶσαι χρυσῷ στεφάνῳ, | καὶ ἀναγορεῦσαι τὸν στέφανον ἐν τῷ θεάτρῳ Διονυσίοις τραγῳδοῖς καινοῖς· τῆς δὲ ἀναγορεύσεως ἐπιμεληθῆναι τὸν ἀγωνοθέτην.]

119 Οὐκοῦν ἃ μὲν ἐπέδωκα, ταῦτ᾽ ἐστὶν ὧν οὐδὲν σὺ γέγραψαι· ἃ δέ φησιν ἡ βουλὴ δεῖν ἀντὶ τούτων γενέσθαι μοι, ταῦτ᾽ ἔσθ᾽ ἃ διώκεις. Τὸ λαβεῖν οὖν τὰ διδόμεν᾽ ὁμολογῶν ἔννομον εἶναι, τὸ χάριν τούτων ἀποδοῦναι παρανόμων γράφει. Ὁ δὲ παμπόνηρος ἄνθρωπος καὶ θεοῖς ἐχθρὸς καὶ βάσκανος ὄντως ποῖός τις ἂν εἴη πρὸς θεῶν ; Οὐχ ὁ τοιοῦτος ;

120 Καὶ μὴν περὶ τοῦ γ᾽ ἐν τῷ θεάτρῳ κηρύττεσθαι, τὸ μὲν μυριάκις μυρίους κεκηρῦχθαι παραλείπω, καὶ τὸ πολλάκις αὐτὸς [ἐστεφανῶσθαι] πρότερον. Ἀλλὰ πρὸς θεῶν οὕτω σκαιὸς εἶ καὶ ἀναίσθητος, Αἰσχίνη, ὥστ᾽ οὐ δύνασαι λογίσασθαι ὅτι τῷ μὲν στεφανουμένῳ τὸν αὐτὸν ἔχει ζῆλον ὁ στέφανος, ὅπου ἂν ἀναρρηθῇ, τοῦ δὲ τῶν στεφανούντων εἵνεκα συμφέροντος ἐν τῷ θεάτρῳ γίγνεται τὸ κήρυγμα ; Οἱ γὰρ ἀκούσαντες ἅπαντες εἰς τὸ ποιεῖν εὖ τὴν πόλιν προτρέπονται, καὶ τοὺς ἀποδιδόντας τὴν χάριν μᾶλλον ἐπαινοῦσι τοῦ στεφανουμένου. Διόπερ τὸν νόμον τοῦτον ἡ πόλις γέγραφεν. Λέγε δ᾽ αὐτόν μοι τὸν νόμον λαβών.

Décret

[Sous l'archontat d'Euthyclès, le 22 Pyanepsion, la tribu Oinéis exerçant la prytanie, proposition de Ctésiphon d'Anaphlystos, fils de Léosthénès : considérant que Démosthène de Paiania, fils de Démosthène, étant commissaire à la réparation des remparts, a avancé de ses propres ressources trois talents pour ce travail et en a fait don au peuple ; que, nommé commissaire du fonds des spectacles, il a donné aux théores de toutes les tribus cent mines pour des sacrifices ; plaise au Conseil et au peuple athénien d'accorder un éloge à Démosthène de Paiania, fils de Démosthène, pour le mérite et l'honnêteté dont il ne cesse de faire preuve en toute occasion à l'égard du peuple athénien, de lui décerner une couronne d'or et de la faire proclamer au théâtre, lors des Dionysies, à la représentation des tragédies nouvelles ; le soin de la proclamation incombera à l'agonothète.]

119 Ainsi donc ce que j'ai donné, voilà ce que tu n'as pas mentionné dans ta plainte ; mais ce que le Conseil veut qu'on me donne en échange, c'est cela que tu attaques. Il reconnaît qu'il est légal d'accepter ce qu'on offre et il poursuit comme illégale la reconnaissance qu'on en témoigne. L'homme scélérat, détesté des dieux et réellement jaloux, qui pourrait-il être, au nom des dieux ? Ne serait-ce pas un tel individu ?

120 D'ailleurs, pour ce qui est de la proclamation au théâtre, je laisse de côté le fait que mille personnes y ont été mille fois proclamées, et moi-même plusieurs fois auparavant. Mais, par les dieux, es-tu si sot et si inintelligent, Eschine, que tu ne puisses calculer que, si la couronne provoque la même admiration pour le bénéficiaire en quelque lieu qu'elle soit proclamée, c'est dans l'intérêt de ceux qui la décernent que la proclamation a lieu au théâtre ? Car tous les auditeurs sont incités à rendre service à l'État et accordent aux gens reconnaissants un éloge plus grand qu'à celui qui est couronné. C'est pourquoi l'État a rédigé cette loi. Prends-moi et lis la loi elle-même.

Νόμος

[Ὅσους στεφανοῦσί τινες τῶν δήμων, τὰς ἀναγορεύσεις τῶν στεφάνων ποιεῖσθαι ἐν αὐτοῖς ἑκάστους τοῖς ἰδίοις δήμοις, ἐὰν μή τινας ὁ δῆμος ὁ Ἀθηναίων ἢ ἡ βουλὴ στεφανοῖ· τούτους δ' ἐξεῖναι ἐν θεάτρῳ Διονυσίοις...]

121 Ἀκούεις, Αἰσχίνη, τοῦ νόμου λέγοντος σαφῶς· « πλὴν ἐάν τινας ὁ δῆμος ἢ ἡ βουλὴ ψηφίσηται· | τούτους δ' ἀναγορευέτω... » Τί οὖν, ὦ ταλαίπωρε, συκοφαντεῖς; Τί λόγους πλάττεις; Τί σαυτὸν οὐκ ἐλλεβορίζεις ἐπὶ τούτοις; Ἀλλ' οὐδ' αἰσχύνει φθόνου δίκην εἰσάγων, οὐκ ἀδικήματος οὐδενός, καὶ νόμους μεταποιῶν, τῶν δ' ἀφαιρῶν μέρη, οὓς ὅλους δίκαιον ἦν ἀναγιγνώσκεσθαι τοῖς γ' ὀμωμοκόσιν κατὰ τοὺς νόμους ψηφιεῖσθαι; 122 Ἔπειτα τοιαῦτα ποιῶν λέγεις πόσα δεῖ προσεῖναι τῷ δημοτικῷ, ὥσπερ ἀνδριάντ' ἐκδεδωκὼς κατὰ συγγραφήν, εἶτ' οὐκ ἔχοντα ἃ προσῆκεν ἐκ τῆς συγγραφῆς κομιζόμενος, ἢ λόγῳ τοὺς δημοτικούς, ἀλλ' οὐ τοῖς πράγμασι καὶ τοῖς πολιτεύμασι γιγνωσκομένους. Καὶ βοᾷς ῥητὰ καὶ ἄρρητ' ὀνομάζων, ὥσπερ ἐξ ἁμάξης, ἃ σοι καὶ τῷ σῷ γένει πρόσεστιν, οὐκ ἐμοί. Καίτοι καὶ τοῦτ', ὦ ἄνδρες Ἀθηναῖοι. 123 Ἐγὼ λοιδορίαν κατηγορίας τούτῳ διαφέρειν ἡγοῦμαι, τῷ τὴν μὲν κατηγορίαν ἀδικήματ' ἔχειν ὧν ἐν τοῖς νόμοις εἰσὶν αἱ τιμωρίαι, τὴν δὲ λοιδορίαν βλασφημίας ἃς κατὰ τὴν αὑτῶν φύσιν τοῖς ἐχθροῖς περὶ ἀλλήλων συμβαίνει λέγειν. Οἰκοδομῆσαι δὲ τοὺς προγόνους ταυτὶ τὰ δικαστήρι' ὑπείληφα, οὐχ ἵνα συλλέξαντες ὑμᾶς εἰς ταῦτα ἀπὸ τῶν ἰδίων κακῶς ἀπόρρητα λέγωμεν ἀλλήλους, ἀλλ' ἵν' ἐξελέγχωμεν ἐάν τις ἠδικηκώς τι τυγχάνῃ τὴν πόλιν. 124 Ταῦτα τοίνυν εἰδὼς

Loi

[Tous ceux que les dèmes couronnent auront leur couronne proclamée chacun dans son propre dème, à moins que certains ne soient couronnés par le peuple athénien ou le Conseil. Pour ceux-là, on pourra le faire au théâtre, lors des Dionysies...]

121 Tu entends, Eschine, la loi qui dit explicitement : « excepté pour ceux qui sont l'objet d'un vote du peuple ou du Conseil ; que ceux-là soient proclamés... » Pourquoi donc, malheureux, fais-tu le sycophante ? Pourquoi forges-tu des discours ? Pourquoi ne te donnes-tu pas, pour cela, de l'ellébore ? Tu n'as même pas honte de t'engager dans un procès causé par l'envie, et non pas par un délit, de modifier des lois, de supprimer des parties de certaines que c'était un devoir de lire en entier à des juges qui ont juré de voter selon les lois. **122** Et alors, quand tu agis ainsi, tu dis quelles doivent être les qualités du démocrate, comme si c'était une statue commandée d'après un cahier de charges et qui, lorsqu'on te la livrerait, ne serait pas conforme à celui-ci, ou bien comme si on reconnaissait les démocrates à la parole et non pas à leurs actes et à leur politique. Et tu cries, en employant, comme du haut d'un char[46] *(de carnaval)* termes permis et termes interdits, expressions qui s'appliquent à toi et à ta famille mais non pas à moi. « Cependant, encore un mot, Athéniens. **123** À mon avis, l'accusation diffère de l'injure en ce que l'accusation implique des fautes dont la peine est fixée par les lois, et l'injure, des calomnies que les ennemis s'adressent en suivant leur propre naturel. J'ai toujours pensé que, si nos ancêtres ont bâti les tribunaux que voici, ce n'est pas pour vous y réunir afin de nous entendre nous injurier en termes interdits à propos de notre vie privée, mais pour que nous confondions tout homme qui a commis un crime envers l'État. **124** Or Eschine, qui sait cela aussi

46. Cf. 11 et 124.

Αἰσχίνης οὐδὲν ἧττον ἐμοῦ πομπεύειν ἀντὶ τοῦ κατηγορεῖν εἵλετο. Οὐ μὴν οὐδ' ἐνταῦθ' ἔλαττον ἔχων δίκαιός ἐστιν ἀπελθεῖν. Ἤδη δ' ἐπὶ ταῦτα πορεύσομαι, τοσοῦτον αὐτὸν ἐρωτήσας. Πότερόν σέ τις, Αἰσχίνη, τῆς πόλεως ἐχθρὸν ἢ ἐμὸν εἶναι φῇ; Ἐμὸν δῆλον ὅτι. | Εἶθ' οὗ μὲν ἦν παρ' ἐμοῦ δίκην κατὰ τοὺς νόμους ὑπὲρ τούτων λαβεῖν, εἴπερ ἠδίκουν, ἐξέλειπες, ἐν ταῖς εὐθύναις, ἐν ταῖς γραφαῖς, ἐν ταῖς ἄλλαις κρίσεσιν· 125 οὗ δ' ἐγὼ μὲν ἀθῷος ἅπασι, τοῖς νόμοις, τῷ χρόνῳ, τῇ προθεσμίᾳ, τῷ κεκρίσθαι περὶ πάντων πολλάκις πρότερον, τῷ μηδεπώποτ' ἐξελεγχθῆναι μηδὲν ὑμᾶς ἀδικῶν, τῇ πόλει δ' ἢ πλέον ἢ ἔλαττον ἀνάγκη τῶν γε δημοσίᾳ πεπραγμένων μετεῖναι τῆς δόξης, ἐνταῦθ' ἀπήντηκας; Ὅρα μὴ τούτων μὲν ἐχθρὸς ᾖς, ἐμοὶ δὲ προσποιῇ.

126 Ἐπειδὴ τοίνυν ἡ μὲν εὐσεβὴς καὶ δικαία ψῆφος ἅπασι δέδεικται, δεῖ δέ μ', ὡς ἔοικε, καίπερ οὐ φιλολοίδορον ὄντα, διὰ τὰς ὑπὸ τούτου βλασφημίας εἰρημένας, ἀντὶ πολλῶν καὶ ψευδῶν αὐτὰ τἀναγκαιότατ' εἰπεῖν περὶ αὐτοῦ, καὶ δεῖξαι τίς ὢν καὶ τίνων ῥᾳδίως οὕτως ἄρχει τοῦ κακῶς λέγειν, καὶ λόγους τινὰς διασύρει, αὐτὸς εἰρηκὼς ἃ τίς οὐκ ἂν ὤκνησεν τῶν μετρίων ἀνθρώπων φθέγξασθαι; 127 Εἰ γὰρ Αἰακὸς ἢ Ῥαδάμανθυς ἢ Μίνως ἦν ὁ κατηγορῶν, ἀλλὰ μὴ σπερμολόγος, περίτριμμ' ἀγορᾶς, ὄλεθρος γραμματεύς, οὐκ ἂν αὐτὸν οἶμαι ταῦτ' εἰπεῖν οὐδ' ἂν οὕτως ἐπαχθεῖς λόγους πορίσασθαι, ὥσπερ ἐν τραγῳδίᾳ βοῶντα « Ὦ γῆ καὶ ἥλιε καὶ ἀρετή. » καὶ τὰ τοιαῦτα, καὶ πάλιν

bien que moi, a résolu d'agir comme en carnaval au lieu d'accuser. Néanmoins, là non plus, il n'a pas le droit de se retirer sans avoir ce qu'il mérite. J'en arriverai bientôt à cela, après lui avoir posé une seule question. Doit-on t'appeler, Eschine, ennemi de l'État ou mon ennemi ? Le mien, évidemment. Et alors, là où tu pouvais me faire châtier de cela conformément aux lois si j'étais coupable, tu t'éclipsais, lors des redditions de comptes, lors des accusations publiques, lors des autres procès ; **125** mais là où, moi, je ne risque aucune sanction pour toute sorte de raisons, du fait des lois, du temps écoulé, de la prescription[47], du fait que bien souvent auparavant j'ai été jugé sur tous ces points, du fait qu'on ne m'a jamais convaincu d'injustice envers vous, là où l'État nécessairement a une part plus ou moins grande dans la gloire des actes publics, c'est là que tu te présentes en justice ? Prends garde d'être l'ennemi réel des citoyens que voici, en faisant semblant d'être le mien.

126 Puisque donc on a montré à tous quel est le vote dicté par la piété et par la justice, puisque je dois, semble-t-il, bien que n'aimant pas les injures, en raison des calomnies lancées par cet individu, répondre à ses nombreux mensonges seulement par ce qu'on doit nécessairement dire de lui, puisqu'il me faut montrer qui il est et quels sont ses parents, à lui qui prend si facilement l'initiative des injures et persifle certaines expressions, quand lui-même a dit ce que tout honnête homme hésiterait à prononcer... **127** En effet, si l'accusateur était Éaque, Rhadamanthe ou Minos, au lieu d'être un misérable glaneur, un rebut de l'agora, une peste de scribouillard, je ne crois pas qu'il aurait ainsi parlé ni qu'il aurait employé des expressions si insupportables, en criant comme dans une tragédie : « Ô terre, ô soleil, ô vertu » et cætera, et encore en invoquant « l'intelligence

47. Sur les délais en matière de reddition de comptes, cf. Aristote, *Const. d'Ath.*, 48, 4-5.

« σύνεσιν καὶ παιδείαν » ἐπικαλούμενον, « ᾗ τὰ καλὰ καὶ τὰ αἰσχρὰ διαγιγνώσκεται »· ταῦτα γὰρ δήπουθεν ἠκούετ' αὐτοῦ λέγοντος. 128 Σοὶ δ' ἀρετῆς, ὦ κάθαρμα, ἢ τοῖς σοῖς τίς μετουσία ; Ἢ καλῶν ἢ μὴ τοιούτων τίς διάγνωσις ; Πόθεν ἢ πῶς ἀξιωθέντι ; Ποῦ δὲ παιδείας σοι θέμις μνησθῆναι ; Ἧς τῶν μὲν ὡς ἀληθῶς τετυχηκότων οὐδ' ἂν εἷς εἴποι περὶ αὑτοῦ τοιοῦτον οὐδέν, | ἀλλὰ κἂν ἑτέρου λέγοντος ἐρυθριάσειεν· τοῖς δ' ἀπολειφθεῖσιν μὲν ὥσπερ σύ, προσποιουμένοις δ' ὑπ' ἀναισθησίας τὸ τοὺς ἀκούοντας ἀλγεῖν ποιεῖν ὅταν λέγωσιν, οὐ τὸ δοκεῖν τοιούτοις εἶναι περίεστιν.

129 Οὐκ ἀπορῶν δ' ὅ τι χρὴ περὶ σοῦ καὶ τῶν σῶν εἰπεῖν, ἀπορῶ τοῦ πρώτου μνησθῶ. Πότερ' ὡς ὁ πατήρ σου Τρόμης ἐδούλευεν παρ' Ἐλπίᾳ τῷ πρὸς τῷ Θησείῳ διδάσκοντι γράμματα, χοίνικας παχείας ἔχων καὶ ξύλον ; Ἢ ὡς ἡ μήτηρ σου τοῖς μεθημερινοῖς γάμοις ἐν τῷ κλεισίῳ τῷ πρὸς τῷ Καλαμίτῃ ἥρωι χρωμένη τὸν καλὸν ἀνδριάντα καὶ τριταγωνιστὴν ἄκρον ἐξέθρεψέ σε ; Ἀλλὰ πάντες ἴσασι ταῦτα, κἂν ἐγὼ μὴ λέγω. Ἀλλ' ὡς ὁ τριηραύλης Φορμίων, ὁ Δίωνος τοῦ Φρεαρρίου δοῦλος, ἀνέστησεν αὐτὴν ἀπὸ ταύτης τῆς καλῆς ἐργασίας ; Ἀλλά, νὴ τὸν Δία καὶ θεούς, ὀκνῶ μὴ περὶ σοῦ τὰ προσήκοντα λέγων αὐτὸς οὐ προσήκοντας ἐμαυτῷ δόξω προῃρῆσθαι λόγους. 130 Ταῦτα μὲν οὖν ἐάσω, ἀπ' αὐτῶν δ' ὧν αὐτὸς βεβίωκεν ἄρξομαι. Οὐδὲ γὰρ ὧν ἔτυχεν ἦν, ἀλλ' οἷς ὁ δῆμος καταρᾶται. Ὀψὲ γάρ ποτε... ὀψὲ λέγω ; χθὲς μὲν οὖν καὶ πρῴην ἅμ' Ἀθηναῖος καὶ ῥήτωρ γέγονεν,

48. C'est la péroraison même d'Eschine (*Ctés.*, 260).

et l'éducation qui nous font distinguer le beau et le laid[48] », Car, bien sûr, vous l'avez entendu s'exprimer ainsi. **128** Qu'as-tu à faire, ordure, avec la vertu, toi ou les tiens ? Comment peux-tu distinguer ce qui est bien et ce qui ne l'est pas ? Où et comment en as-tu été jugé digne ? Où t'a-t-on permis de parler d'éducation ? Pas un de ceux qui en sont véritablement pourvus, ne dirait rien de tel sur lui-même, et il en rougirait même quand un autre le dirait. Quant à ceux qui en sont dénués comme toi et qui l'affectent par sottise, ils n'y gagnent que de peiner leurs auditeurs quand ils en parlent, non pas de paraître en avoir.

129 Je n'ai pas à me demander ce que je dois dire de toi et des tiens, mais je me demande ce que je rappellerai en premier lieu. Sera-ce que ton père Tromès[49] était esclave d'Élpias qui enseignait l'écriture près du Théseion ? Il portait de grosses entraves et un carcan. Ou bien que ta mère, grâce à ses mariages en plein jour dans la boutique voisine du héros Calamitès, a élevé le beau portrait et l'excellent acteur de dernier ordre que tu es ? Mais tout le monde le sait, même si je n'en parle pas. Ou bien que le flûtiste de trière Phormion, l'esclave de Dion de Phréarrhoi, l'a tirée de ce beau métier ? Mais, par Zeus et par les dieux, j'hésite, craignant qu'en disant de toi ce qui te convient, je ne passe pour adopter un langage peu convenable pour moi. **130** Je laisserai donc cela et commencerai par les faits mêmes de sa propre vie. Il n'était pas en effet l'homme de la situation qu'il a obtenue, mais un de ces hommes que le peuple maudit[50]. Bien tard – je dis tard ? plutôt il y a un ou deux jours, il est devenu à la fois Athénien et orateur. Ajoutant deux

49. Démosthène accumule ici les accusations contre la famille d'Eschine, accusations peu vraisemblables étant donné sa carrière politique.

50. Au début de chaque assemblée, le héraut maudissait solennellement les traîtres et les mauvais conseillers.

καὶ δύο συλλαβὰς προσθεὶς τὸν μὲν πατέρ' ἀντὶ Τρόμητος ἐποίησεν 'Ατρόμητον, τὴν δὲ μητέρα σεμνῶς πάνυ Γλαυκοθέαν, [ἣν Ἔμπουσαν ἅπαντες ἴσασι καλουμένην], ἐκ τοῦ πάντα ποιεῖν καὶ πάσχειν δηλόνοτι ταύτης τῆς ἐπωνυμίας τυχοῦσαν· πόθεν γὰρ ἄλλοθεν; 131 'Αλλ' ὅμως οὕτως ἀχάριστος εἶ καὶ πονηρὸς φύσει [ὥστ' ἐλεύθερος ἐκ δούλου καὶ | πλούσιος ἐκ πτωχοῦ διὰ τουτουσὶ γεγονὼς] οὐχ ὅπως χάριν αὐτοῖς ἔχεις, ἀλλὰ μισθώσας σαυτὸν κατὰ τουτωνὶ πολιτεύῃ. Καὶ περὶ ὧν μὲν ἔστι τις ἀμφισβήτησις ὡς ἄρ' ὑπὲρ τῆς πόλεως εἴρηκεν, ἐάσω· ἃ δ' ὑπὲρ τῶν ἐχθρῶν φανερῶς ἀπεδείχθη πράττων, ταῦτ' ἀναμνήσω. 132 Τίς γὰρ ὑμῶν οὐκ οἶδεν τὸν ἀποψηφισθέντ' 'Αντιφῶντα, ὃς ἐπαγγειλάμενος Φιλίππῳ τὰ νεώρι' ἐμπρήσειν εἰς τὴν πόλιν ἦλθεν; Ὃν λαβόντος ἐμοῦ κεκρυμμένον ἐν Πειραιεῖ καὶ καταστήσαντος εἰς τὴν ἐκκλησίαν βοῶν ὁ βάσκανος οὗτος καὶ κεκραγὼς [ὡς] ἐν δημοκρατίᾳ δεινὰ ποιῶ τοὺς ἠτυχηκότας τῶν πολιτῶν ὑβρίζων καὶ ἐπ' οἰκίας βαδίζων ἄνευ ψηφίσματος, ἀφεθῆναι ἐποίησεν. 133 Καὶ εἰ μὴ ἡ βουλὴ ἡ ἐξ 'Αρείου Πάγου τὸ πρᾶγμ' αἰσθομένη καὶ τὴν ὑμετέραν ἄγνοιαν ἐν οὐ δέοντι συμβεβηκυῖαν ἰδοῦσα ἐπεζήτησε τὸν ἄνθρωπον καὶ συλλαβοῦσ' ἐπανήγαγεν ὡς ὑμᾶς, ἐξήρπαστ' ἂν ὁ τοιοῦτος καὶ τὸ δίκην δοῦναι διαδὺς ἐξεπέμπετ' ἂν ὑπὸ τοῦ σεμνολόγου τουτουί. Νῦν δ' ὑμεῖς στρεβλώσαντες αὐτὸν ἀπεκτείνατε, ὡς ἔδει γε καὶ τοῦτον. 134 Τοιγαροῦν εἰδυῖα ταῦθ' ἡ βουλὴ ἡ ἐξ 'Αρείου Πάγου τότε τούτῳ πεπραγμένα, χειροτονησάντων αὐτὸν ὑμῶν σύνδικον ὑπὲρ τοῦ ἱεροῦ τοῦ ἐν Δήλῳ ἀπὸ τῆς αὐτῆς

51. Monstre féminin à formes variées (Aristoph., *Gren.* 288 et suiv.).

52. Évidemment lors de la révision générale des listes civiques qui eut lieu en 346/345 (cf. *Contre Euboulidès*).

syllabes au nom de son père, il a fait de Tromès Atromètos et de sa mère tout à fait noblement Glaucothéa, quand chacun sait qu'on l'appelait Empousa[51] et qu'elle avait reçu ce nom évidemment parce qu'elle faisait et subissait tout (quelle autre origine en effet ?) **131** Malgré cela, ta nature est si ingrate et si perverse que, transformé par les citoyens que voici d'esclave en homme libre et de mendiant en riche, non seulement tu ne leur en es pas reconnaissant, mais tu t'es vendu pour faire une politique dirigée contre eux. Ce sur quoi l'on peut discuter et dire qu'il a parlé dans l'intérêt de l'État, je le laisserai de côté ; mais ce qu'il a été évidemment convaincu de faire pour l'ennemi, voilà ce que je rappellerai.

132 Qui de vous ne connaît Antiphon, l'homme exclu de son dème[52], qui était venu à Athènes pour exécuter la promesse faite à Philippe d'incendier les arsenaux ? Je l'avais surpris caché au Pirée et l'avais présenté à l'Assemblée ; mais cet individu jaloux cria et hurla qu'en régime démocratique je causais un scandale en outrageant les citoyens malheureux et en entrant sans décret dans une maison, et il le fit relâcher. **133** Si le Conseil de l'Aréopage, mis au courant de l'affaire, et voyant que votre aveuglement était déplacé, n'avait pas fait rechercher et arrêter l'individu pour le ramener devant vous, un tel homme vous aurait été arraché, aurait esquivé le châtiment et allait être envoyé à l'étranger par le beau parleur que voici. En fait, vous, vous l'avez fait mettre à la torture et exécuter, comme aurait dû l'être également Eschine. **134** Aussi le Conseil de l'Aréopage, qui connaissait la conduite d'Eschine en cette circonstance, quand vous eûtes élu celui-ci comme avocat pour l'affaire du sanctuaire de Dèlos[53], avec le même aveugle-

53. En 345 ou 343, Athènes avait eu à plaider devant les Amphictyons contre Dèlos qui demandait que l'administration du sanctuaire, exercée par les Athéniens, leur fût enlevée ; Athènes eut gain de cause.

ἀγνοίας [ᾗσπερ πολλὰ προιεσθε τῶν κοινῶν], ὡς προσείλεσθε κἀκείνην καὶ τοῦ πράγματος κυρίαν ἐποιήσατε, τοῦτον μὲν εὐθὺς ἀπήλασεν ὡς προδότην, Ὑπερείδῃ δὲ λέγειν προσέταξεν· καὶ ταῦτα ἀπὸ τοῦ βωμοῦ φέρουσα τὴν ψῆφον ἔπραξε, καὶ οὐδεμία ψῆφος ἠνέχθη τῷ μιαρῷ τούτῳ. |
135 Καὶ ὅτι ταῦτ' ἀληθῆ λέγω, κάλει μοι τούτων τοὺς μάρτυρας.

Μάρτυρες

[Μαρτυροῦσι Δημοσθένει ὑπὲρ ἁπάντων οἵδε, Καλλίας Σουνιεύς, Ζήνων Φλυεύς, Κλέων Φαληρεύς, Δημόνικος Μαραθώνιος, ὅτι τοῦ δήμου ποτὲ χειροτονήσαντος Αἰσχίνην σύνδικον ὑπὲρ τοῦ ἱεροῦ τοῦ ἐν Δήλῳ εἰς τοὺς Ἀμφικτύονας συνεδρεύσαντες ἡμεῖς ἐκρίναμεν Ὑπερείδην ἄξιον εἶναι μᾶλλον ὑπὲρ τῆς πόλεως λέγειν, καὶ ἀπεστάλη Ὑπερείδης.]

136 Οὐκοῦν ὅτε τοῦτον τοῦ λέγειν ἀπήλασεν ἡ βουλὴ καὶ προσέταξεν ἑτέρῳ, τότε καὶ προδότην εἶναι καὶ κακόνουν ὑμῖν ἀπέφηνεν.

Ἓν μὲν τοίνυν τοῦτο τοιοῦτο πολίτευμα τοῦ νεανίου τούτου, ὅμοιόν γε (οὐ γάρ ;) οἷς ἐμοῦ κατηγορεῖ. Ἕτερον δ' ἀναμιμνῄσκεσθε. Ὅτε γὰρ Πύθωνα Φίλιππος ἔπεμψε τὸν Βυζάντιον καὶ παρὰ τῶν αὑτοῦ συμμάχων πάντων συνέπεμψε πρέσβεις, [ὡς ἐν αἰσχύνῃ ποιήσων τὴν πόλιν καὶ δείξων ἀδικοῦσαν], τότε ἐγὼ μὲν τῷ Πύθωνι θρασυνομένῳ καὶ πολλῷ ῥέοντι καθ' ὑμῶν οὐχ ὑπεχώρησα, ἀλλ' ἀναστὰς ἀντεῖπον, καὶ τὰ τῆς πόλεως δίκαι' οὐχὶ προύδωκα, ἀλλ' ἀδικοῦντα Φίλιππον ἐξέλεγξα φανερῶς [οὕτως ὥστε τοὺς ἐκείνου συμμάχους αὐτοὺς ἀνισταμένους ὁμολογεῖν]· οὗτος δὲ συνηγωνίζετο καὶ τἀναντία ἐμαρτύρει τῇ πατρίδι, καὶ ταῦτα ψευδῆ.

ment qui vous faisait sacrifier bien des intérêts publics, le Conseil, comme vous aviez demandé sa collaboration en lui donnant pleins pouvoirs, exclut immédiatement cet individu comme traître et désigna Hypéride pour orateur. C'est en prenant les bulletins sur l'autel qu'il agit ainsi, et aucun suffrage n'alla à ce sale individu. **135** Pour montrer que c'est bien la vérité, appelle-moi les témoins de ces faits.

TÉMOINS

[Au nom de tous, témoignage en faveur de Démosthène porté par Callias de Sounion, Zénon de Phlya, Cléon de Phalère et Dèmonicos de Marathon : un jour que le peuple avait nommé Eschine avocat auprès des Amphictyons pour l'affaire du sanctuaire de Dèlos, nous, réunis en conseil, nous avons jugé qu'Hypéride était plus digne de parler au nom de l'État, et c'est Hypéride qui fut envoyé en mission.]

136 Ainsi donc le Conseil, en enlevant la parole à cet individu et en confiant la mission à un autre, fit voir qu'Eschine était un traître et un de vos ennemis.

Voilà donc un acte politique de cette espèce dû à ce vaillant homme, semblable, n'est-ce pas ?, à ceux qu'il me reproche. Rappelez-vous-en un second. Quand Philippe envoya Python de Byzance et, avec lui, des ambassadeurs de tous ses alliés pour déshonorer notre pays et montrer son injustice, alors moi, quand Python déployait son audace et lâchait ses écluses contre vous, je n'ai pas battu en retraite, je me suis levé pour répondre, je n'ai pas abandonné les droits de notre pays, j'ai prouvé si clairement l'injustice de Philippe que ses propres alliés se sont levés pour en convenir. Et cet individu soutenait Python et portait témoignage contre sa patrie, un faux témoignage.

137 Καὶ οὐκ ἀπέχρη ταῦτα, ἀλλὰ πάλιν μετὰ ταῦθ' ὕστερον Ἀναξίνῳ τῷ κατασκόπῳ συνιὼν εἰς τὴν Θράσωνος οἰκίαν ἐλήφθη. Καίτοι ὅστις τῷ ὑπὸ τῶν πολεμίων πεμφθέντι μόνος μόνῳ συνῄει καὶ ἐκοινολογεῖτο, | οὗτος αὐτὸς ὑπῆρχεν τῇ φύσει κατάσκοπος καὶ πολέμιος τῇ πατρίδι. Καὶ ὅτι ταῦτ' ἀληθῆ λέγω, κάλει μοι τούτων τοὺς μάρτυρας.

Μάρτυρες

[Τελέδημος Κλέωνος, Ὑπερείδης Καλλαίσχρου, Νικόμαχος Διοφάντου μαρτυροῦσι Δημοσθένει καὶ ἐπωμόσαντο ἐπὶ τῶν στρατηγῶν εἰδέναι Αἰσχίνην Ἀτρομήτου Κοθωκίδην συνερχόμενον νυκτὸς εἰς τὴν Θράσωνος οἰκίαν καὶ κοινολογούμενον Ἀναξίνῳ, ὃς ἐκρίθη εἶναι κατάσκοπος παρὰ Φιλίππου. Αὗται ἀπεδόθησαν αἱ μαρτυρίαι ἐπὶ Νικίου, ἑκατομβαιῶνος τρίτῃ ἱσταμένου.]

138 Μυρία τοίνυν ἕτερ' εἰπεῖν ἔχων περὶ αὐτοῦ παραλείπω. Καὶ γὰρ οὕτω πως ἔχει· πόλλ' ἂν ἐγὼ ἔτι τούτων ἔχοιμι δεῖξαι, ὧν οὗτος κατ' ἐκείνους τοὺς χρόνους τοῖς μὲν ἐχθροῖς ὑπηρετῶν, ἐμοὶ δ' ἐπηρεάζων εὑρέθη· ἀλλ' οὐ τίθεται ταῦτα παρ' ὑμῖν εἰς ἀκριβῆ μνήμην οὐδ' ἣν προσῆκεν ὀργήν, ἀλλὰ δεδώκατ' ἔθει τινὶ φαύλῳ πολλὴν ἐξουσίαν τῷ βουλομένῳ τὸν λέγοντά τι τῶν ὑμῖν συμφερόντων ὑποσκελίζειν καὶ συκοφαντεῖν, τῆς ἐπὶ ταῖς λοιδορίαις ἡδονῆς καὶ χάριτος τὸ τῆς πόλεως συμφέρον ἀνταλλαττόμενοι. Διόπερ ῥᾷόν ἐστι καὶ ἀσφαλέστερον ἀεὶ τοῖς ἐχθροῖς ὑπηρετοῦντα μισθαρνεῖν ἢ τὴν ὑπὲρ ὑμῶν ἑλόμενον τάξιν πολιτεύεσθαι.

137 Cela ne lui suffisait pas. Une autre fois, plus tard, il fut surpris en conférence avec Anaxinos[54], l'espion, dans la maison de Thrason. Or quiconque se rencontrait seul à seul avec l'envoyé de l'ennemi et délibérait avec lui, cet homme était, par nature, espion et ennemi de sa patrie. Pour montrer que je dis bien la vérité, appelle-moi les témoins de ces faits.

TÉMOINS

[Télédèmos, fils de Cléon, Hypéride, fils de Callaischros, Nicomachos, fils de Diophantos, témoignent en faveur de Démosthène et ont affirmé sous la foi du serment devant les stratèges savoir qu'Eschine de Cothôkidai, fils d'Atromètos, se rencontrait de nuit dans la maison de Thrason et délibérait avec Anaxinos qui fut jugé comme espion de Philippe. Ces témoignages ont été rendus sous l'archontat de Nikias, le 3 Hécatombéon.]

138 Je pourrais encore dire mille autres choses sur Eschine, mais je les laisse de côté. Car voilà ce qu'il en est. Je pourrais encore montrer bien des actes où cet individu, en ce temps-là, s'est découvert comme un serviteur de l'ennemi et mon insulteur. Mais il n'y a pas pour cela chez vous un souvenir exact ni la colère légitime. Par une mauvaise habitude, vous avez laissé pleine licence à qui veut donner un croc-en-jambe à l'homme qui parle dans votre intérêt et l'attaquer en sycophante, et vous troquez l'intérêt de l'État contre le plaisir et l'agrément que causent les injures. Aussi est-il plus facile et plus sûr de toucher un salaire en servant l'ennemi en toute occasion que d'agir en bon citoyen et de prendre position pour vous défendre.

54. L'arrestation et le procès d'Anaxinos d'Oréos semblent avoir eu lieu au printemps de 340 ; naturellement, Eschine (*Ctés.*, 223-224) donne de l'affaire une version toute différente.

139 Καὶ τὸ μὲν δὴ πρὸ τοῦ πολεμεῖν φανερῶς συναγωνίζεσθαι Φιλίππῳ, δεινὸν μέν, ὦ γῆ καὶ θεοί, (πῶς γὰρ οὔ;) κατὰ τῆς πατρίδος· δότε δ', εἰ βούλεσθε, δότ' αὐτῷ τοῦτο. | Ἀλλ' ἐπειδὴ φανερῶς ἤδη τὰ πλοῖ' ἐσεσύλητο, Χερρόνησος ἐπορθεῖτο, ἐπὶ τὴν Ἀττικὴν ἐπορεύεθ' ἄνθρωπος, οὐκέτ' ἐν ἀμφισβητησίμῳ τὰ πράγματ' ἦν, ἀλλ' ἐνειστήκει πόλεμος, ὅ τι μὲν πώποτ' ἔπραξ' ὑπὲρ ὑμῶν ὁ βάσκανος οὑτοσὶ ἰαμβειοφάγος οὐκ ἂν ἔχοι δεῖξαι, οὐδ' ἔστιν οὔτε μεῖζον οὔτ' ἔλαττον ψήφισμ' οὐδὲν Αἰσχίνῃ περὶ τῶν συμφερόντων τῇ πόλει· εἰ δέ φησι, νῦν δειξάτω ἐν τῷ ἐμῷ ὕδατι. Ἀλλ' οὐκ ἔστιν οὐδέν. Καίτοι δυοῖν αὐτὸν ἀνάγκη θάτερον· ἢ μηδὲν τοῖς πραττομένοις ὑπ' ἐμοῦ τότ' ἔχοντ' ἐγκαλεῖν μὴ γράφειν παρὰ ταῦθ' ἕτερα ἢ τὸ τῶν ἐχθρῶν συμφέρον ζητοῦντα μὴ φέρειν εἰς μέσον τὰ τούτων ἀμείνω.

140 Ἆρ' οὖν οὐδ' ἔλεγεν, ὥσπερ οὐδ' ἔγραφεν, ἡνίκα ἐργάσασθαί τι δέοι κακόν; Οὐ μὲν οὖν ἦν εἰπεῖν ἑτέρῳ. Καὶ τὰ μὲν ἄλλα καὶ φέρειν ἠδύναθ', ὡς ἔοικεν, ἡ πόλις καὶ ποιῶν οὗτος λανθάνειν· ἓν δ' ἐπεξειργάσατ', ἄνδρες Ἀθηναῖοι, τοιοῦτον ὃ πᾶσι τοῖς προτέροις ἐπέθηκε τέλος· περὶ οὗ τοὺς πολλοὺς ἀνήλωσε λόγους, τὰ τῶν Ἀμφισσέων Λοκρῶν διεξιὼν δόγματα ὡς διαστρέψων τἀληθές. Τὸ δ' οὐ τοιοῦτόν ἐστι· πόθεν; Οὐδέποτ' ἐκνίψει σὺ τἀκεῖ πεπραγμένα σαυτῷ· οὐχ οὕτω πόλλ' ἐρεῖς.

141 Καλῶ δ' ἐναντίον ὑμῶν, ἄνδρες Ἀθηναῖοι, τοὺς θεοὺς πάντας καὶ πάσας, ὅσοι τὴν χώραν ἔχουσι τὴν Ἀττικήν, καὶ τὸν Ἀπόλλω τὸν Πύθιον, ὃς πατρῷός ἐστι τῇ πόλει, καὶ ἐπεύχομαι πᾶσι τούτοις, εἰ μὲν ἀληθῆ πρὸς

139 Certes être l'allié de Philippe avant la guerre ouverte était scandaleux, terre et dieux ! (n'est-ce pas ?) quand c'était contre la patrie. Accordez-lui cela, si vous le voulez, accordez-le lui. Mais quand nos bateaux étaient ouvertement capturés, quand la Chersonèse était ravagée, quand l'homme cherchait à marcher vers l'Attique, quand les événements n'étaient plus discutables et que la guerre était engagée, ce que ce jaloux avaleur d'iambes a jamais fait pour vous, il ne saurait le montrer ; il n'existe pas de décret, petit ou grand, au compte d'Eschine dans l'intérêt de l'État. S'il le prétend, qu'il le montre maintenant sur le temps qui m'est accordé. Mais il n'y en a aucun. Or nécessairement de deux choses l'une : ou bien c'est parce qu'il n'avait rien à critiquer alors dans mon action qu'il ne proposait pas des mesures opposées ; ou bien c'est parce qu'il cherchait l'avantage de l'ennemi qu'il n'exposait pas ce qui valait mieux.

140 Est-ce que, de même qu'il s'abstenait de rédiger des propositions, il s'abstenait de parler quand il s'agissait de faire du mal ? Au contraire, nul autre ne pouvait plus parler. Et encore, ses autre actes, le pays pouvait, à ce qu'il paraît, les supporter, et lui pouvait rester dans l'ombre. Mais il y a ajouté une action, Athéniens, qui a mis le comble à ses agissements antérieurs ; et c'est à quoi il a consacré la majeure partie de son discours, en exposant les décisions touchant les Locriens d'Amphissa, pour déformer la vérité. Mais cela n'est pas de nature à le faire. Pourquoi ? Jamais tu ne te laveras de ce que tu as fait là-bas ; tu ne pourras assez parler pour cela.

141 J'invoque en votre présence, Athéniens, tous les dieux et toutes les déesses qui règnent sur la terre d'Attique, et Apollon Pythien[55] qui est le dieu ancestral de notre pays, et je demande à tous, si je vous dis la

55. Apollon Pythien était le dieu ancestral d'Athènes en tant que père d'Ion.

ὑμᾶς εἴποιμι, καὶ εἶπον καὶ τότ' εὐθὺς ἐν τῷ δήμῳ, | ὅτε πρῶτον εἶδον τουτονὶ τὸν μιαρὸν τούτου τοῦ πράγματος ἁπτόμενον (ἔγνων γάρ, εὐθέως ἔγνων), εὐτυχίαν μόι δοῦναι καὶ σωτηρίαν, εἰ δὲ πρὸς ἔχθραν ἢ φιλονικίας ἰδίας ἕνεκ' αἰτίαν ἐπάγω τούτῳ ψευδῆ, πάντων τῶν ἀγαθῶν ἀνόνητόν με ποιῆσαι.

142 Τί οὖν ταῦτ' ἐπήραμαι καὶ διετεινάμην οὑτωσὶ σφοδρῶς ; Ὅτι καὶ γράμματ' ἔχων ἐν τῷ δημοσίῳ κείμενα, ἐξ ὧν ταῦτ' ἐπιδείξω σαφῶς καὶ ὑμᾶς εἰδὼς τὰ πεπραγμένα μνημονεύσοντας, ἐκεῖνο φοβοῦμαι, μὴ τῶν εἰργασμένων αὐτῷ κακῶν οὗτος ἐλάττων ὑποληφθῇ· ὅπερ πρότερον συνέβη, ὅτε τοὺς ταλαιπώρους Φωκέας ἐποίησ' ἀπολέσθαι, τὰ ψευδῆ δεῦρ' ἀπαγγείλας. 143 Τὸν γὰρ ἐν Ἀμφίσσῃ πόλεμον, δι' ὃν εἰς Ἐλάτειαν ἦλθε Φίλιππος καὶ δι' ὃν ᾑρέθη τῶν Ἀμφικτυόνων ἡγεμών ὃς ἅπαντ' ἀνέτρεψε τὰ τῶν Ἑλλήνων, οὗτός ἐστιν ὁ συγκατασκευάσας καὶ πάντων εἷς ἀνὴρ τῶν μεγίστων αἴτιος κακῶν. Καὶ τότ' εὐθὺς ἐμοῦ διαμαρτυρομένου καὶ βοῶντος ἐν τῇ ἐκκλησίᾳ· « Πόλεμον εἰς τὴν Ἀττικὴν εἰσάγεις, Αἰσχίνη, πόλεμον Ἀμφικτυονικόν », οἱ μὲν ἐκ παρακλήσεως συγκαθήμενοι οὐκ εἴων με λέγειν, οἱ δὲ ἐθαύμαζον καὶ κενὴν αἰτίαν διὰ τὴν ἰδίαν ἔχθραν ἐπάγειν μ' ὑπελάμβανον αὐτῷ. 144 Ἥτις δ' ἡ φύσις, ἄνδρες Ἀθηναῖοι, γέγονεν τούτων τῶν πραγμάτων καὶ τίνος εἵνεκα ταῦτα συνεσκευάσθη καὶ πῶς ἐπράχθη, νῦν ἀκούσατε, ἐπειδὴ τότ' ἐκωλύθητε· καὶ γὰρ εὖ πρᾶγμα συντεθὲν ὄψεσθε, καὶ μεγάλ' ὠφελήσεσθε πρὸς ἱστορίαν τῶν κοινῶν, καὶ ὅση δεινότης ἦν τῷ Φιλίππῳ θεάσεσθε.

56. Quand Eschine rendit compte de l'action qu'il avait menée à Delphes en 339, son attitude fut d'abord approuvée, mais Démosthène obtint presque aussitôt qu'Athènes refusât de s'associer aux mesures

vérité et si je l'ai dite alors devant le peuple aussitôt que j'ai vu ce sacrilège se mêler de cette affaire (je l'ai reconnu, je l'ai reconnu aussitôt), de me donner le bonheur et le salut ; mais si, par haine ou par jalousie personnelle, j'apporte contre cet individu une imputation fausse, je leur demande de m'empêcher de jouir d'aucun bien.

142 Pourquoi ai-je lancé cette imprécation et monté si haut le ton ? C'est que, tout en ayant à ma disposition dans les archives de l'État des documents qui me permettront une démonstration claire, tout en sachant que vous vous rappellerez les événements, je crains que cet individu ne soit jugé trop petit pour le mal qu'il a causé ; c'est ce qui s'est produit autrefois, quand il a causé la perte des malheureux Phocidiens par le faux rapport qu'il a fait ici. **143** En effet, la guerre d'Amphissa, qui permit à Philippe de venir à Élatée et qui fit choisir comme chef des Amphictyons l'homme qui a bouleversé toute la Grèce, c'est cet individu qui l'a machinée et qui, seul au monde, est responsable des plus grands malheurs. Et alors, dès le début, quand je protestais et criais à l'Assemblée[56] : « Tu introduis la guerre en Attique, Eschine, une guerre amphictyonique », ceux qui avaient été spécialement convoqués pour siéger là, m'empêchaient de parler, tandis que les autres s'étonnaient et supposaient que, par haine personnelle, je portais contre lui une imputation sans fondement. **144** De quelle espèce était cette affaire, Athéniens, pour quel but elle fut machinée, comment elle fut exécutée, écoutez-le maintenant, puisqu'alors on vous en a empêchés ; vous verrez que l'affaire fut bien montée, vous en tirerez grand profit pour l'histoire des affaires publiques et vous apercevrez combien grande était l'habileté de Philippe.

prises par la majorité de l'Amphictyonie contre les Locriens (cf. Eschine, *Ctés.*, 125-127).

145 Οὐκ ἦν τοῦ πρὸς ὑμᾶς πολέμου πέρας οὐδ' ἀπαλλαγὴ Φιλίππῳ, εἰ μὴ Θηβαίους καὶ Θετταλοὺς ἐχθροὺς ποιήσειε τῇ πόλει· ἀλλὰ καίπερ ἀθλίως καὶ κακῶς τῶν στρατηγῶν τῶν ὑμετέρων πολεμούντων αὐτῷ ὅμως ὑπ' αὐτοῦ τοῦ πολέμου καὶ τῶν λῃστῶν μυρί' ἔπασχε κακά. Οὔτε γὰρ ἐξήγετο τῶν ἐκ τῆς χώρας γιγνομένων οὐδὲν, οὔτ' εἰσήγεθ' ὧν ἐδεῖτ' αὐτῷ· 146 ἦν δὲ οὔτ' ἐν τῇ θαλάττῃ τότε κρείττων ὑμῶν, οὔτ' εἰς τὴν Ἀττικὴν ἐλθεῖν δυνατὸς μήτε Θετταλῶν ἀκολουθούντων, μήτε Θηβαίων διιέντων· συνέβαινε δὲ αὐτῷ τῷ πολέμῳ κρατοῦντι τοὺς ὁποιουσδήποθ' ὑμεῖς ἐξεπέμπετε στρατηγοὺς (ἐῶ γὰρ τοῦτό γε) αὐτῇ τῇ φύσει τοῦ τόπου καὶ τῶν ὑπαρχόντων ἑκατέροις κακοπαθεῖν. 147 Εἰ μὲν οὖν τῆς ἰδίας ἕνεκ' ἔχθρας ἢ τοὺς Θετταλοὺς ἢ τοὺς Θηβαίους συμπείθοι βαδίζειν ἐφ' ὑμᾶς, οὐδέν' ἡγεῖτο προσέξειν αὐτῷ τὸν νοῦν· ἐὰν δὲ τὰς ἐκείνων κοινὰς προφάσεις λαβὼν ἡγεμὼν αἱρεθῇ, ῥᾷον ἤλπιζε τὰ μὲν παρακρούσεσθαι, τὰ δὲ πείσειν. Τί οὖν ; Ἐπιχειρεῖ (θεάσασθ' ὡς εὖ) πόλεμον ποιῆσαι τοῖς Ἀμφικτύοσι καὶ περὶ τὴν Πυλαίαν ταραχήν· εἰς γὰρ ταῦτ' εὐθὺς αὐτοὺς ὑπελάμβανεν αὐτοῦ δεήσεσθαι. 148 Εἰ μὲν τοίνυν τοῦτο ἢ τῶν παρ' ἑαυτοῦ πεμπομένων ἱερομνημόνων ἢ τῶν ἐκείνου συμμάχων εἰσηγοῖτό τις, ὑπόψεσθαι τὸ πρᾶγμ' ἐνόμιζε καὶ τοὺς Θηβαίους καὶ τοὺς Θετταλοὺς καὶ πάντας φυλάξεσθαι, ἂν δ' Ἀθηναῖος ᾖ καὶ παρ' ὑμῶν τῶν ὑπεναντίων ὁ τοῦτο ποιῶν, εὐπόρως λήσειν· ὅπερ συνέβη. 149 Πῶς οὖν ταῦτ' ἐποίησε ; Μισθοῦται τουτονί. Οὐδενὸς δὲ προειδότος, οἶμαι, τὸ πρᾶγμ' οὐδὲ

145 Philippe ne pouvait trouver ni fin ni délivrance à sa guerre contre nous, s'il ne faisait des Thébains et des Thessaliens des ennemis de notre pays. Bien que vos stratèges conduisissent mal et de façon déplorable la guerre contre lui, néanmoins il souffrait mille maux du fait même des hostilités et des corsaires. Car il ne pouvait rien exporter des produits de son pays ni rien importer de ce dont il avait besoin. **146** Il ne l'emportait pas sur vous sur mer et était incapable de marcher sur l'Attique si les Thessaliens ne le suivaient pas et si les Thébains ne le laissaient point passer. Le résultat était que, tout en l'emportant dans les opérations sur les stratèges, quels qu'ils fussent, que vous envoyiez (je laisse de côté ce point), il souffrait beaucoup de par la nature même des lieux et de par les ressources propres aux deux partis. **147** Si, pour satisfaire sa haine particulière, il cherchait à persuader soit les Thessaliens, soit les Thébains de marcher contre vous, personne, pensait-il, ne le prendrait au sérieux ; mais si, sous prétexte d'affaires touchant ces peuples, il se faisait désigner comme chef, il aurait ainsi, espérait-il, plus de facilité pour écarter les uns et persuader les autres. Et alors ? Il entreprend (voyez avec quelle habileté !) de provoquer une guerre touchant les Amphictyons et des troubles au moment de l'assemblée amphictyonique ; car, pour régler cela, on aurait, pensait-il, aussitôt besoin de lui. **148** Or, si l'affaire était introduite par un hiéromnémon envoyé soit par lui[57], soit par ses alliés, les soupçons, pensait-il, seraient éveillés ; les Thébains, les Thessaliens, tout le monde se tiendrait sur ses gardes. Mais si celui qui faisait cela était un Athénien, envoyé par vous, ses adversaires, il lui serait aisé de rester dans l'ombre. C'est ce qui arriva. **149** Comment donc exécuta-t-il cela ? Il prend à ses gages cet individu. Personne, j'ima-

57. Depuis 346, les deux voix, possédées auparavant par les Phocidiens, avaient été attribuées à *titre personnel* au roi de Macédoine.

φυλάττοντος, | ὥσπερ εἴωθε τὰ τοιαῦτα παρ' ὑμῖν γιγνεσθαι, προβληθεὶς πυλάγορος οὗτος καὶ τριῶν ἢ τεττάρων χειροτονησάντων αὐτὸν ἀνερρήθη. Ὡς δὲ τὸ τῆς πόλεως ἀξίωμα λαβὼν ἀφίκετ' εἰς τοὺς Ἀμφικτύονας, πάντα τἄλλ' ἀφεὶς καὶ παριδὼν ἐπέραινεν ἐφ' οἷς ἐμισθώθη, καὶ λόγους εὐπροσώπους καὶ μύθους, ὅθεν ἡ Κιρραία χώρα καθιερώθη, συνθεὶς καὶ διεξελθὼν ἀνθρώπους ἀπείρους λόγων καὶ τὸ μέλλον οὐ προορωμένους, τοὺς ἱερομνήμονας, 150 πείθει ψηφίσασθαι περιελθεῖν τὴν χώραν ἣν οἱ μὲν Ἀμφισσεῖς σφῶν αὐτῶν οὖσαν γεωργεῖν ἔφασαν, οὗτος δὲ τῆς ἱερᾶς χώρας ᾐτιᾶτ' εἶναι, οὐδεμίαν δίκην τῶν Λοκρῶν ἐπαγόντων ἡμῖν, οὐδ' ἃ νῦν προφασίζεται λέγων οὐκ ἀληθῆ. Γνώσεσθε δ' ἐκεῖθεν. Οὐκ ἐνῆν ἄνευ τοῦ προσκαλέσασθαι δήπου τοῖς Λοκροῖς δίκην κατὰ τῆς πόλεως τελέσασθαι. Τίς οὖν ἐκλήτευσεν ἡμᾶς; Ἐπὶ ποίας ἀρχῆς; Εἰπὲ τὸν εἰδότα, δεῖξον. Ἀλλ' οὐκ ἂν ἔχοις, ἀλλὰ κενῇ προφάσει ταύτῃ κατεχρῶ καὶ ψευδεῖ. 151 Περιιόντων τοίνυν τὴν χώραν τῶν Ἀμφικτυόνων κατὰ τὴν ὑφήγησιν τὴν τούτου, προσπεσόντες οἱ Λοκροὶ μικροῦ κατηκόντισαν ἅπαντας, τινὰς δὲ καὶ συνήρπασαν τῶν ἱερομνημόνων. Ὡς δ' ἅπαξ ἐκ τούτων ἐγκλήματα καὶ πόλεμος πρὸς τοὺς Ἀμφισσεῖς ἐταράχθη, τὸ μὲν πρῶτον ὁ Κόττυφος αὐτῶν τῶν Ἀμφικτυόνων ἤγαγε στρατιάν· ὡς δ' οἱ μὲν οὐκ ἦλθον, οἱ δ' ἐλθόντες οὐδὲν ἐποίουν, εἰς τὴν ἐπιοῦσαν Πυλαίαν ἐπὶ τὸν Φίλιππον εὐθὺς ἡγεμόν' ἦγον οἱ κατεσκευασμένοι καὶ πάλαι πονηροὶ τῶν Θετταλῶν καὶ τῶν ἐν ταῖς ἄλλαις πόλεσι. 152 Καὶ προφάσεις εὐλόγους εἰλήφεσαν·

gine, ne prévoyait l'affaire ni ne se tenait sur ses gardes (c'est l'habitude chez vous en pareil cas). Cet individu fut proposé comme pylagore[58], élu par trois ou quatre voix et proclamé. Quand il fut arrivé près des Amphictyons avec le prestige d'Athènes, il laissa de côté et négligea tout pour tenter d'exécuter ce pour quoi il avait reçu salaire : il fabriqua et exposa des discours spécieux et des légendes d'où résultait que la région de Kirrha avait été consacrée ; ayant affaire à des hommes ignorants de l'éloquence et qui ne prévoyaient pas l'avenir, aux hiéromnémons, **150** il les décida à voter une inspection de la région que les Amphissiens cultivaient parce que, disaient-ils, elle leur appartenait, mais que lui, Eschine, prétendait faire partie du territoire sacré. Les Locriens ne nous intentaient aucun procès et ne faisaient rien de ce qu'il prétexte aujourd'hui où il ment. Vous allez le reconnaître. Il était évidemment impossible aux Locriens de faire aboutir un procès contre notre pays sans nous avoir cités préalablement. Qui donc nous a cités ? Sous quel magistrat ? Dis l'homme qui le sait, montre-le. Tu ne le pourrais pas. C'était là un prétexte vain et mensonger dont tu abusais. **151** Comme les Amphictyons inspectaient la contrée selon les indications d'Eschine, les Locriens, tombant sur eux, faillirent les abattre tous et enlevèrent même quelques hiéromnémons. Une fois que ces désordres eurent provoqué des griefs et une guerre contre les Amphissiens, tout d'abord Cottyphos conduisit une armée proprement amphictyonique ; mais, comme les uns n'étaient pas venus, que les autres étaient bienvenus, mais ne faisaient rien, ceux des Thessaliens et des autres cités qui étaient depuis longtemps des misérables préparés à cela, poussaient, pour la prochaine session, à prendre aussitôt Philippe comme chef. **152** Et ils avaient

58. Les pylagores étaient élus, tandis que le hiéromnémon, auquel ils étaient adjoints, était désigné par le sort.

ἢ γὰρ αὐτοὺς εἰσφέρειν καὶ ξένους τρέφειν ἔφασαν δεῖν | καὶ ζημιοῦν τοὺς μὴ ταῦτα ποιοῦντας, ἢ 'κεῖνον αἱρεῖσθαι. Τί δεῖ τὰ πολλὰ λέγειν; Ἡιρέθη γὰρ ἐκ τούτων ἡγεμών. Καὶ μετὰ ταῦτ' εὐθέως δύναμιν συλλέξας καὶ παρελθὼν ὡς ἐπὶ τὴν Κιρραίαν, ἐρρῶσθαι φράσας πολλὰ Κιρραίοις καὶ Λοκροῖς, τὴν Ἐλάτειαν καταλαμβάνει. 153 Εἰ μὲν οὖν μὴ μετέγνωσαν εὐθέως, ὡς τοῦτ' εἶδον, οἱ Θηβαῖοι καὶ μεθ' ἡμῶν ἐγένοντο, ὥσπερ χειμάρρους ἂν ἅπαν τοῦτο τὸ πρᾶγμ' εἰς τὴν πόλιν εἰσέπεσε· νῦν δὲ τό γ' ἐξαίφνης ἐπέσχον ἐκεῖνοι, μάλιστα μέν, ὦ ἄνδρες Ἀθηναῖοι, θεῶν τινος εὐνοίᾳ πρὸς ὑμᾶς, εἶτα μέντοι καὶ ὅσον καθ' ἕν' ἄνδρα καὶ δι' ἐμέ. Δὸς δέ μοι τὰ δόγματα ταῦτα, καὶ τοὺς χρόνους ἐν οἷς ἕκαστα πέπρακται, ἵν' εἰδῆθ' ἡλίκα πράγμαθ' ἡ μιαρὰ κεφαλὴ ταράξασ' αὕτη δίκην οὐκ ἔδωκε. 154 Λέγε μοι τὰ δόγματα.

Δόγμα Ἀμφικτυόνων

[Ἐπὶ ἱερέως Κλειναγόρου, ἐαρινῆς πυλαίας, ἔδοξε τοῖς πυλαγόροις καὶ τοῖς συνέδροις τῶν Ἀμφικτυόνων καὶ τῷ κοινῷ τῶν Ἀμφικτυόνων, ἐπειδὴ Ἀμφισσεῖς ἐπιβαίνουσιν ἐπὶ τὴν ἱερὰν χώραν καὶ σπείρουσι καὶ βοσκήμασι κατανέμουσιν, ἐπελθεῖν τοὺς πυλαγόρους καὶ τοὺς συνέδρους, καὶ στήλαις διαλαβεῖν τοὺς ὅρους, καὶ ἀπειπεῖν τοῖς Ἀμφισσεῦσι τοῦ λοιποῦ μὴ ἐπιβαίνειν.]

Ἕτερον δόγμα

155 [Ἐπὶ ἱερέως Κλειναγόρου, | ἐαρινῆς πυλαίας, ἔδοξε τοῖς πυλαγόροις καὶ τοῖς συνέδροις τῶν Ἀμφικτυόνων καὶ

trouvé de bons prétextes : il fallait, disaient-ils, ou bien fournir des contributions personnelles, entretenir des mercenaires et infliger des amendes aux insoumis, ou bien prendre Philippe pour chef. À quoi bon m'étendre ? À la suite de cela, Philippe fut désigné comme chef. Aussitôt après, il rassembla son armée, s'avança en direction de Kirrha ; puis il dit bien le bonjour à Kirrha et à la Locride, et occupe Élatée[59]. **153** Si, à ce spectacle, les Thébains n'avaient pas aussitôt changé d'opinion pour se ranger de notre côté, tout cela aurait été comme un torrent qui se serait abattu sur Athènes. Mais, pour l'attaque brusquée du moins, les Thébains l'arrêtèrent, surtout, Athéniens, grâce à la faveur de quelque dieu à votre égard, et puis cependant, autant que cela dépendait d'un seul homme, également grâce à moi. Donne-moi ces décrets et la date où chacun a été fait, pour que vous sachiez quel trouble a causé cette tête sacrilège, sans en avoir été châtiée. **154** Lis-moi les décrets.

DÉCRET DES AMPHICTYONS

[Sous la prêtrise de Cleinagoras, à la session de printemps, décision des pylagores, des représentants des Amphictyons et de la fédération amphictyonique : considérant que les Amphissiens pénètrent sur le territoire sacré, y sèment et se le partagent pour des pâturages, les pylagores et les représentants parcourront ce territoire, en marqueront les limites par des stèles et interdiront aux Amphissiens d'y pénétrer à l'avenir.]

SECOND DÉCRET

155 [Sous la prêtrise de Cleinagoras, à la session de printemps, décision des pylagores, des représentants des Amphictyons et de la

59. La prise d'Élatée se place au début de l'automne 339 (alors que Thèbes, en expulsant quelques semaines auparavant, la garnison macédonienne de Nikaia, à l'est des Thermopyles, avait en fait montré son hostilité à Philippe).

τῷ κοινῷ τῶν Ἀμφικτυόνων, ἐπειδὴ οἱ ἐξ Ἀμφίσσης τὴν ἱερὰν χώραν κατανειμάμενοι γεωργοῦσι καὶ βοσκήματα νέμουσι, καὶ κωλυόμενοι τοῦτο ποιεῖν ἐν τοῖς ὅπλοις παραγενόμενοι τὸ κοινὸν τῶν Ἑλλήνων συνέδριον κεκωλύκασι μετὰ βίας, τινὰς δὲ καὶ τετραυματίκασι, [καὶ] τὸν στρατηγὸν τὸν ᾑρημένον τῶν Ἀμφικτυόνων Κόττυφον τὸν Ἀρκάδα πρεσβεῦσαι πρὸς Φίλιππον τὸν Μακεδόνα, καὶ ἀξιοῦν ἵνα βοηθήσῃ τῷ τε Ἀπόλλωνι καὶ τοῖς Ἀμφικτύοσιν, ὅπως μὴ περιίδῃ ὑπὸ τῶν ἀσεβῶν Ἀμφισσέων τὸν θεὸν πλημμελούμενον· καὶ διότι αὐτὸν στρατηγὸν αὐτοκράτορα αἱροῦνται οἱ Ἕλληνες οἱ μετέχοντες τοῦ συνεδρίου τῶν Ἀμφικτυόνων.]

Λέγε δὴ καὶ τοὺς χρόνους ἐν οἷς ταῦτ' ἐγίγνετο· εἰσὶ γὰρ καθ' οὓς ἐπυλαγόρησεν οὗτος. Λέγε.

Χρόνοι

[Ἄρχων Μνησιθείδης· μηνὸς ἀνθεστηριῶνος ἕκτῃ ἐπὶ δέκα.]

156 Δὸς δή μοι τὴν ἐπιστολὴν ἥν, ὡς οὐχ ὑπήκουον οἱ Θηβαῖοι, πέμπει πρὸς τοὺς ἐν Πελοποννήσῳ συμμάχους ὁ Φίλιππος, ἵν' εἰδῆτε καὶ ἐκ ταύτης σαφῶς ὅτι τὴν μὲν ἀληθῆ πρόφασιν τῶν πραγμάτων, τὸ ταῦτ' ἐπὶ τὴν Ἑλλάδα καὶ τοὺς Θηβαίους καὶ ὑμᾶς πράττειν, ἀπεκρύπτετο, κοινὰ δὲ καὶ τοῖς Ἀμφικτύοσιν δόξαντα ποιεῖν προσεποιεῖτο. Ὁ δὲ τὰς ἀφορμὰς ταύτας καὶ τὰς προφάσεις αὐτῷ παρασχὼν οὗτος ἦν. Λέγε. |

Ἐπιστολή

157 [Βασιλεὺς Μακεδόνων Φίλιππος Πελοποννησίων τῶν ἐν τῇ συμμαχίᾳ τοῖς δημιουργοῖς καὶ τοῖς συνέδροις

fédération amphictyonique : considérant que les Amphissiens se sont partagé le territoire sacré, le cultivent et y font paître des troupeaux ; que, comme on les empêchait d'agir ainsi, ils sont survenus en armes, ont entravé avec violence l'action du conseil commun des Grecs et ont même blessé quelques-uns de ses membres, le stratège élu par les Amphictyons, Cottyphos l'Arcadien, ira comme ambassadeur trouver Philippe de Macédoine et lui demandera de porter secours à Apollon et aux Amphictyons, pour éviter de laisser les impies d'Amphissa traiter insolemment le dieu ; et (il lui annoncera) que les Grecs membres du Conseil amphictyonique le choisissent pour général souverain]

Lis aussi la date où cela s'est produit ; car c'est celle où Eschine a été pylagore. Lis.

DATE

[Archontat de Mnésithéidès, **16** Anthestérion.]

156 Donne donc la lettre qu'au moment du refus d'obéissance des Thébains, Philippe envoie à ses alliés du Péloponnèse ; vous y verrez aussi clairement qu'il dissimulait le vrai motif des événements, son action dirigée contre la Grèce, les Thébains et vous-mêmes, et qu'il prétendait agir selon l'intérêt commun et les décisions des Amphictyons. Or celui qui lui avait fourni le point de départ et le prétexte, était cet individu. Lis.

LETTRE

157 [Philippe, roi de Macédoine, aux démiurges et aux représentants de ses alliés du Péloponnèse et à ses autres alliés, salut.

καὶ τοῖς ἄλλοις συμμάχοις πᾶσι χαίρειν. Ἐπειδὴ Λοκροὶ οἱ καλούμενοι Ὀζόλαι, κατοικοῦντες ἐν Ἀμφίσσῃ, πλημμελοῦσιν εἰς τὸ ἱερὸν τοῦ Ἀπόλλωνος τοῦ ἐν Δελφοῖς καὶ τὴν ἱερὰν χώραν ἐρχόμενοι μεθ' ὅπλων λεηλατοῦσι, βούλομαι τῷ θεῷ μεθ' ὑμῶν βοηθεῖν καὶ ἀμύνασθαι τοὺς παραβαίνοντάς τι τῶν ἐν ἀνθρώποις εὐσεβῶν· ὥστε συναντᾶτε μετὰ τῶν ὅπλων εἰς τὴν Φωκίδα, ἔχοντες ἐπισιτισμὸν ἡμερῶν τετταράκοντα, τοῦ ἐνεστῶτος μηνὸς λῴου, ὡς ἡμεῖς ἄγομεν, ὡς δὲ Ἀθηναῖοι, βοηδρομιῶνος, ὡς δὲ Κορίνθιοι, πανήμου. Τοῖς δὲ μὴ συναντήσασι πανδημεὶ χρησόμεθα τοῖς διὰ συμβολῆς ἡμῖν κειμένοις ἐπιζημίοις. Εὐτυχεῖτε]

158 Ὁρᾶθ' ὅτι φεύγει μὲν τὰς ἰδίας προφάσεις, εἰς δὲ τὰς Ἀμφικτυονικὰς καταφεύγει. Τίς οὖν ὁ ταῦτα συμπαρασκευάσας αὐτῷ; Τίς ὁ τὰς προφάσεις ταύτας ἐνδούς; Τίς ὁ τῶν κακῶν τῶν γεγενημένων μάλιστα αἴτιος; Οὐχ οὗτος; Μὴ τοίνυν λέγετ', ὦ ἄνδρες Ἀθηναῖοι, περιιόντες ὡς ὑφ' ἑνὸς τοιαῦτα πέπονθεν ἡ Ἑλλὰς ἀνθρώπου. Οὐχ ὑφ' ἑνός, ἀλλ' ὑπὸ πολλῶν καὶ πονηρῶν τῶν παρ' ἑκάστοις, ὦ γῆ καὶ θεοί· 159 ὧν εἷς οὑτοσί, ὅν, εἰ μηδὲν εὐλαβηθέντα τἀληθὲς εἰπεῖν δέοι, οὐκ ἂν ὀκνήσαιμ' ἔγωγε κοινὸν ἀλειτήριον τῶν μετὰ ταῦτ' ἀπολωλότων ἁπάντων εἰπεῖν, ἀνθρώπων, τόπων, πόλεων. Ὁ γὰρ τὸ σπέρμα παρασχών, οὗτος τῶν φύντων αἴτιος. | Ὃν ὅπως ποτ' οὐκ εὐθὺς ἰδόντες ἀπεστράφητε θαυμάζω· πλὴν πολύ τι σκότος, ὡς ἔοικεν, ἐστὶν παρ' ὑμῖν πρὸ τῆς ἀληθείας.

160 Συμβέβηκε τοίνυν μοι, τῶν κατὰ τῆς πατρίδος τούτῳ πεπραγμένων ἀψαμένῳ εἰς ἃ τούτοις ἐναντιούμενος αὐτὸς πεπολίτευμαι ἀφῖχθαι· ἃ πολλῶν μὲν ἕνεκ' ἂν εἰκότως ἀκούσετέ μου, μάλιστα δ' ὅτι αἰσχρόν ἐστιν, ὦ ἄνδρες Ἀθηναῖοι, εἰ ἐγὼ μὲν τὰ ἔργα τῶν ὑπὲρ ὑμῶν πόνων ὑπέμεινα, ὑμεῖς δὲ μηδὲ τοὺς λόγους αὐτῶν

Considérant que les Locriens Ozoles, habitants d'Amphissa, traitent insolemment le sanctuaire d'Apollon de Delphes, qu'ils pénètrent en armes sur le territoire sacré et y enlèvent du butin, je veux aider le dieu avec votre concours et repousser ceux qui transgressent les règles de piété établies chez les hommes. Ainsi donc présentez-vous en armes en Phocide, avec des vivres pour quarante jours, le présent mois Lôos, selon notre calendrier, Boèdromion, suivant le calendrier athénien, Panèmos, selon le calendrier corinthien. Nous frapperons ceux qui ne se présenteront pas avec toutes leurs forces, des sanctions établies par nous dans la convention fédérale. Soyez heureux.]

158 Vous voyez qu'il évite de parler de ses motifs personnels et a recours aux motifs fournis par les Amphictyons. Qui donc l'a aidé à préparer cela ? Qui lui a offert ces motifs ? Qui est le principal responsable des malheurs qui sont arrivés ? N'est-ce pas cet individu ? N'allez pas dire dans vos promenades, Athéniens, qu'un tel sort a été infligé à la Grèce par un seul homme. Non, pas par un seul, mais par beaucoup de scélérats établis dans chaque pays, ô terre et dieux ! **159** Eschine est l'un d'eux ; et, s'il faut dire la vérité sans prendre de précautions, je n'hésiterais pas, moi, à l'appeler le fléau[60] commun de tout ce qui a péri depuis, hommes, pays, cités ; car qui a fourni la graine, est responsable de la plante. Et je m'étonne que, dès que vous l'apercevez, vous ne vous détourniez pas avec horreur. Il est vrai qu'un nuage épais, semble-t-il, est chez vous placé devant la vérité.

160 En touchant aux actes accomplis par cet individu pour le malheur de sa patrie, je suis amené à parler de la politique que j'ai tenue en leur faisant opposition. Vous aurez bien des raisons de m'écouter en parler, principalement celle-ci : il est honteux, Athéniens, que j'aie supporté la réalité des labeurs accomplis pour vous, tandis que vous n'en accepteriez même pas le récit.

60. Démosthène renvoie à Eschine le terme dont celui-ci s'est servi à son égard à deux reprises (*Ctés.*, 131 et 157).

ἀνέξεσθε. 161 Ὁρῶν γὰρ ἐγὼ Θηβαίους, σχεδὸν δὲ καὶ ὑμᾶς ὑπὸ τῶν τὰ Φιλίππου φρονούντων καὶ διεφθαρμένων παρ᾽ ἑκατέροις, ὃ μὲν ἦν ἀμφοτέροις φοβερὸν καὶ φυλακῆς πολλῆς δεόμενον, τὸ τὸν Φίλιππον ἐᾶν αὐξάνεσθαι, παρορῶντας καὶ οὐδὲ καθ᾽ ἓν φυλαττομένους, εἰς ἔχθραν δὲ καὶ τὸ προσκρούειν ἀλλήλοις ἑτοίμως ἔχοντας, ὅπως τοῦτο μὴ γένοιτο παρατηρῶν διετέλουν, οὐκ ἀπὸ τῆς ἐμαυτοῦ γνώμης μόνον ταῦτα συμφέρειν ὑπολαμβάνων, 162 ἀλλ᾽ εἰδὼς Ἀριστοφῶντα καὶ πάλιν Εὔβουλον πάντα τὸν χρόνον βουλομένους πρᾶξαι ταύτην τὴν φιλίαν, καὶ περὶ τῶν ἄλλων πολλάκις ἀντιλέγοντας ἑαυτοῖς τοῦθ᾽ ὁμογνωμονοῦντας ἀεί. Οὓς σὺ ζῶντας μέν, ὦ κίναδος, κολακεύων παρηκολούθεις, τεθνεώτων δ᾽ οὐκ αἰσθάνει κατηγορῶν· ἃ γὰρ περὶ Θηβαίων ἐπιτιμᾷς ἐμοί, ἐκείνων πολὺ μᾶλλον ἢ ἐμοῦ κατηγορεῖς, τῶν πρότερον ἢ ἐγὼ ταύτην τὴν συμμαχίαν δοκιμασάντων. 163 Ἀλλ᾽ ἐκεῖσ᾽ ἐπάνειμι, ὅτι τὸν ἐν Ἀμφίσσῃ πόλεμον τούτου μὲν ποιήσαντος, συμπεραναμένων δὲ τῶν ἄλλων τῶν συνεργῶν αὐτῷ τὴν πρὸς Θηβαίους ἔχθραν, | συνέβη τὸν Φίλιππον ἐλθεῖν ἐφ᾽ ἡμᾶς, οὗπερ εἵνεκα τὰς πόλεις οὗτοι συνέκρουον· καί, εἰ μὴ προεξανέστημεν μικρόν, οὐδ᾽ ἀναλαβεῖν ἂν ἐδυνήθημεν, οὕτω μέχρι πόρρω προήγαγον οὗτοι. Ἐν οἷς δ᾽ ἦτ᾽ ἤδη τὰ πρὸς ἀλλήλους, τουτωνὶ τῶν ψηφισμάτων ἀκούσαντες καὶ τῶν ἀποκρίσεων εἴσεσθε. Καί μοι λέγε ταῦτα λαβών.

61. Vers le milieu du siècle, Aristophon et Eubule incarnaient deux politiques opposées, le premier, partisan d'un réveil de l'impérialisme maritime, tandis que le second préconisait une politique de retrait.

161 Je voyais que les Thébains, et vous aussi peu s'en faut, poussés par les partisans de Philippe et les vendus qui existaient dans les deux pays, vous négligiez ce qui était redoutable pour tous deux et demandait le plus de précautions, la permission laissée à Philippe de s'accroître ; que vous ne preniez pas une précaution et que vous étiez tout disposés à vous détester et à vous heurter ; je ne cessais de veiller à ce que cela ne se produisît pas. Ce n'était pas mon opinion seule qui me faisait penser que cette conduite était utile. **162** Je savais qu'Aristophon et encore Eubule[61] avaient sans cesse désiré réaliser cette amitié, et qu'ils avaient toujours été d'accord sur ce point, eux qui sur les autres s'opposaient souvent l'un à l'autre. De leur vivant, bête fourbe, tu les suivais en flatteur ; maintenant qu'ils sont morts, tu les accuses sans t'en douter ; car les reproches que tu m'adresses[62] à propos des Thébains, sont des accusations contre eux bien plus que contre moi, puisqu'ils ont approuvé cette alliance bien avant moi. **163** Mais j'en reviens au point suivant : comme cet individu avait provoqué la guerre d'Amphissa, que les autres, ses complices, avaient établi d'accord avec lui la haine contre les Thébains, le résultat fut que Philippe marcha contre nous, but en vue duquel ces individus menaient en conflit les cités ; et, si nous ne nous étions pas réveillés un peu tôt, nous n'aurions même pas pu nous relever, tant ces gens-là avaient poussé les choses. La situation où vous étiez les uns en face des autres, l'audition de ces décrets et des réponses vous la fera connaître. *(Au greffier.)* Prends-les et lis-les moi.

62. En réalité Eschine (*Ctés.*, 137 et suiv.) reprochait moins à Démosthène le fait même de l'alliance (qu'il disait imposée à Thèbes par les circonstances) que les concessions faites par Athènes à cette occasion.

Ψήφισμα

164 [Ἐπὶ ἄρχοντος Ἡροπύθου, μηνὸς ἐλαφηβολιῶνος ἕκτῃ φθίνοντος, φυλῆς πρυτανευούσης Ἐρεχθηΐδος, βουλῆς καὶ στρατηγῶν γνώμῃ· ἐπειδὴ Φίλιππος ἃς μὲν κατείληφε πόλεις τῶν ἀστυγειτόνων, τινὰς δὲ πορθεῖ, κεφαλαίῳ δ' ἐπὶ τὴν Ἀττικὴν παρασκευάζεται παραγίγνεσθαι, παρ' οὐδὲν ἡγούμενος τὰς ἡμετέρας συνθήκας, καὶ τοὺς ὅρκους λύειν ἐπιβάλλεται καὶ τὴν εἰρήνην, παραβαίνων τὰς κοινὰς πίστεις, δεδόχθαι τῇ βουλῇ καὶ τῷ δήμῳ πέμπειν πρὸς αὐτὸν πρέσβεις, οἵτινες αὐτῷ διαλέξονται καὶ παρακαλέσουσιν αὐτὸν μάλιστα μὲν τὴν πρὸς ἡμᾶς ὁμόνοιαν διατηρεῖν καὶ τὰς συνθήκας, εἰ δὲ μή, πρὸς τὸ βουλεύσασθαι δοῦναι χρόνον τῇ πόλει καὶ τὰς ἀνοχὰς ποιήσασθαι μέχρι τοῦ θαργηλιῶνος μηνός. Ἡιρέθησαν ἐκ βουλῆς Σῖμος Ἀναγυράσιος, Εὐθύδημος Φυλάσιος, Βουλαγόρας Ἀλωπεκῆθεν.]

Ἕτερον ψήφισμα

165 [Ἐπὶ ἄρχοντος Ἡροπύθου, μηνὸς μουνυχιῶνος ἕνῃ καὶ νέᾳ, πολεμάρχου γνώμῃ· ἐπειδὴ Φίλιππος εἰς ἀλλοτριότητα Θηβαίους πρὸς ἡμᾶς ἐπιβάλλεται καταστῆσαι, παρεσκεύασται δὲ καὶ παντὶ τῷ στρατεύματι πρὸς τοὺς ἔγγιστα τῆς Ἀττικῆς παραγίγνεσθαι τόπους, παραβαίνων τὰς πρὸς ἡμᾶς ὑπαρχούσας αὐτῷ συνθήκας, δεδόχθαι τῇ βουλῇ καὶ τῷ δήμῳ πέμψαι πρὸς αὐτὸν κήρυκα καὶ πρέσβεις, οἵτινες ἀξιώσουσι καὶ παρακαλέσουσιν αὐτὸν ποιήσασθαι τὰς ἀνοχάς, ὅπως ἐνδεχομένως ὁ δῆμος βουλεύσηται· καὶ γὰρ νῦν οὐ κέκρικε βοηθεῖν ἐν οὐδενὶ τῶν μετρίων. Ἡιρέθησαν ἐκ βουλῆς Νέαρχος Σωσινόμου, Πολυκράτης Ἐπίφρονος, καὶ κῆρυξ Εὔνομος Ἀναφλύστιος ἐκ τοῦ δήμου.]

166 Λέγε δὴ καὶ τὰς ἀποκρίσεις.

DÉCRET

164 [Sous l'archontat d'Hèropythos, le 25 Élaphébolion, sous la prytanie de la tribu Érechtéis, sur avis du Conseil et des stratèges ; considérant que Philippe s'est emparé de certaines villes voisines, qu'il en ravage d'autres et, en résumé, qu'il s'apprête à se présenter en Attique sans respecter l'accord conclu avec nous ; qu'il vise à violer les serments et la paix et à transgresser les engagements mutuels, plaise au Conseil et au peuple de lui envoyer des ambassadeurs pour négocier avec lui et l'inviter avant tout à observer l'accord et les traités conclus avec nous ; sinon, à donner à notre cité le temps de délibérer et conclure une trêve jusqu'au mois de Thargélion. Ont été désignés dans le Conseil : Simos d'Anagyronte, Euthydèmos de Phylê, Boulagoras d'Alopèkê.]

SECOND DÉCRET

166 [Sous l'archontat d'Hèropythos, le 29 Munychion, sur avis du polémarque ; considérant que Philippe vise à brouiller les Thébains avec nous et est prêt à se présenter avec toute son armée au voisinage immédiat de l'Attique en violant les accords conclus avec nous, plaise au Conseil et au peuple de lui envoyer un héraut et des ambassadeurs pour lui demander et le sommer de conclure une trêve afin que le peuple délibère dans la mesure du possible ; car maintenant celui-ci a décidé de ne pas intervenir en cas d'attitude modérée de Philippe. Ont été désignés dans le Conseil : Néarchos, fils de Sosinomos, et Polycratès, fils d'Épiphron ; et comme héraut, pris dans le peuple, Eunomos d'Anasphlystos.]

166 Lis aussi les réponses.

Ἀπόκρισις Ἀθηναίοις

[Βασιλεὺς Μακεδόνων Φίλιππος Ἀθηναίων τῇ βουλῇ καὶ τῷ δήμῳ χαίρειν. Ἣν μὲν ἀπ' ἀρχῆς εἴχετε πρὸς ἡμᾶς αἵρεσιν οὐκ ἀγνοῶ, καὶ τίνα σπουδὴν ἐποιεῖσθε, προσκαλέσασθαι βουλόμενοι Θετταλοὺς καὶ Θηβαίους, ἔτι δὲ καὶ Βοιωτούς. Βέλτιον δ' αὐτῶν φρονούντων καὶ μὴ βουλομένων ἐφ' ὑμῖν ποιήσασθαι τὴν ἑαυτῶν αἵρεσιν, ἀλλὰ κατὰ τὸ συμφέρον ἱσταμένων, νῦν ἐξ ὑποστροφῆς ἀποστείλαντες ὑμεῖς πρός με πρέσβεις καὶ κήρυκα συνθηκῶν μνημονεύετε καὶ τὰς ἀνοχὰς αἰτεῖσθε, κατ' οὐδὲν ὑφ' ἡμῶν πεπλημμελημένοι. Ἐγὼ μέντοι ἀκούσας τῶν πρεσβευτῶν συγκατατίθεμαι τοῖς παρακαλουμένοις καὶ ἕτοιμός εἰμι ποιεῖσθαι τὰς ἀνοχάς, ἄνπερ τοὺς οὐκ ὀρθῶς συμβουλεύοντας ὑμῖν παραπέμψαντες τῆς προσηκούσης ἀτιμίας ἀξιώσητε. Ἔρρωσθε.]

Ἀπόκρισις Θηβαίοις

167 [Βασιλεὺς Μακεδόνων Φίλιππος Θηβαίων τῇ βουλῇ καὶ τῷ δήμῳ χαίρειν. Ἐκομισάμην τὴν παρ' ὑμῶν ἐπιστολήν, δι' ἧς μοι τὴν ὁμόνοιαν καὶ τὴν εἰρήνην ἀνανεοῦσθε. Πυνθάνομαι μέντοι διότι πᾶσαν ὑμῖν Ἀθηναῖοι προσφέρονται φιλοτιμίαν βουλόμενοι ὑμᾶς συγκαταίνους γενέσθαι τοῖς ὑπ' αὐτῶν παρακαλουμένοις. Πρότερον μὲν οὖν ὑμῶν κατεγίγνωσκον ἐπὶ τῷ μέλλειν πείθεσθαι ταῖς ἐκείνων ἐλπίσι καὶ ἐπακολουθεῖν αὐτῶν τῇ προαιρέσει· νῦν δ' ἐπιγνοὺς ὑμᾶς τὰ πρὸς ἡμᾶς ἐζητηκότας ἔχειν εἰρήνην μᾶλλον ἢ ταῖς ἑτέρων ἐπακολουθεῖν γνώμαις, ἥσθην καὶ μᾶλλον ὑμᾶς ἐπαινῶ κατὰ πολλά, μάλιστα δ' ἐπὶ τῷ βουλεύσασθαι περὶ τούτων ἀσφαλέστερον καὶ τὰ πρὸς ἡμᾶς ἔχειν ἐν εὐνοίᾳ· ὅπερ οὐ μικρὰν ὑμῖν οἴσειν ἐλπίζω ῥοπήν, ἐάνπερ ἐπὶ ταύτης μένητε τῆς προθέσεως. Ἔρρωσθε.]

168 Οὕτω διαθεὶς ὁ Φίλιππος τὰς πόλεις πρὸς ἀλλήλας διὰ τούτων καὶ τούτοις ἐπαρθεὶς τοῖς ψηφίσμασι καὶ ταῖς ἀποκρίσεσιν, ἧκεν ἔχων τὴν δύναμιν καὶ τὴν Ἐλάτειαν

Réponse aux Athéniens

[Philippe, roi de Macédoine, au Conseil et au peuple athénien, salut. L'attitude que vous aviez dès l'origine à mon égard ne m'est pas inconnue, non plus que l'activité que vous montriez dans le désir d'appeler à vous les Thessaliens, les Thébains, et, aussi les Béotiens. Comme ces peuples étaient plus sages, se refusaient à faire dépendre leur attitude de la vôtre et s'en tenaient à leur intérêt, maintenant, faisant volte-face, vous m'avez envoyé des ambassadeurs et un héraut ; vous vous souvenez des traités et vous demandez une trêve, alors que nous ne vous avons fait nul tort. Néanmoins moi, après avoir entendu les ambassadeurs, je me rends à cette invitation et suis prêt à conclure une trêve, si vous mettez à l'écart ceux qui vous donnent de mauvais conseils et les frappez de la déchéance qu'ils méritent. Portez-vous bien.]

Réponse aux Thébains

167 [Philippe, roi de Macédoine, au Conseil et au peuple thébain, salut. J'ai reçu la lettre par laquelle vous renouvelez avec moi l'accord et la paix. J'apprends cependant que les Athéniens déploient auprès de vous toute activité dans le désir de vous voir accéder à leurs invitations. Auparavant je vous accusais d'être près de céder aux espoirs qu'ils vous offraient et de vous rallier à leur attitude. Mais maintenant j'ai reconnu que vous aimez mieux chercher à conserver la paix avec nous que suivre l'opinion des autres ; j'en suis content et je vous en loue encore plus pour bien des raisons, principalement parce que vous avez pris sur ce point une décision plus sûre et que vous avez du dévouement pour nous. Cela, je l'espère, n'aura pas une mince importance pour vous si vous restez dans ces dispositions, Portez-vous bien.]

168 Philippe, après avoir ainsi excité les villes l'une contre l'autre par l'intermédiaire de ces gens, encouragé par ces décrets et ces réponses, était arrivé avec ses forces ; il occupa Élatée, pensant que, même s'il se

κατέλαβεν, ὡς οὐδ' ἂν εἴ τι γένοιτ' ἔτι συμπνευσάντων ἂν ἡμῶν καὶ τῶν Θηβαίων. Ἀλλὰ μὴν τὸν τότε συμβάντ' ἐν τῇ πόλει θόρυβον ἴστε μὲν ἅπαντες· μικρὰ δ' ἀκούσαθ' ὅμως αὐτὰ τἀναγκαιότατα.

169 Ἑσπέρα μὲν γὰρ ἦν· ἧκε δ' ἀγγέλλων τις ὡς τοὺς πρυτάνεις ὡς Ἐλάτεια κατείληπται. Καὶ μετὰ ταῦθ' οἱ μὲν εὐθὺς ἐξαναστάντες μεταξὺ δειπνοῦντες τούς τ' ἐκ τῶν σκηνῶν τῶν κατὰ τὴν ἀγορὰν ἐξεῖργον καὶ τὰ γέρρ' ἐνεπίμπρασαν, οἱ δὲ τοὺς στρατηγοὺς μετεπέμποντο καὶ τὸν σαλπικτὴν ἐκάλουν, καὶ θορύβου πλήρης ἦν ἡ πόλις. Τῇ δ' ὑστεραίᾳ, ἅμα τῇ ἡμέρᾳ, οἱ μὲν πρυτάνεις τὴν βουλὴν ἐκάλουν εἰς τὸ βουλευτήριον, ὑμεῖς δ' εἰς τὴν ἐκκλησίαν ἐπορεύεσθε· | καὶ πρὶν ἐκείνην χρηματίσαι καὶ προβουλεῦσαι, πᾶς ὁ δῆμος ἄνω καθῆτο. 170 Καὶ μετὰ ταῦτα ὡς εἰσῆλθεν ἡ βουλὴ καὶ ἀπήγγειλαν οἱ πρυτάνεις τὰ προσηγγελμέν' ἑαυτοῖς καὶ τὸν ἥκοντα παρήγαγον κἀκεῖνος εἶπεν, ἠρώτα μὲν ὁ κῆρυξ· « Τίς ἀγορεύειν βούλεται; » Παρῄει δ' οὐδείς. Πολλάκις δὲ τοῦ κήρυκος ἐρωτῶντος οὐδὲν μᾶλλον ἀνίστατ' οὐδείς, ἁπάντων μὲν τῶν στρατηγῶν παρόντων, ἁπάντων δὲ τῶν ῥητόρων, καλούσης δὲ τῆς πατρίδος τὸν ἐροῦνθ' ὑπὲρ σωτηρίας· ἣν γὰρ ὁ κῆρυξ κατὰ τοὺς νόμους φωνὴν ἀφίησι, ταύτην κοινὴν τῆς πατρίδος δίκαιόν ἐστιν ἡγεῖσθαι. 171 Καίτοι εἰ μὲν τοὺς σωθῆναι τὴν πόλιν βουλομένους παρελθεῖν ἔδει, πάντες ἂν ὑμεῖς καὶ οἱ ἄλλοι Ἀθηναῖοι ἀναστάντες ἐπὶ τὸ βῆμ' ἐβαδίζετε· πάντες γὰρ οἶδ' ὅτι σωθῆναι αὐτὴν ἐβούλεσθε· εἰ δὲ τοὺς πλουσιωτάτους, οἱ τριακόσιοι· εἰ δὲ τοὺς ἀμφότερα ταῦτα, καὶ εὔνους τῇ πόλει καὶ πλουσίους, οἱ μετὰ ταῦτα τὰς

63. Les prytanes étaient les cinquante bouleutes d'une des dix tribus instituées par Clisthène à la fin du VIe siècle. Ils formaient pendant un dixième de l'année, ou prytanie, la section permanente du Conseil et prenaient leur repas dans la *Tholos* aux frais de la cité.

passait quelque chose, les Thébains et nous ne nous accorderions pas encore. D'ailleurs vous connaissez tous l'affolement qu'il y eut alors à Athènes. Écoutez cependant quelques mots, juste le nécessaire.

169 C'était le soir ; on vint annoncer aux prytanes[63] l'occupation d'Élatée. Après cela, les uns aussitôt, se levant au milieu de leur dîner, chassaient les gens des boutiques de l'agora et mettaient le feu aux baraques, pendant que les autres convoquaient les stratèges et appelaient le trompette ; et toute la ville était remplie d'affolement. Le lendemain, dès le jour, les prytanes convoquaient le Conseil à la salle des séances tandis que vous vous rendiez à l'Assemblée ; et, avant que le Conseil eût délibéré et préparé son rapport, tout le peuple était assis sur la hauteur *(de la Pnyx)*. **170** Puis, quand le Conseil fut arrivé, que les prytanes eurent fait connaître les nouvelles qu'on leur avait apportées et eurent présenté leur informateur, quand celui-ci eut parlé, le héraut demanda : « Qui veut prendre la parole ? » On ne voyait s'avancer personne. Le héraut répéta plusieurs fois sa question ; néanmoins on ne voyait toujours se lever personne. Et pourtant tous les stratèges étaient là, tous les orateurs ; et la patrie appelait l'homme qui parlerait pour son salut ; car la voix que le héraut fait entendre sur l'ordre des lois, doit être regardée comme la voix commune de la patrie. **171** Cependant, si c'étaient ceux qui voulaient le salut du pays qui devaient s'avancer, vous tous et les autres Athéniens, vous vous seriez levés pour aller à la tribune ; car tous, je le sais, vous désiriez le salut du pays. Si ç'avaient été les plus riches, ç'auraient été les Trois-Cents[64]. Si ç'avaient été les gens à la fois dévoués à l'État et riches, ç'auraient été ceux qui,

64. Les Trois-Cents étaient les contribuables les plus imposés au sein des symmories (voir *supra* § 103). Ils faisaient à la cité l'avance de l'*eisphora*.

μεγάλας ἐπιδόσεις ἐπιδόντες· καὶ γὰρ εὐνοίᾳ καὶ πλούτῳ τοῦτ' ἐποίησαν. 172 'Αλλ', ὡς ἔοικεν, ἐκεῖνος ὁ καιρὸς καὶ ἡ ἡμέρα 'κείνη οὐ μόνον εὔνουν καὶ πλούσιον ἄνδρ' ἐκάλει, ἀλλὰ καὶ παρηκολουθηκότα τοῖς πράγμασιν ἐξ ἀρχῆς, καὶ συλλελογισμένον ὀρθῶς τίνος εἵνεκα ταῦτ' ἔπραττεν ὁ Φίλιππος καὶ τί βουλόμενος. Ὁ γὰρ μὴ ταῦτ' εἰδὼς μηδ' ἐξητακὼς πόρρωθεν, οὔτ' εἰ εὔνους ἦν οὔτ' εἰ πλούσιος, οὐδὲν μᾶλλον ἔμελλ' ὅ τι χρὴ ποιεῖν εἴσεσθαι οὐδ' ὑμῖν ἕξειν συμβουλεύειν. 173 'Εφάνην τοίνυν οὗτος ἐν ἐκείνῃ τῇ ἡμέρᾳ ἐγώ, καὶ παρελθὼν εἶπον εἰς ὑμᾶς, | ἅ μου δυοῖν ἕνεκ' ἀκούσατε προσσχόντες τὸν νοῦν, ἑνὸς μέν, ἵν' εἰδῆθ' ὅτι μόνος τῶν λεγόντων καὶ πολιτευομένων ἐγὼ τὴν τῆς εὐνοίας τάξιν ἐν τοῖς δεινοῖς οὐκ ἔλιπον, ἀλλὰ καὶ λέγων καὶ γράφων ἐξηταζόμην τὰ δέονθ' ὑπὲρ ὑμῶν ἐν αὐτοῖς τοῖς φοβεροῖς, ἑτέρου δέ, ὅτι μικρὸν ἀναλώσαντες χρόνον πολλῷ πρὸς τὰ λοιπὰ τῆς πάσης πολιτείας ἔσεσθ' ἐμπειρότεροι. 174 Εἶπον τοίνυν ὅτι « τοὺς μὲν ὡς ὑπαρχόντων Θηβαίων Φιλίππῳ λίαν θορυβουμένους ἀγνοεῖν τὰ παρόντα πράγμαθ' ἡγοῦμαι. Εὖ γὰρ οἶδ' ὅτι, εἰ τοῦθ' οὕτως ἐτύγχανεν ἔχον, οὐκ ἂν αὐτὸν ἠκούομεν ἐν 'Ελατείᾳ ὄντα, ἀλλ' ἐπὶ τοῖς ἡμετέροις ὁρίοις. Ὅτι μέντοι ἵν' ἕτοιμα ποιήσηται τἀν Θήβαις ἥκει, σαφῶς ἐπίσταμαι. Ὡς δ' ἔχει, ἔφην, ταῦτα, ἀκούσατέ μου. 175 'Εκεῖνος ὅσους ἢ πεῖσαι χρήμασι Θηβαίων ἢ ἐξαπατῆσαι ἐνῆν ἅπαντας ηὐτρέπισται· τοὺς δ' ἀπ' ἀρχῆς ἀνθεστηκότας αὐτῷ καὶ νῦν ἐναντιουμένους οὐδαμῶς πεῖσαι δύναται. Τί οὖν βούλεται, καὶ τίνος εἵνεκα τὴν 'Ελάτειαν κατείληφε; Πλησίον δύναμιν δείξας καὶ παραστήσας τὰ ὅπλα τοὺς μὲν ἑαυτοῦ φίλους ἐπᾶραι καὶ θρασεῖς ποιῆσαι, τοὺς δ' ἐναντιουμένους καταπλῆξαι, ἵν' ἢ συγχωρήσωσι φοβηθέντες ἃ νῦν οὐκ ἐθέλουσιν, ἢ βιασθῶσιν. 176 Εἰ μὲν τοίνυν προαιρη-

par la suite, ont versé de fortes contributions volontaires ; car ils ont agi à la fois par dévouement et grâce à leur richesse. **172** Mais, semble-t-il, ce moment, ce jour appelait un homme qui non seulement fût dévoué et riche, mais qui eût suivi les événements depuis le début et eût réfléchi consciencieusement aux motifs et au but des actes de Philippe ; car quiconque ne savait pas cela et ne l'avait pas examiné depuis longtemps, fût-il dévoué ou riche, n'en devait pas moins ignorer ce qu'il fallait faire et être incapable de vous conseiller. **173** Il parut donc, cet homme, ce jour-là : c'était moi ; et, je dis alors ce à quoi vous devez être attentifs pour deux raisons : premièrement, pour savoir que, seul des orateurs et des hommes politiques, je n'ai pas abandonné le poste du dévouement au milieu des dangers, que j'ai fait mes preuves en disant et en rédigeant pour vous ce qu'il fallait au milieu même de l'épouvante ; secondement, parce qu'en perdant un peu de temps, vous acquériez pour l'avenir une bien plus grande expérience de la politique générale. **174** Voici donc ce que je dis : « Ceux qui sont tout à fait affolés en croyant les Thébains acquis à Philippe, méconnaissent, à mon avis, la situation présente ; car je sais bien que, s'il en était ainsi, nous entendrions dire qu'il est non pas à Élatée, mais sur nos frontières. D'ailleurs, qu'il soit venu pour avoir Thèbes à sa disposition, je le sais nettement. Quelle est la situation, disais-je encore, apprenez-le de moi. **175** Philippe s'est déjà concilié tous ceux des Thébains qu'il a pu gagner à prix d'argent ou tromper ; mais ceux qui, dès le début, lui ont fait obstacle et qui, maintenant encore, s'opposent à lui, il ne peut nullement les persuader. Quel est donc son but, et pour quels motifs a-t-il occupé Élatée ? Il veut montrer ses forces et disposer son armée dans le voisinage, afin d'exciter et de pousser à l'audace ses amis et afin d'épouvanter les opposants, pour que la crainte leur fasse accorder ce qu'ils refusent maintenant ou qu'ils y soient contraints par la force. **176** Si donc en

σόμεθ' ἡμεῖς, ἔφην, ἐν τῷ παρόντι, εἴ τι δύσκολον πέπρακται Θηβαίοις πρὸς ἡμᾶς, τούτου μεμνῆσθαι καὶ ἀπιστεῖν αὐτοῖς ὡς ἐν τῇ τῶν ἐχθρῶν οὖσι μερίδι, πρῶτον μὲν ἂν εὔξαιτο Φίλιππος ποιήσομεν, εἶτα φοβοῦμαι μὴ προσδεξαμένων τῶν νῦν ἀνθεστηκότων αὐτῷ καὶ μιᾷ γνώμῃ πάντων φιλιππισάντων, | εἰς τὴν Ἀττικὴν ἔλθωσιν ἀμφότεροι. Ἂν μέντοι πεισθῆτ' ἐμοὶ καὶ πρὸς τῷ σκοπεῖν, ἀλλὰ μὴ φιλονεικεῖν περὶ ὧν ἂν λέγω γένησθε, οἶμαι καὶ τὰ δέοντα λέγειν δόξειν καὶ τὸν ἐφεστηκότα κίνδυνον τῇ πόλει διαλύσειν. 177 Τί οὖν φημι δεῖν ; Πρῶτον μὲν τὸν παρόντ' ἐπανεῖναι φόβον, εἶτα μεταθέσθαι καὶ φοβεῖσθαι πάντας ὑπὲρ Θηβαίων· πολὺ γὰρ τῶν δεινῶν εἰσιν ἡμῶν ἐγγυτέρω, καὶ προτέροις αὐτοῖς ἐστιν ὁ κίνδυνος· ἔπειτ' ἐξελθόντας Ἐλευσῖνάδε τοὺς ἐν ἡλικίᾳ καὶ τοὺς ἱππέας δεῖξαι πᾶσιν αὐτοὺς ὑμᾶς ἐν τοῖς ὅπλοις ὄντας, ἵνα τοῖς ἐν Θήβαις φρονοῦσι τὰ ὑμέτερα ἐξ ἴσου γένηται τὸ παρρησιάζεσθαι περὶ τῶν δικαίων, εἰδόσιν ὅτι, ὥσπερ τοῖς πωλοῦσι Φιλίππῳ τὴν πατρίδα πάρεσθ' ἡ βοηθήσουσα δύναμις ἐν Ἐλατείᾳ, οὕτω τοῖς ὑπὲρ τῆς ἐλευθερίας ἀγωνίζεσθαι βουλομένοις ὑπάρχεθ' ὑμεῖς ἕτοιμοι καὶ βοηθήσετ', ἐάν τις ἐπ' αὐτοὺς ἴῃ. 178 Μετὰ ταῦτα χειροτονῆσαι κελεύω δέκα πρέσβεις, καὶ ποιῆσαι τούτους κυρίους μετὰ τῶν στρατηγῶν καὶ τοῦ πότε δεῖ βαδίζειν ἐκεῖσε καὶ τῆς ἐξόδου. Ἐπειδὰν δ' ἔλθωσιν οἱ πρέσβεις εἰς Θήβας, πῶς χρήσασθαι τῷ πράγματι παραινῶ ; Τούτῳ πάνυ μοι προσέχετε τὸν νοῦν. Μὴ δεῖσθαι Θηβαίων μηδὲν (αἰσχρὸς γὰρ ὁ καιρός), ἀλλ' ἐπαγγέλλεσθαι βοηθήσειν ἐὰν κελεύωσιν, ὡς ἐκείνων

65. Voir *supra*, 18-19 ; 36.

66. Littéralement : *les gens en âge* (de combattre) ; en principe, les hommes de 18 à 60 ans ; on peut cependant douter que les classes les

ce moment, disais-je, nous décidons de nous rappeler ce que les Thébains ont pu nous faire de désagréable[65] et de nous défier d'eux en les jugeant du parti de l'ennemi, d'abord nous ferons ce que souhaiterait Philippe, puis je crains que ses adversaires actuels ne l'accueillent, que tous ne prennent unanimement le parti de Philippe et que les deux États ne marchent contre l'Attique. Mais, si vous m'écoutez et vous mettez à examiner au lieu de critiquer l'objet de mon discours, je crois que je vous paraîtrai tenir un langage opportun et que je pourrai écarter de notre pays le danger qui le menace. **177** Qu'est-ce donc que je déclare nécessaire ? Tout d'abord, diminuer nos craintes présentes, puis en changer l'objet et craindre tous pour les Thébains (car ils sont bien plus près que nous du danger et ils risquent avant nous). Puis, faire partir pour Éleusis les hommes mobilisables[66] et les cavaliers, et montrer à tout le monde que vous êtes en personne sous les armes, afin que vos partisans de Thèbes aient une égale liberté pour parler de la justice, quand ils sauront que, si les gens qui vendent leur patrie à Philippe ont à Élatée une armée pour les soutenir, ceux qui veulent combattre pour la liberté, vous trouvent aussi à leur disposition et que vous les soutiendrez si l'on marche contre eux. **178** Ensuite, je conseille d'élire dix ambassadeurs et de leur donner pleins pouvoirs pour fixer, d'accord avec les stratèges, la date de leur départ pour Thèbes et la démonstration militaire. Une fois les ambassadeurs arrivés à Thèbes, quels sont les avis que je donne pour leur conduite ? Prêtez-moi ici toute votre attention. Ne rien demander aux Thébains (ce serait honteux en la circonstance), mais leur promettre notre concours s'ils le désirent, en jugeant qu'ils sont en

plus âgées aient été envoyées hors d'Athènes (Lycurge, *C. Léocr.*, 39-40, semble dire qu'on les mobilisa, hâtivement, seulement après Chéronée).

ὄντων ἐν τοῖς ἐσχάτοις, ἡμῶν δ' ἄμεινον ἢ 'κεῖνοι τὸ μέλλον προορωμένων· ἵν' ἐὰν μὲν δέξωνται ταῦτα καὶ πεισθῶσιν ἡμῖν, καὶ ἃ βουλόμεθ' ὦμεν διῳκημένοι καὶ μετὰ προσχήματος ἀξίου τῆς πόλεως ταῦτα πράξωμεν, | ἂν δ' ἄρα μὴ συμβῇ κατατυχεῖν, ἐκεῖνοι μὲν αὑτοῖς ἐγκαλῶσιν ἄν τι νῦν ἐξαμαρτάνωσιν, ἡμῖν δὲ μηδὲν αἰσχρὸν μηδὲ ταπεινὸν ᾖ πεπραγμένον. » 179 Ταῦτα καὶ παραπλήσια τούτοις εἰπὼν, κατέβην. Συνεπαινεσάντων δὲ πάντων καὶ οὐδενὸς εἰπόντος ἐναντίον οὐδέν, οὐκ εἶπον μὲν ταῦτα, οὐκ ἔγραψα δέ· οὐδ' ἔγραψα μέν, οὐκ ἐπρέσβευσα δέ· οὐδ' ἐπρέσβευσα μέν, οὐκ ἔπεισα δὲ Θηβαίους· ἀλλ' ἀπὸ τῆς ἀρχῆς διὰ πάντων ἄχρι τῆς τελευτῆς διεξῆλθον, καὶ ἔδωκ' ἐμαυτὸν ὑμῖν ἁπλῶς εἰς τοὺς περιεστηκότας τῇ πόλει κινδύνους. Καί μοι φέρε τὸ ψήφισμα τὸ τότε γενόμενον.

180 Καίτοι τίνα βούλει σε, Αἰσχίνη, καὶ τίν' ἐμαυτὸν ἐκείνην τὴν ἡμέραν εἶναι θῶ ; Βούλει ἐμαυτὸν μέν, ὃν ἂν σὺ λοιδορούμενος καὶ διασύρων καλέσαις Βάτταλον, σὲ δὲ μηδ' ἥρω τὸν τυχόντα, ἀλλὰ τούτων τινὰ τῶν ἀπὸ τῆς σκηνῆς, Κρεσφόντην ἢ Κρέοντα ἢ ὃν ἐν Κολλυτῷ ποτε Οἰνόμαον κακῶς ἐπέτριψας ; Τότε τοίνυν κατ' ἐκεῖνον τὸν καιρὸν ὁ Παιανιεὺς ἐγὼ Βάτταλος Οἰνομάου τοῦ Κοθωκίδου σοῦ πλείονος ἄξιος ὢν ἐφάνην τῇ πατρίδι. Σὺ μέν γ' οὐδὲν οὐδαμοῦ χρήσιμος ἦσθα, ἐγὼ δὲ πάντα ὅσα προσῆκε τὸν ἀγαθὸν πολίτην ἔπραττον. Λέγε τὸ ψήφισμά μοι.

67. Sobriquet déjà obscur pour les anciens et qui semble désigner un efféminé ; Eschine, qui l'avait appliqué à Démosthène dans *Contre Timarque*, 126, 131, 164 et *Amb.*, 99, n'y a pas recours dans le *Contre Ctésiphon* (du moins dans la rédaction qui nous a été transmise).

situation extrêmement critique et que nous prévoyons l'avenir mieux qu'eux. De la sorte, s'ils acceptent cette offre et nous écoutent, nous aurons exécuté ce que nous voulons et nous aurons agi avec une attitude digne de notre pays ; si par hasard nous n'arrivons pas à ce résultat, eux n'auront à s'en prendre qu'à eux-mêmes s'ils commettent maintenant une faute, tandis que nous n'aurons rien fait de honteux ni de bas. » **179** C'est après avoir dit cela et des choses analogues que je descendis de la tribune. Tout le monde m'approuva, personne ne dit rien en sens opposé. Et il n'est pas vrai que j'aie parlé ainsi sans rédiger de projet de décret, que j'aie rédigé un projet sans aller en ambassade, que je sois allé en ambassade sans persuader les Thébains ; depuis le début, sans interruption, jusqu'à la fin, j'ai suivi ma ligne et je me suis offert à vous en toute sincérité pour lutter contre les dangers qui entouraient Athènes. *(Au greffier.)* Apporte-moi le décret qu'on a voté alors.

180 Or que dois-je, à ton avis, supposer que tu as été ce jour-là, Eschine ? Et qui ai-je été ? Veux-tu que moi j'aie été ce que tu m'appellerais peut-être en m'injuriant et me persiflant : Battalos[67], et toi, que tu aies été non plus un personnage quelconque, mais un de ces héros de théâtre, Cresphonte ou Créon[68] ou cet Œnomanos qu'un jour tu as tellement maltraité à Collytos ? Mais alors, en cette circonstance, moi, Battalos de Paiania, j'ai montré que je valais mieux pour la patrie que toi, Œnomaos de Cothôkidai. Toi, d'ailleurs, tu n'as jamais servi à rien ; moi, je faisais tout ce que doit faire un bon citoyen. *(Au greffier.)* Lis-moi le décret.

68. Héros tragiques. Démosthène rappelle une fois encore qu'Eschine avait été acteur dans sa jeunesse.

Ψήφισμα Δημοσθένους

181 [Ἐπὶ ἄρχοντος Ναυσικλέους, φυλῆς πρυτανευούσης Αἰαντίδος σκιροφοριῶνος ἕκτῃ ἐπὶ δέκα, Δημοσθένης Δημοσθένους Παιανιεὺς εἶπεν· | ἐπειδὴ Φίλιππος ὁ Μακεδὼν ἔν τε τῷ παρεληλυθότι χρόνῳ παραβαίνων φαίνεται τὰς γεγενημένας αὐτῷ συνθήκας πρὸς τὸν Ἀθηναίων δῆμον περὶ τῆς εἰρήνης, ὑπεριδὼν τοὺς ὅρκους καὶ τὰ παρὰ πᾶσι τοῖς Ἕλλησι νομιζόμενα εἶναι δίκαια, καὶ πόλεις παραιρεῖται οὐδὲν αὐτῷ προσηκούσας, τινὰς δὲ καὶ Ἀθηναίων οὔσας δοριαλώτους πεποίηκεν οὐδὲν προαδικηθεὶς ὑπὸ τοῦ δήμου τοῦ Ἀθηναίων, ἔν τε τῷ παρόντι ἐπιπολὺ προάγει τῇ τε βίᾳ καὶ τῇ ὠμότητι· 182 καὶ γὰρ Ἑλληνίδας πόλεις ἃς μὲν ἐμφρούρους ποιεῖ καὶ τὰς πολιτείας καταλύει, τινὰς δὲ καὶ ἐξανδραποδιζόμενος κατασκάπτει, εἰς ἐνίας δὲ καὶ ἀντὶ Ἑλλήνων βαρβάρους κατοικίζει ἐπὶ τὰ ἱερὰ καὶ τοὺς τάφους ἐπάγων, οὐδὲν ἀλλότριον ποιῶν οὔτε τῆς ἑαυτοῦ πατρίδος οὔτε τοῦ τρόπου, καὶ τῇ νῦν αὐτῷ παρούσῃ τύχῃ κατακόρως χρώμενος, ἐπιλελησμένος ἑαυτοῦ ὅτι ἐκ μικροῦ καὶ τοῦ τυχόντος γέγονεν ἀνελπίστως μέγας· 183 καὶ ἕως μὲν πόλεις ἑώρα παραιρούμενον αὐτὸν βαρβάρους καὶ ἰδίας, ὑπελάμβανεν ἔλαττον εἶναι ὁ δῆμος ὁ Ἀθηναίων τὸ εἰς αὐτὸν πλημμελεῖσθαι· νῦν δὲ δρῶν Ἑλληνίδας πόλεις τὰς μὲν ὑβριζομένας, τὰς δὲ ἀναστάτους γιγνομένας, δεινὸν ἡγεῖται εἶναι καὶ ἀνάξιον τῆς τῶν προγόνων δόξης τὸ περιορᾶν τοὺς Ἕλληνας καταδουλουμένους· 184 διὸ δέδοκται τῇ βουλῇ καὶ τῷ δήμῳ τῷ Ἀθηναίων, εὐξαμένους καὶ θύσαντας τοῖς θεοῖς καὶ ἥρωσι τοῖς κατέχουσι τὴν πόλιν καὶ τὴν χώραν τὴν Ἀθηναίων, καὶ ἐνθυμηθέντας τῆς τῶν προγόνων ἀρετῆς, διότι περὶ πλείονος ἐποιοῦντο τὴν τῶν Ἑλλήνων ἐλευθερίαν διατηρεῖν ἢ τὴν ἰδίαν πατρίδα, | διακοσίας ναῦς καθέλκειν εἰς τὴν θάλατταν καὶ τὸν ναύαρχον ἀναπλεῖν ἐντὸς Πυλῶν, καὶ τὸν στρατηγὸν καὶ τὸν ἵππαρχον τὰς πεζὰς καὶ τὰς ἱππικὰς δυνάμεις Ἐλευσινάδε ἐξάγειν· πέμψαι δὲ καὶ πρέσβεις πρὸς τοὺς ἄλλους Ἕλληνας, πρῶτον δὲ πάντων πρὸς Θηβαίους διὰ τὸ ἐγγυτάτω εἶναι τὸν Φίλιππον τῆς ἐκείνων χώρας· 185

DÉCRET DE DÉMOSTHÈNE

181 [Sous l'archontat de Nausiclès, la tribu Aiantis exerçant la prytanie, le 16 Skirophorion, proposition de Démosthène de Paiania, fils de Démosthène : considérant que Philippe de Macédoine, dans le passé, a ouvertement violé le traité de paix conclu avec le peuple athénien ; qu'il a méprisé les serments et les règles de justice admises par tous les Grecs ; qu'il s'empare de villes qui ne lui appartiennent pas, qu'il a même pris de vive force certaines villes appartenant aux Athéniens, cela sans avoir été l'objet d'aucune provocation du peuple athénien, que dans le présent il développe de plus en plus sa violence et sa cruauté : **182** il met garnison dans certaines villes grecques et y abolit les constitutions, il en asservit d'autres et les détruit ; dans certaines même, à la place des Grecs, il établit des barbares qui foulent aux pieds les sanctuaires et les tombeaux ; il agit d'ailleurs en conformité avec les usages de sa patrie et son propre caractère, en profitant jusqu'à satiété de sa chance actuelle et en oubliant qu'il a d'abord été humble et le premier venu avant de grandir contre toute attente. **183** Tant que le peuple athénien le voyait s'emparer de cités barbares qui lui appartenaient, il pensait que ces insolences à son égard avaient peu d'importance ; mais le voyant maintenant outrager des villes grecques et en détruire d'autres, il juge scandaleux et indigne de la gloire de ses ancêtres de laisser réduire les Grecs en esclavage. **184** C'est pourquoi le Conseil et le peuple athénien ont décidé ce qui suit : on fera des prières et des sacrifices aux dieux et aux héros souverains de la cité et de la terre athéniennes ; on évoquera le courage des ancêtres parce que ceux-ci ont mieux aimé sauvegarder la liberté des Grecs que leur propre patrie ; on mettra à la mer deux cents vaisseaux, et le navarque partira pour les Thermopyles ; le stratège et l'hipparque emmèneront les forces à pied et à cheval à Éleusis. On enverra des ambassadeurs aux autres Grecs, et, avant tout, aux Thébains parce que Philippe est tout près de leur pays. **185** On invitera les Thébains à ne

παρακαλεῖν δὲ αὐτοὺς μηδὲν καταπλαγέντας τὸν Φίλιππον ἀντέχεσθαι τῆς ἑαυτῶν καὶ τῆς τῶν ἄλλων Ἑλλήνων ἐλευθερίας, καὶ ὅτι ὁ Ἀθηναίων δῆμος, οὐδὲν μνησικακῶν εἴ τι πρότερον γέγονεν ἀλλότριον ταῖς πόλεσι πρὸς ἀλλήλας, βοηθήσει καὶ δυνάμεσι καὶ χρήμασι καὶ βέλεσι καὶ ὅπλοις, εἰδὼς ὅτι αὐτοῖς μὲν πρὸς ἀλλήλους διαμφισβητεῖν περὶ τῆς ἡγεμονίας οὖσιν Ἕλλησι καλόν, ὑπὸ δὲ ἀλλοφύλου ἀνθρώπου ἄρχεσθαι καὶ τῆς ἡγεμονίας ἀποστερεῖσθαι ἀνάξιον εἶναι καὶ τῆς τῶν Ἑλλήνων δόξης καὶ τῆς τῶν προγόνων ἀρετῆς· 186 ἔτι δὲ οὐδὲ ἀλλότριον ἡγεῖται εἶναι ὁ Ἀθηναίων δῆμος τὸν Θηβαίων δῆμον οὔτε τῇ συγγενείᾳ οὔτε τῷ ὁμοφύλῳ. Ἀναμιμνήσκεται δὲ καὶ τὰς τῶν προγόνων τῶν ἑαυτοῦ εἰς τοὺς Θηβαίων προγόνους εὐεργεσίας· καὶ γὰρ τοὺς Ἡρακλέους παῖδας ἀποστερουμένους ὑπὸ τῶν Πελοποννησίων τῆς πατρῴας ἀρχῆς κατήγαγον, τοῖς ὅπλοις κρατήσαντες τοὺς ἀντιβαίνειν πειρωμένους τοῖς Ἡρακλέους ἐγγόνοις, καὶ τὸν Οἰδίπουν καὶ τοὺς μετ' ἐκείνου ἐκπεσόντας ὑπεδεξάμεθα, | καὶ ἕτερα πολλὰ ἡμῖν ὑπάρχει φιλάνθρωπα καὶ ἔνδοξα πρὸς Θηβαίους· 187 διόπερ οὐδὲ νῦν ἀποστήσεται ὁ Ἀθηναίων δῆμος τῶν Θηβαίοις τε καὶ τοῖς ἄλλοις Ἕλλησι συμφερόντων· συνθέσθαι δὲ πρὸς αὐτοὺς συμμαχίαν καὶ ἐπιγαμίαν ποιήσασθαι καὶ ὅρκους δοῦναι καὶ λαβεῖν. Πρέσβεις· Δημοσθένης Δημοσθένους Παιανιεύς, Ὑπερείδης Κλεάνδρου Σφήττιος, Μνησιθείδης Ἀντιφάνους Φρεάρριος, Δημοκράτης Σωφίλου Φλυεύς, Κάλλαισχρος Διοτίμου Κοθωκίδης.]

188 Αὕτη τῶν περὶ Θήβας ἐγίγνετο πραγμάτων ἀρχὴ καὶ κατάστασις πρώτη, τὰ πρὸ τούτων εἰς ἔχθραν καὶ μῖσος καὶ ἀπιστίαν τῶν πόλεων ὑπηγμένων ὑπὸ τούτων. Τοῦτο τὸ ψήφισμα τὸν τότε τῇ πόλει περιστάντα κίνδυνον παρελθεῖν ἐποίησεν ὥσπερ νέφος. Ἦν μὲν τοίνυν τοῦ δικαίου πολίτου τότε δεῖξαι πᾶσιν εἴ τι τούτων εἶχεν ἄμεινον, μὴ νῦν ἐπιτιμᾶν. 189 Ὁ γὰρ σύμβουλος καὶ ὁ συκοφάντης, οὐδὲ τῶν ἄλλων οὐδὲν ἐοικότες, ἐν τούτῳ πλεῖστον ἀλλήλων διαφέρουσιν· ὁ μέν γε πρὸ τῶν πραγμάτων γνώμην ἀποφαίνεται, καὶ δίδωσιν ἑαυτὸν ὑπεύθυνον

pas avoir peur de Philippe et à tenir ferme pour leur liberté et celle des autres Grecs ; on leur dira que le peuple athénien, sans rancune pour tout différend qui a pu exister antérieurement entre les deux cités, les soutiendra de ses armées, de son argent, de ses traits et de ses armes ; car il sait que, s'il est beau pour eux, des Grecs, de se disputer l'hégémonie, obéir à un homme d'une autre race et être privé par lui de l'hégémonie est indigne de la gloire des Grecs et de la vertu des ancêtres. **186** En outre, le peuple athénien ne juge pas que le peuple thébain lui soit étranger par le sang ni par la race. Il se rappelle aussi les services rendus par ses ancêtres aux ancêtres des Thébains ; ils ont ramené dans leur patrie les fils que les Péloponnésiens voulaient dépouiller de l'empire paternel et ils ont triomphé par les armes de ceux qui voulaient marcher contre les descendants d'Héraclès ; nous avons accueilli Œdipe et ses compagnons d'exil ; et nous avons bien d'autres actes de bienveillance et de gloire accomplis en faveur des Thébains. **187** C'est pourquoi maintenant encore le peuple athénien n'abandonne pas les intérêts des Thébains et des autres Grecs. On concluera une alliance ; on s'accordera le droit de mariage réciproque et on échangera des serments. Ambassadeurs : Demosthène de Paiania, fils de Démosthène ; Hypéride de Sphettos, fils de Cléandros, Mnésitheidès de Phréarrhoi, fils d'Antiphanès ; Démocratès de Phlya fils de Sophilos ; Callaischros de Cothôkidai, fils de Diotimos.]

188 Telle fut l'origine des affaires de Thèbes et le début de l'apaisement, tandis que, par ces individus, les deux cités avaient été entraînées auparavant à se haïr, se détester et se regarder avec méfiance. Ce décret fit que les dangers qui entouraient alors noire ville, passèrent comme des nuages. Donc un bon citoyen devait, s'il connaissait quelque chose de mieux, le montrer alors à tous, au lieu de critiquer maintenant. **189** En effet, le conseiller et le sycophante, qui d'ailleurs ne se ressemblent en rien, diffèrent surtout en ceci : le premier expose son avis avant les événements et s'offre comme respon-

τοῖς πεισθεῖσι, τῇ τύχῃ, τῷ καιρῷ, τῷ βουλομένῳ· ὁ δὲ σιγήσας ἡνίκ' ἔδει λέγειν, ἄν τι δύσκολον συμβῇ, τοῦτο βασκαίνει. 190 Ἦν μὲν οὖν, ὅπερ εἶπον, ἐκεῖνος ὁ καιρὸς τοῦ γε φροντίζοντος ἀνδρὸς τῆς πόλεως καὶ τῶν δικαίων λόγων· ἐγὼ δὲ τοσαύτην ὑπερβολὴν ποιοῦμαι ὥστε, ἂν νῦν ἔχῃ τις δεῖξαί τι βέλτιον, ἢ ὅλως εἴ τι ἄλλ' ἐνῆν πλὴν ὧν ἐγὼ προειλόμην, ἀδικεῖν ὁμολογῶ. Εἰ γάρ ἔσθ' ὅ τι τις νῦν ἑόρακεν, ὃ συνήνεγκεν ἂν τότε πραχθέν, τοῦτ' ἐγώ φημι δεῖν ἐμὲ μὴ λαθεῖν. Εἰ δὲ μήτ' ἔστι μήτε ἦν μήτ' ἂν εἰπεῖν ἔχοι μηδεὶς μηδέπω καὶ τήμερον, τί τὸν σύμβουλον ἐχρῆν ποιεῖν; | οὐ τῶν φαινομένων καὶ ἐνόντων τὰ κράτισθ' ἑλέσθαι; 191 Τοῦτο τοίνυν ἐποίησα, τοῦ κήρυκος ἐρωτῶντος, Αἰσχίνη· « Τίς ἀγορεύειν βούλεται; » οὐ· « Τίς αἰτιᾶσθαι περὶ τῶν παρεληλυθότων; » οὐδέ « Τίς ἐγγυᾶσθαι τὰ μέλλοντ' ἔσεσθαι; » Σοῦ δ' ἀφώνου κατ' ἐκείνους τοὺς χρόνους ἐν ταῖς ἐκκλησίαις καθημένου, ἐγὼ παριὼν ἔλεγον. Ἐπειδὴ δ' οὐ τότε, ἀλλὰ νῦν δεῖξον· εἰπὲ τίς ἢ λόγος ὅντινα ἐχρῆν εὐπορεῖν, ἢ καιρὸς συμφέρων ὑπ' ἐμοῦ παρελείφθη τῇ πόλει· τίς δὲ συμμαχία, τίς πρᾶξις, ἐφ' ἣν μᾶλλον ἔδει μ' ἀγαγεῖν τουτουσί.

192 Ἀλλὰ μὴν τὸ μὲν παρεληλυθὸς ἀεὶ παρὰ πᾶσιν ἀφεῖται, καὶ οὐδεὶς περὶ τούτου προτίθησιν οὐδαμοῦ βουλήν· τὸ δὲ μέλλον ἢ τὸ παρὸν τὴν τοῦ συμβούλου τάξιν ἀπαιτεῖ. Τότε τοίνυν τὰ μὲν ἔμελλεν, ὡς ἐδόκει, τῶν δεινῶν, τὰ δ' ἤδη παρῆν, ἐν οἷς τὴν προαίρεσίν μου σκόπει τῆς πολιτείας, μὴ τὰ συμβάντα συκοφάντει. Τὸ μὲν γὰρ πέρας ὡς ἂν ὁ δαίμων βουληθῇ πάντων γίγνεται· ἡ δὲ προαίρεσις αὐτὴ τὴν τοῦ συμβούλου διάνοιαν δηλοῖ. 193

sable devant ceux qu'il a persuadés, devant le sort, devant les circonstances, devant qui le veut ; l'autre, qui s'est tu quand il fallait parler, s'il arrive quelque événement désagréable, le dénigre méchamment. **190** Donc, comme je l'ai déjà dit, les circonstances exigeaient un homme qui eût souci du bien de l'État et des arguments justes. Je pousse même les choses si loin que, si maintenant encore quelqu'un peut montrer quelque chose de mieux, ou si, en général, autre chose était possible que mon plan, je me reconnais coupable. Car s'il existe une chose qu'un homme voie maintenant et dont l'exécution eût alors été utile, je déclare que cela n'aurait pas dû m'échapper. Mais si cela n'existe pas et n'existait pas, si personne, même aujourd'hui encore, ne peut en parler, que devait faire un conseiller ? Choisir, n'est-ce pas ? le meilleur dans les possibilités qu'on apercevait. **191** Voilà ce que j'ai fait, quand le héraut demandait, Eschine : « Qui veut prendre la parole ? », non pas : « Qui veut incriminer le passé ? », ni : « Qui veut garantir l'avenir ? » Alors que toi, en ce temps-là, tu restais assis et muet aux assemblées, moi, je m'avançais et je parlais. Puisque tu ne l'as pas fait alors, maintenant du moins montre, dis si j'ai omis au détriment de l'État soit un argument que j'aurais dû avoir à ma disposition, soit une circonstance favorable ou une alliance ou une action où il aurait mieux valu que j'amenasse les citoyens ici présents.

192 Mais d'ailleurs le passé, toujours, partout, est laissé de côté et personne n'ouvre nulle part de délibération à ce sujet. C'est l'avenir ou le présent qui réclame que le conseiller soit à son poste. Alors donc, parmi les périls, les uns étaient à venir, semblait-il, les autres étaient déjà là ; examine quel fut en face d'eux mon plan politique, au lieu de faire le sycophante à propos du passé. Car, en tout, la réalisation survient selon la volonté de la divinité ; mais c'est le plan lui-même qui fait voir les dispositions du conseiller. **193** Ne porte

Μὴ δὴ τοῦθ' ὡς ἀδίκημα ἐμὸν θῇς, εἰ κρατῆσαι συνέβη Φιλίππῳ τῇ μάχῃ· ἐν γὰρ τῷ θεῷ τὸ τούτου τέλος ἦν, οὐκ ἐμοί· ἀλλ' ὡς οὐχ ἅπανθ' ὅσ' ἐνῆν κατ' ἀνθρώπινον λογισμὸν εἱλόμην, καὶ δικαίως ταῦτα καὶ ἐπιμελῶς ἔπραξα καὶ φιλοπόνως ὑπὲρ δύναμιν, ἢ ὡς οὐ καλὰ καὶ τῆς πόλεως ἄξια πράγματ' ἐνεστησάμην καὶ ἀναγκαῖα, ταῦτά μοι δεῖξον, καὶ τότ' ἤδη κατηγόρει μου. 194 Εἰ δ' ὁ συμβὰς σκηπτὸς [ἢ χειμὼν] μὴ μόνον ἡμῶν, ἀλλὰ καὶ πάντων τῶν ἄλλων Ἑλλήνων μείζων γέγονε, τί χρὴ ποιεῖν; | Ὥσπερ ἂν εἴ τις ναύκληρον πάντ' ἐπὶ σωτηρίᾳ πράξαντα καὶ κατασκευάσαντα τὸ πλοῖον ἀφ' ὧν ὑπελάμβανε σωθήσεσθαι, εἶτα χειμῶνι χρησάμενον καὶ πονησάντων αὐτῷ τῶν σκευῶν ἢ καὶ συντριβέντων ὅλως, τῆς ναυαγίας αἰτιῷτο. Ἀλλ' οὔτ' ἐκυβέρνων τὴν ναῦν, φήσειεν ἄν (ὥσπερ οὐδ' ἐστρατήγουν ἐγώ), οὔτε τῆς τύχης κύριος ἦν, ἀλλ' ἐκείνη τῶν πάντων. 195 Ἀλλ' ἐκεῖνο λογίζου καὶ ὅρα. Εἰ μετὰ Θηβαίων ἡμῖν ἀγωνιζομένοις οὕτως εἵμαρτο πρᾶξαι, τί χρῆν προσδοκᾶν εἰ μηδὲ τούτους ἔσχομεν συμμάχους, ἀλλὰ Φιλίππῳ προσέθεντο, ὑπὲρ οὗ τότ' ἐκεῖνος πάσας ἀφῆκε φωνάς; Καὶ εἰ νῦν τριῶν ἡμερῶν ἀπὸ τῆς Ἀττικῆς ὁδὸν τῆς μάχης γενομένης τοσοῦτος κίνδυνος καὶ φόβος περιέστη τὴν πόλιν, τί ἄν, εἴ που τῆς χώρας ταὐτὸ τοῦτο πάθος συνέβη, προσδοκῆσαι χρῆν; Ἆρ' οἶσθ' ὅτι νῦν μὲν στῆναι, συνελθεῖν, ἀναπνεῦσαι, πολλὰ μί' ἡμέρα καὶ δύο καὶ τρεῖς ἔδοσαν τῶν εἰς σωτηρίαν τῇ πόλει· τότε δέ... Οὐκ ἄξιον εἰπεῖν ἅ γε μηδὲ πεῖραν ἔδωκε θεῶν τινὸς εὐνοίᾳ καὶ τῷ προβαλέσθαι τὴν πόλιν ταύτην τὴν συμμαχίαν, ἧς σὺ κατηγορεῖς.

donc pas comme faute à mon compte que Philippe soit arrivé à gagner la bataille[69] ; car le résultat était au pouvoir de la divinité, non au mien. Mais que je n'aie pas choisi tout ce qui était possible selon le raisonnement humain, que je n'aie pas agi avec justice, avec soin et avec une activité supérieure encore à mes forces, ou bien que l'action où je me suis engagé, n'ait pas été noble, digne de notre pays et nécessaire, cela, montre-le moi ; et après cela seulement accuse-moi. **194** Mais si l'ouragan qui survint, a été plus fort, non seulement que nous, mais que tous les autres Grecs, que devons-nous faire ? C'est comme si un armateur avait tout fait pour le salut d'un navire, qu'il l'eût muni de tout ce qui, pensait-il, devait le protéger, puis qu'il eût subi une tempête, que les agrès eussent souffert ou même eussent été entièrement détruits et qu'on le rendît responsable du naufrage. « Mais, dirait-il, Je n'étais pas pilote » (et de même, moi non plus, je n'étais pas stratège) « et je n'étais pas maître de la fortune ; c'est elle qui est maîtresse de tout ». **195** Raisonne et vois encore ceci : si notre destin était d'aboutir à ce résultat en combattant alliés aux Thébains, à quoi devions-nous nous attendre si nous ne les avions même pas eus comme alliés et s'ils s'étaient joints à Philippe, ce pour quoi celui-ci avait alors employé tous les tons ? Puisque, en fait, quand la bataille avait eu lieu à trois jours de marche de l'Attique, la ville se trouva en un tel danger et dans de telles craintes, à quoi aurions-nous dû nous attendre si le même malheur s'était produit en quelque point de notre territoire ? Sais-tu bien qu'en fait, pour s'arrêter, se regrouper, reprendre haleine, un seul jour, et deux, et trois ont donné à notre pays bien des moyens de salut ; tandis qu'alors… Mieux vaut ne pas parler de ce qui n'a même pas été éprouvé, grâce à la faveur d'un dieu, et parce que notre pays s'était couvert par cette alliance que toi, tu accuses.

69. Il s'agit de la bataille de Chéronée en Béotie, en septembre 338, qui fit de Philippe le maître des affaires grecques.

196 Ἔστι δὲ ταυτὶ πάντα μοι, τὰ πολλά, πρὸς ὑμᾶς, ἄνδρες δικασταί, καὶ τοὺς περιεστηκότας ἔξωθεν καὶ ἀκροωμένους· ἐπεὶ πρός γε τοῦτον τὸν κατάπτυστον βραχὺς καὶ σαφὴς ἐξήρκει μοι λόγος. Εἰ μὲν γὰρ ἦν σοι πρόδηλα τὰ μέλλοντ', Αἰσχίνη, μόνῳ τῶν ἄλλων, ὅτ' ἐβουλεύεθ' ἡ πόλις περὶ τούτων, τότ' ἔδει προλέγειν· εἰ δὲ μὴ προῄδεις, τῆς αὐτῆς ἀγνοίας ὑπεύθυνος εἶ τοῖς ἄλλοις· | ὥστε τί μᾶλλον ἐμοῦ σὺ ταῦτα κατηγορεῖς ἢ ἐγὼ σοῦ; 197 Τοσοῦτον γὰρ ἀμείνων ἐγὼ σοῦ πολίτης γέγον' εἰς αὐτὰ ταῦθ' ἃ λέγω (καὶ οὔπω περὶ τῶν ἄλλων διαλέγομαι), ὅσον ἐγὼ μὲν ἔδωκ' ἐμαυτὸν εἰς τὰ πᾶσι δοκοῦντα συμφέρειν, οὐδένα κίνδυνον ὀκνήσας ἴδιον οὐδ' ὑπολογισάμενος· σὺ δ' οὔθ' ἕτερ' εἶπες βελτίω τούτων (οὐ γὰρ ἂν τούτοις ἐχρῶντο), οὔτ' εἰς ταῦτα χρήσιμον οὐδὲν σαυτὸν παρέσχες· ὅπερ δ' ἂν φαυλότατος καὶ δυσμενέστατος ἄνθρωπος τῇ πόλει, τοῦτο πεποιηκὼς ἐπὶ τοῖς συμβᾶσιν ἐξήτασαι· καὶ ἅμα Ἀρίστρατος ἐν Νάξῳ καὶ Ἀριστόλεως ἐν Θάσῳ, οἱ καθάπαξ ἐχθροὶ τῆς πόλεως, τοὺς Ἀθηναίων κρίνουσι φίλους, καὶ Ἀθήνησιν Αἰσχίνης Δημοσθένους κατηγορεῖ. 198 Καίτοι, ὅτῳ τὰ τῶν Ἑλλήνων ἀτυχήματα ἐνευδοκιμεῖν ἀπέκειτο, ἀπολωλέναι μᾶλλον οὗτός ἐστι δίκαιος ἢ κατηγορεῖν ἑτέρου· καὶ ὅτῳ συνενηνόχασιν οἱ αὐτοὶ καιροὶ καὶ τοῖς τῆς πόλεως ἐχθροῖς, οὐκ ἔνι τοῦτον εὔνουν εἶναι τῇ πατρίδι. Δηλοῖς δὲ καὶ ἐξ ὧν ζῇς καὶ ποιεῖς καὶ πολιτεύει καὶ πάλιν οὐ πολιτεύει. Πράττεταί τι τῶν ὑμῖν δοκούντων συμφέρειν; ἄφωνος Αἰσχίνης. Ἀντέκρουσέ τι καὶ γέγον' οἷον οὐκ ἔδει; πάρεστιν Αἰσχίνης. Ὥσπερ τὰ ῥήγματα καὶ τὰ σπάσματα, ὅταν τι κακὸν τὸ σῶμα λάβῃ, τότε κινεῖται.

199 Ἐπειδὴ δὲ πολὺς τοῖς συμβεβηκόσιν ἔγκειται, βούλομαί τι καὶ παράδοξον εἰπεῖν. Καί μου, πρὸς Διὸς καὶ

196 Tous ces arguments, du moins la plupart, je les expose pour vous, juges, et pour les assistants qui écoutent du dehors ; car pour ce répugnant individu il suffisait de quelques mots brefs et clairs. Si l'avenir était évident pour toi, Eschine, pour toi seul entre tous, quand la cité délibérait à ce sujet, c'est alors qu'il fallait avertir. Si tu ne savais rien à l'avance, tu es responsable de la même ignorance que les autres. Ainsi donc pourquoi m'accuses-tu de cela plutôt que je ne t'accuse ? **197** Car, dans ces événements mêmes dont je parle (et je ne traite pas encore des autres), j'ai été un citoyen d'autant supérieur à toi, que moi, je me suis offert pour ce qui paraissait utile à tous, sans hésiter devant aucun risque personnel, sans en tenir compte, tandis que toi, tu n'as pas fait de propositions meilleures que les miennes (car alors on n'aurait pas adopté celles-ci), et tu ne t'es montré utile en rien pour l'exécution de celles-ci ; on a reconnu à l'expérience que tu avais agi comme l'aurait fait l'individu le plus vil et le plus hostile à notre pays. Et c'est au même moment qu'Aristratos à Naxos et Aristoléos à Thasos, les ennemis irréconciliables de notre pays, mettent en jugement les amis d'Athènes, et qu'à Athènes Eschine accuse Démosthène ! **198** Or quiconque a mis en réserve les malheurs des Grecs pour en tirer de la réputation mérite bien plus de périr que d'accuser un autre ; quiconque a tiré avantage des mêmes circonstances que les ennemis de son pays, ne peut être dévoué à sa patrie. Tu le montres par ta vie, par tes actions, par ta politique, et aussi par ton éloignement de la politique. On fait quelque chose qui semble vous être utile ? Eschine est muet. Il y a un obstacle et il se produit ce qui n'aurait pas dû arriver ? Eschine est présent. C'est comme les fractures et les déchirures de muscles qui se réveillent quand le corps est atteint de quelque mal.

199 Puisqu'il a tellement appuyé sur ce qui s'est passé, je veux encore dire quelque chose d'inattendu. Et, par Zeus et par les dieux, que personne ne s'étonne de

θεῶν, μηδεὶς τὴν ὑπερβολὴν θαυμάσῃ, ἀλλὰ μετ' εὐνοίας ὃ λέγω θεωρησάτω. Εἰ γὰρ ἦν ἅπασι πρόδηλα τὰ μέλλοντα γενήσεσθαι καὶ προῄδεσαν ἅπαντες καὶ σὺ προὔλεγες, Αἰσχίνη, καὶ διεμαρτύρου βοῶν καὶ κεκραγώς, ὃς οὐδ' ἐφθέγξω, | οὐδ' οὕτως ἀποστατέον τῇ πόλει τούτων ἦν, εἴπερ ἢ δόξης ἢ προγόνων τοῦ μέλλοντος αἰῶνος εἶχε λόγον. 200 Νῦν μέν γ' ἀποτυχεῖν δοκεῖ τῶν πραγμάτων, ὃ πᾶσι κοινόν ἐστιν ἀνθρώποις ὅταν τῷ θεῷ ταῦτα δοκῇ· τότε δ' ἀξιοῦσα προεστάναι τῶν ἄλλων, εἶτ' ἀποστᾶσα τούτου Φιλίππῳ προδεδωκέναι πάντας ἂν ἔσχεν αἰτίαν. Εἰ γὰρ ταῦτα προεῖτο ἀκονιτί, περὶ ὧν οὐδένα κίνδυνον ὅντιν' οὐχ ὑπέμειναν οἱ πρόγονοι, τίς οὐχὶ κατέπτυσεν ἂν σοῦ ; μὴ γὰρ δὴ τῆς πόλεώς γε, μηδ' ἐμοῦ. 201 Τίσι δ' ὀφθαλμοῖς πρὸς Διὸς ἑωρῶμεν ἂν τοὺς εἰς τὴν πόλιν ἀνθρώπους ἀφικνουμένους, εἰ τὰ μὲν πράγματ' εἰς ὅπερ νυνὶ περιέστη, ἡγεμὼν δὲ καὶ κύριος ᾑρέθη Φίλιππος ἁπάντων, τὸν δ' ὑπὲρ τοῦ μὴ γενέσθαι ταῦτ' ἀγῶνα ἕτεροι χωρὶς ἡμῶν ἦσαν πεποιημένοι, καὶ ταῦτα μηδεπώποτε τῆς πόλεως ἐν τοῖς ἔμπροσθεν χρόνοις ἀσφάλειαν ἄδοξον μᾶλλον ἢ τὸν ὑπὲρ τῶν καλῶν κίνδυνον ᾑρημένης ; 202 Τίς γὰρ οὐκ οἶδεν Ἑλλήνων, τίς δὲ βαρβάρων, ὅτι καὶ παρὰ Θηβαίων καὶ παρὰ τῶν ἔτι τούτων πρότερον ἰσχυρῶν γενομένων Λακεδαιμονίων καὶ παρὰ τοῦ Περσῶν βασιλέως μετὰ πολλῆς χάριτος τοῦτ' ἂν ἀσμένως ἐδόθη τῇ πόλει, ὅ τι βούλεται λαβούσῃ καὶ τὰ ἑαυτῆς ἐχούσῃ τὸ κελευόμενον ποιεῖν καὶ ἐᾶν ἕτερον τῶν Ἑλλήνων προεστάναι ; 203 Ἀλλ' οὐκ ἦν ταῦθ', ὡς ἔοικεν, τοῖς Ἀθηναίοις πάτρια οὐδ' ἀνεκτὰ οὐδ' ἔμφυτα, οὐδ' ἐδυνήθη πώποτε τὴν πόλιν οὐδεὶς ἐκ παντὸς τοῦ χρόνου πεῖσαι τοῖς ἰσχύουσι μέν, μὴ δίκαια δὲ πράττουσι προσθεμένην ἀσφαλῶς δουλεύειν, ἀλλ' ἀγωνιζο-

mon exagération ; qu'on examine avec bienveillance ce que je veux dire. Même si l'avenir avait été visible à tous, si tout le monde l'avait connu d'avance, si tu l'avais annoncé, Eschine, et attesté avec des cris et des clameurs, toi qui n'as pas soufflé mot, même ainsi notre pays ne devait pas renoncer à cette conduite, si du moins il se souciait de sa gloire, de nos ancêtres ou de la postérité. **200** Maintenant il paraît avoir échoué dans l'action, ce qui est le lot commun des hommes quand telle est la volonté des dieux. Mais alors, en prétendant diriger les autres, puis en y renonçant, il aurait été accusé d'avoir livré tout le monde à Philippe. Si en effet on avait abandonné sans combat ce pourquoi il n'est pas de danger que nos ancêtres n'aient. supporté, qui ne t'aurait craché au visage ? Ne parlons pas en effet de la cité, ni de moi. **201** De quels yeux, par Zeus, regarderions-nous les gens qui viennent dans notre ville, si les événements avaient tourné comme maintenant, si Philippe avait été choisi pour chef et maître de tous, mais si, pour l'empêcher d'autres avaient lutté sans nous, et cela quand jamais auparavant notre pays n'a préféré une sécurité sans gloire aux périls pour la défense de l'honneur ? **202** Y a-t-il un Grec, y a-t-il un barbare pour ignorer que les Thébains, et les Lacédémoniens qui ont été puissants avant eux, et le roi de Perse auraient volontiers accordé à notre cité, et avec beaucoup de reconnaissance, de prendre ce qu'elle voudrait tout en gardant son propre domaine, pourvu qu'elle obéît à des ordres et laissât un autre diriger les Grecs ? **203** Mais, pour les Athéniens, ce n'était, semble-t-il, ni traditionnel, ni supportable, ni naturel ; jamais personne, à aucun moment, n'a pu persuader notre pays de s'allier aux puissants, s'ils agissaient injustement, pour trouver la sécurité dans la servitude[70] ; il n'a pas

70. Déjà Périclès, dans le discours que lui prête Thucydide (II, 63, 5) disait aux Athéniens qu'Athènes (et toute cité dominante) ne pouvait « trouver la sécurité dans la servitude ».

μένη περὶ πρωτείων καὶ τιμῆς καὶ δόξης κινδυνεύουσα πάντα τὸν αἰῶνα διατετέλεκε. 204 Καὶ ταῦθ' οὕτω σεμνὰ καὶ προσήκοντα τοῖς ὑμετέροις ἤθεσιν ὑμεῖς ὑπολαμβάνετ' εἶναι | ὥστε καὶ τῶν προγόνων τοὺς ταῦτα πράξαντας μάλιστ' ἐπαινεῖτε. Εἰκότως· τίς γὰρ οὐκ ἂν ἀγάσαιτο τῶν ἀνδρῶν ἐκείνων τῆς ἀρετῆς, οἳ καὶ τὴν χώραν καὶ τὴν πόλιν ἐκλιπεῖν ὑπέμειναν εἰς τὰς τριήρεις ἐμβάντες ὑπὲρ τοῦ μὴ τὸ κελευόμενον ποιῆσαι, τὸν μὲν ταῦτα συμβουλεύσαντα Θεμιστοκλέα στρατηγὸν ἑλόμενοι, τὸν δ' ὑπακούειν ἀποφηνάμενον τοῖς ἐπιταττομένοις Κυρσίλον καταλιθώσαντες, οὐ μόνον αὐτόν, ἀλλὰ καὶ αἱ γυναῖκες αἱ ὑμέτεραι τὴν γυναῖκα αὐτοῦ. 205 Οὐ γὰρ ἐζήτουν οἱ τότε Ἀθηναῖοι οὔτε ῥήτορ' οὔτε στρατηγὸν δι' ὅτου δουλεύσουσιν εὐτυχῶς, ἀλλ' οὐδὲ ζῆν ἠξίουν, εἰ μὴ μετ' ἐλευθερίας ἔξεσται τοῦτο ποιεῖν. Ἡγεῖτο γὰρ αὐτῶν ἕκαστος οὐχὶ τῷ πατρὶ καὶ τῇ μητρὶ μόνον γεγενῆσθαι, ἀλλὰ καὶ τῇ πατρίδι. Διαφέρει δὲ τί; ὅτι ὁ μὲν τοῖς γονεῦσι μόνον γεγενῆσθαι νομίζων, τὸν τῆς εἱμαρμένης καὶ τὸν αὐτόματον θάνατον περιμένει· ὁ δὲ καὶ τῇ πατρίδι, ὑπὲρ τοῦ μὴ ταύτην ἐπιδεῖν δουλεύουσαν ἀποθνῄσκειν ἐθελήσει, καὶ φοβερωτέρας ἡγήσεται τὰς ὕβρεις καὶ τὰς ἀτιμίας, ἃς ἐν δουλευούσῃ τῇ πόλει φέρειν ἀνάγκη, τοῦ θανάτου.

206 Εἰ μὲν τοίνυν τοῦτ' ἐπεχείρουν λέγειν, ὡς ἐγὼ προήγαγον ὑμᾶς ἄξια τῶν προγόνων φρονεῖν, οὐκ ἔσθ' ὅστις οὐκ ἂν εἰκότως ἐπιτιμήσειέ μοι. Νῦν δ' ἐγὼ μὲν ὑμετέρας τὰς τοιαύτας προαιρέσεις ἀποφαίνω, καὶ δεικνύμ' ὅτι καὶ πρὸ ἐμοῦ τοῦτ' εἶχεν τὸ φρόνημ' ἡ πόλις· τῆς μέντοι διακονίας τῆς ἐφ' ἑκάστοις τῶν πεπραγμένων καὶ

71. Bien que le développement tienne du lieu commun, Démosthène riposte peut-être ici à la péroraison d'Eschine (*Ctés.*, 259).

72. Hérodote (IX, 4-5) place le même épisode au moment de la

cessé un instant de s'exposer aux dangers en luttant pour le premier rang, pour l'honneur et pour la gloire. **204** Vous jugez cette conduite si noble et si conforme à votre caractère que vous louez principalement ceux de vos ancêtres qui ont agi ainsi. Et vous avez raison. Qui en effet n'admirerait pas le courage de ces hommes, qui ont accepté d'abandonner leur pays et leur ville et de monter sur leurs trières pour ne pas obéir à des ordres, qui ont élu pour stratège Thémistocle[71] qui leur avait donné ce conseil, et ont lapidé Kyrsilos[72] qui avait exprimé l'avis d'obéir à la sommation (et non pas lui seul, car sa femme fut lapidée par vos femmes)? **205** Les Athéniens d'alors ne cherchaient pas d'orateur ni de stratège qui leur procurât une servitude heureuse ; ils ne se jugeaient même pas dignes de vivre s'il ne leur était pas permis de le faire en pleine liberté. Chacun d'eux pensait qu'il n'était pas né seulement pour son père et pour sa mère, mais pour sa patrie. Quelle est la différence ? Celui qui croit n'être né que pour ses parents, attend la mort fixée par le destin et qui vient du hasard ; celui qui se juge né aussi pour sa patrie, pour ne pas la voir esclave, acceptera de mourir et estimera les outrages et le déshonneur que l'on est contraint de supporter dans un pays asservi, plus redoutables que la mort.

206 Si j'essayais de dire que c'est moi qui vous ai poussés à des sentiments dignes de vos ancêtres, il n'est personne qui n'aurait raison de me blâmer. Mais, en fait, moi, je prouve que de telles résolutions vous appartiennent bien, et je montre qu'avant moi déjà notre pays avait ces sentiments ; cependant, je dis que j'ai eu aussi une part dans l'exécution de chacun des actes accomplis.

seconde invasion de l'Attique (ce qui semble plus probable) ; en outre, il nomme le personnage Lykidès et en fait un membre du Conseil. Lycurgue (*C. Léocr.*, 122) semble suivre, en gros, la version d'Hérodote, mais ne donne pas de nom.

ἐμαυτῷ μετεῖναί φημι· | 207 οὗτος δὲ τῶν ὅλων κατηγορῶν καὶ κελεύων ὑμᾶς ἐμοὶ πικρῶς ἔχειν ὡς φόβων καὶ κινδύνων αἰτίῳ τῇ πόλει, τῆς μὲν εἰς τὸ παρὸν τιμῆς ἔμ' ἀποστερῆσαι γλίχεται, τὰ δ' εἰς ἅπαντα τὸν λοιπὸν χρόνον ἐγκώμι' ὑμῶν ἀφαιρεῖται. Εἰ γὰρ ὡς οὐ τὰ βέλτιστ' ἐμοῦ πολιτευσάμενου τουδὶ καταψηφιεῖσθε, ἡμαρτηκέναι δόξετε, οὐ τῇ τῆς τύχης ἀγνωμοσύνῃ τὰ συμβάντα παθεῖν. 208 Ἀλλ' οὐκ ἔστιν, οὐκ ἔστιν ὅπως ἡμάρτετ', ἄνδρες Ἀθηναῖοι, τὸν ὑπὲρ τῆς ἁπάντων ἐλευθερίας καὶ σωτηρίας κίνδυνον ἀράμενοι, μὰ τοὺς Μαραθῶνι προκινδυνεύσαντας τῶν προγόνων καὶ τοὺς ἐν Πλαταιαῖς παραταξαμένους καὶ τοὺς ἐν Σαλαμῖνι ναυμαχήσαντας καὶ τοὺς ἐπ' Ἀρτεμισίῳ, καὶ πολλοὺς ἑτέρους τοὺς ἐν τοῖς δημοσίοις μνήμασι κειμένους ἀγαθοὺς ἄνδρας, οὓς ἅπαντας ὁμοίως ἡ πόλις τῆς αὐτῆς ἀξιώσασα τιμῆς ἔθαψεν, Αἰσχίνη, οὐχὶ τοὺς κατορθώσαντας αὐτῶν οὐδὲ τοὺς κρατήσαντας μόνους. Δικαίως· Ὃ μὲν γὰρ ἦν ἀνδρῶν ἀγαθῶν ἔργον, ἅπασιν πέπρακται· τῇ τύχῃ δ', ἣν ὁ δαίμων ἔνειμεν ἑκάστοις, ταύτῃ κέχρηνται.

209 Ἔπειτ', ὦ κατάρατε καὶ γραμματοκύφων, σὺ μὲν τῆς παρὰ τουτωνὶ τιμῆς καὶ φιλανθρωπίας ἔμ' ἀποστερῆσαι βουλόμενος τρόπαια καὶ μάχας καὶ παλαί' ἔργ' ἔλεγες· ὧν τίνος προσεδεῖθ' ὁ παρὼν ἀγὼν οὑτοσί ; Ἐμὲ δ', ὦ τριταγωνιστά, τὸν περὶ τῶν πρωτείων σύμβουλον τῇ πόλει παριόντα, τὸ τίνος φρόνημα λαβόντ' ἀναβαίνειν ἐπὶ τὸ βῆμ' ἔδει ; Τὸ τοῦ τούτων ἀνάξι' ἐροῦντος ; Δικαίως μέντ' ἂν ἀπέθανον. | 210 Ἐπεὶ γ' οὐδ' ὑμᾶς, ἄνδρες Ἀθηναῖοι, ἀπὸ τῆς αὐτῆς διανοίας δεῖ τάς τ' ἰδίας δίκας καὶ τὰς δημοσίας κρίνειν, ἀλλὰ τὰ μὲν τοῦ καθ' ἡμέραν βίου συμβόλαια ἐπὶ τῶν ἰδίων νόμων καὶ ἔργων σκοποῦντας· τὰς δὲ κοινὰς προαιρέσεις εἰς τὰ τῶν προγόνων ἀξιώματ' ἀποβλέ-

207 Mais Eschine, qui accuse l'ensemble de la politique et qui vous demande d'être sévères contre moi en me tenant pour responsable des craintes et des dangers de notre pays, s'il vise à me priver d'un honneur pour le présent, vous soustrait, à vous, des éloges pour tout l'avenir. Si en effet, jugeant que ma politique n'a pas été la meilleure, vous vous prononcez contre Ctésiphon, vous paraîtrez avoir commis une erreur, et non pas avoir subi les effets de l'aveuglement de la fortune. **208** Mais il est impossible, oui, impossible que vous ayez commis une erreur, Athéniens, en prenant sur vos épaules le danger pour la liberté et le salut de tous ; non, par ceux de nos ancêtres qui, les premiers, se sont exposés au péril à Marathon, par ceux qui se sont alignés à Platées, par ceux qui ont combattu sur mer à Salamine et à l'Artémision, par beaucoup d'autres braves couchés dans les monuments publics, que tous également la cité a jugés dignes du même honneur et a ensevelis, Eschine (et non pas seulement ceux qui avaient réussi ou avaient remporté l'avantage). C'était justice ; car le devoir des braves, tous l'ont fait ; quant au sort, ils ont eu chacun celui que la divinité leur a attribué.

209 Et alors, maudite machine à écrire, dans ton désir de me priver des honneurs et de la bienveillance des citoyens que voici, tu parlais de trophées, de batailles, d'exploits anciens ; qu'y a-t-il là qui fût nécessaire au présent débat ? Mais moi, ô acteur de troisième ordre, moi qui venais conseiller notre pays pour lui donner le premier rang, de qui devais-je prendre les sentiments pour monter à la tribune ? Ceux d'un homme qui va parler de façon indigne de ces exploits ? C'est bien en ce cas que j'aurais mérité la mort. **210** Car vous non plus, citoyens d'Athènes, vous ne devez pas avoir le même état d'esprit pour juger les causes privées et les causes publiques : pour les contrats de la vie quotidienne, il faut regarder les lois et les actes particuliers ; mais pour les décisions publiques, c'est le prestige de

ποντας· καὶ παραλαμβάνειν γ' ἅμα τῇ βακτηρίᾳ καὶ τῷ συμβόλῳ τὸ φρόνημα τὸ τῆς πόλεως νομίζειν ἕκαστον ὑμῶν δεῖ, ὅταν τὰ δημόσι' εἰσίητε κρινοῦντες, εἴπερ ἄξι' ἐκείνων πράττειν οἴεσθε χρῆναι.

211 'Αλλὰ γὰρ ἐμπεσὼν εἰς τὰ πεπραγμένα τοῖς προγόνοις ὑμῶν ἔστιν ἃ τῶν ψηφισμάτων παρέβην καὶ τῶν πραχθέντων. 'Επανελθεῖν οὖν ὁπόθεν ἐνταῦθ' ἐξέβην βούλομαι.

'Ως γὰρ ἀφικόμεθ' εἰς τὰς Θήβας, κατελαμβάνομεν Φιλίππου καὶ Θετταλῶν καὶ τῶν ἄλλων συμμάχων παρόντας πρέσβεις, καὶ τοὺς μὲν ἡμετέρους φίλους ἐν φόβῳ, τοὺς δ' ἐκείνου θρασεῖς. "Οτι δ' οὐ νῦν ταῦτα λέγω τοῦ συμφέροντος εἵνεκ' ἐμαυτῷ, λέγε μοι τὴν ἐπιστολὴν ἣν τότ' ἐπέμψαμεν εὐθὺς οἱ πρέσβεις. 212 Καίτοι τοσαύτῃ γ' ὑπερβολῇ συκοφαντίας οὗτος κέχρηται ὥστ', εἰ μέν τι τῶν δεόντων ἐπράχθη, τὸν καιρόν, οὐκ ἐμέ φησιν αἴτιον γεγενῆσθαι, τῶν δ' ὡς ἑτέρως συμβάντων ἁπάντων ἐμὲ καὶ τὴν ἐμὴν τύχην αἰτίαν εἶναι· καί, ὡς ἔοικεν, ὁ σύμβουλος καὶ ῥήτωρ ἐγὼ τῶν μὲν ἐκ λόγου καὶ τοῦ βουλεύσασθαι πραχθέντων οὐδὲν αὐτῷ συναίτιος εἶναι δοκῶ, τῶν δ' ἐν τοῖς ὅπλοις καὶ κατὰ τὴν στρατηγίαν ἀτυχηθέντων μόνος αἴτιος εἶναι. Πῶς ἂν ὠμότερος συκοφάντης γένοιτ' ἢ καταρατότερος ; Λέγε τὴν ἐπιστολήν. |

'Επιστολή

213 'Επειδὴ τοίνυν ἐποιήσαντο τὴν ἐκκλησίαν, προσῆγον ἐκείνους προτέρους διὰ τὸ τὴν τῶν συμμάχων τάξιν

nos ancêtres qu'il faut considérer. Chacun de vous doit penser qu'il reçoit, quand vous entrez pour juger un procès public, avec son bâton[73] et son jeton de juge, l'honneur national, si du moins vous croyez qu'il faut agir de façon digne de vos ancêtres.

211 Mais, en me laissant entraîner à parler de ce qu'ont fait vos ancêtres, il y a des décrets et des actes que j'ai omis ; je veux donc revenir au point d'où j'étais parti.

À notre arrivée à Thèbes, nous trouvions là des ambassadeurs de Philippe, des Thessaliens et de ses autres alliés, et aussi la crainte chez nos amis et l'audace chez ceux de Philippe. Pour montrer que ce n'est pas maintenant seulement et par intérêt personnel que je dis cela, lis-moi la lettre que, nous, les ambassadeurs, nous avons aussitôt envoyée. **212** Et pourtant cet individu pousse à un tel excès les procédés de sycophante que, si l'on a fait quelque chose d'opportun, ce sont les circonstances, non pas moi, qui, prétend-il, en ont été la cause ; mais, pour tout ce qui a tourné autrement, c'est moi et ma fortune qui en sommes cause. Et, paraît-il, moi, l'orateur et le conseiller, je n'ai joué, à son avis, aucun rôle dans ce qui s'est fait par des discours et des délibérations, mais je suis seul cause des malheurs arrivés à l'armée et dans les opérations stratégiques Pourrait-il y avoir sycophante plus féroce ou plus digne de malédictions ? *(Au greffier.)* Lis la lettre.

LETTRE

213 Quand les Thébains eurent réuni leur assemblée, on introduisit en premier lieu les ambassadeurs de nos adversaires, parce qu'ils avaient rang d'alliés. Ils montè-

73. Le bâton (de couleur variée) indiquait le tribunal auquel le sort avait affecté le juge ; le jeton *(sumbolon)* était remis à celui-ci lors de son entrée au tribunal ; cf. Aristote, *Const. d'Ath.*, 65.

ἐκείνους ἔχειν. Καὶ παρελθόντες ἐδημηγόρουν πολλὰ μὲν Φίλιππον ἐγκωμιάζοντες, πολλὰ δ' ὑμῶν κατηγοροῦντες, πάνθ' ὅσα πώποτ' ἐναντί' ἐπράξατε Θηβαίοις ἀναμιμνῄσκοντες. Τὸ δ' οὖν κεφάλαιον, ἠξίουν ὧν μὲν εὖ 'πεπόνθεσαν ὑπὸ Φιλίππου, χάριν αὐτοὺς ἀποδοῦναι, ὧν δ' ὑφ' ὑμῶν ἠδίκηντο, δίκην λαβεῖν ὁποτέρως βούλονται, ἢ διέντας αὐτοὺς ἐφ' ὑμᾶς ἢ συνεμβαλόντας εἰς τὴν 'Αττικήν. Καὶ ἐδείκνυσαν, ὡς ᾤοντο, ἐκ μὲν ὧν αὐτοὶ συνεβούλευον τὰ ἐκ τῆς 'Αττικῆς βοσκήματα καὶ ἀνδράποδα καὶ τἄλλ' ἀγάθ' εἰς τὴν Βοιωτίαν ἥξοντα, ἐκ δ' ὧν ἡμᾶς ἐρεῖν ἔφασαν τἀν τῇ Βοιωτίᾳ διαρπασθησόμεν' ὑπὸ τοῦ πολέμου. Καὶ ἄλλα πολλὰ πρὸς τούτοις, εἰς ταὐτὰ δὲ πάντα συντείνοντ' ἔλεγον. 214 Ἃ δ' ἡμεῖς πρὸς ταῦτα, τὰ μὲν καθ' ἕκαστ' ἐγὼ μὲν ἀντὶ παντὸς ἂν τιμησαίμην εἰπεῖν τοῦ βίου· ὑμᾶς δὲ δέδοικα μή, παρεληλυθότων τῶν καιρῶν, ὥσπερ ἂν εἰ καὶ κατακλυσμὸν γεγενῆσθαι τῶν πραγμάτων ἡγούμενοι, μάταιον ὄχλον τοὺς περὶ τούτων λόγους νομίσητε. Ὅ τι δ' οὖν ἐπείσαμεν ἡμεῖς καὶ ἡμῖν ἀπεκρίναντο, ἀκούσατε. Λέγε ταυτὶ λαβών.

'Απόκρισις Θηβαίων

215 Μετὰ ταῦτα τοίνυν ἐκάλουν ὑμᾶς καὶ μετεπέμποντο. 'Εξῄτε, ἐβοηθεῖτε. Ἵνα τἀν μέσῳ παραλείπω, οὕτως οἰκείως ὑμᾶς ἐδέχοντο ὥστ' ἔξω τῶν ὁπλιτῶν καὶ τῶν ἱππέων ὄντων εἰς τὰς οἰκίας καὶ τὸ ἄστυ | δέχεσθαι τὴν στρατιὰν ἐπὶ παῖδας καὶ γυναῖκας καὶ τὰ τιμιώτατα. Καίτοι τρί' ἐν ἐκείνῃ τῇ ἡμέρᾳ πᾶσιν ἀνθρώποις ἔδειξαν ἐγκώμια Θηβαῖοι καθ' ὑμῶν τὰ κάλλιστα, ἓν μὲν ἀνδρίας, ἕτερον δὲ δικαιοσύνης, τρίτον δὲ σωφροσύνης. Καὶ γὰρ τὸν ἀγῶνα μεθ' ὑμῶν μᾶλλον ἢ πρὸς ὑμᾶς ἑλόμενοι ποιήσασθαι

rent à la tribune et, dans leurs discours, firent un long éloge de Philippe, un long réquisitoire contre vous, en rappelant tout ce que vous aviez jamais fait de contraire aux Thébains. En résumé, ils demandaient aux Thébains de payer les bienfaits qu'ils avaient reçus de Philippe et de se venger des injustices commises par vous, à leur gré, soit en laissant passer vos adversaires marchant contre vous, soit en participant à l'invasion de l'Attique ; et ils montraient que (à ce qu'ils croyaient), par leurs conseils, les troupeaux, les esclaves et les autres biens de l'Attique passeraient en Béotie, tandis que les discours qu'ils nous attribuaient d'avance, feraient ravager par la guerre ce qui se trouvait en Béotie. Ils ajoutaient encore à cela bien d'autres choses, toutes d'ailleurs tendant au même but. **214** Notre riposte, je donnerais volontiers ma vie entière pour la redire ; mais je crains que, les circonstances étant passées, vous ne pensiez que les événements ont disparu comme dans un déluge et que vous ne jugiez vains et ennuyeux les discours qui s'y rapportent. En tout cas, écoutez ce dont nous avons persuadé les Thébains et ce qu'ils ont répondu. Prends ceci et lis.

RÉPONSE DES THÉBAINS

215 Après cela, les Thébains vous ont appelés, vous ont fait venir. Vous êtes sortis d'Attique, vous êtes allés les secourir. Pour laisser de côté les faits intermédiaires, ils vous ont accueillis en parents au point que, leurs hoplites et leurs cavaliers se trouvant hors de Thèbes, ils ont reçu notre armée dans leurs maisons et dans leur ville près de leurs enfants, de leurs femmes et de ce qu'ils avaient de plus cher. Ce jour-là, les Thébains ont fait connaître au monde trois éloges qu'ils vous accordaient, les plus beaux de tous : un pour votre courage, un pour votre justice, un pour votre vertu. Car, en choisissant d'engager la lutte à vos côtés plutôt que contre

καὶ ἀμείνους εἶναι καὶ δικαιότερ' ἀξιοῦν ὑμᾶς ἔκριναν Φιλίππου· καὶ τὰ παρ' αὐτοῖς καὶ παρὰ πᾶσι δ' ἐν πλείστῃ φυλακῇ, παῖδας καὶ γυναῖκας, ἐφ' ὑμῖν ποιήσαντες σωφροσύνης πίστιν περὶ ὑμῶν ἔχοντες ἔδειξαν. 216 'Εν οἷς πᾶσιν, ἄνδρες 'Αθηναῖοι, κατά γ' ὑμᾶς ὀρθῶς ἐφάνησαν ἐγνωκότες. Οὔτε γὰρ εἰς τὴν πόλιν εἰσελθόντος τοῦ στρατοπέδου οὐδεὶς οὐδὲν οὐδ' ἀδίκως ὑμῖν ἐνεκάλεσεν· οὕτω σώφρονας παρέσχεθ' ὑμᾶς αὐτούς, δίς τε συμπαραταξάμενοι τὰς πρώτας μάχας, τήν τ' ἐπὶ τοῦ ποταμοῦ καὶ τὴν χειμερινήν, οὐκ ἀμέμπτους μόνον ὑμᾶς αὐτούς, ἀλλὰ καὶ θαυμαστοὺς ἐδείξατε τῷ κόσμῳ, ταῖς παρασκευαῖς, τῇ προθυμίᾳ. 'Εφ' οἷς παρὰ μὲν τῶν ἄλλων ὑμῖν ἐγίγνοντ' ἔπαινοι, παρὰ δ' ὑμῶν θυσίαι καὶ πομπαὶ τοῖς θεοῖς. 217 Καὶ ἔγωγ' ἡδέως ἂν ἐροίμην Αἰσχίνην, ὅτε ταῦτ' ἐπράττετο, καὶ ζήλου καὶ χαρᾶς καὶ ἐπαίνων ἡ πόλις ἦν μεστή, πότερον συνέθυε καὶ συνευφραίνετο τοῖς πολλοῖς, ἢ λυπούμενος καὶ στένων καὶ δυσμεναίνων τοῖς κοινοῖς ἀγαθοῖς οἴκοι καθῆτο. Εἰ μὲν γὰρ παρῆν καὶ μετὰ τῶν ἄλλων ἐξητάζετο, πῶς οὐ δεινὰ ποιεῖ, μᾶλλον δ' οὐδ' ὅσια, εἰ ὧν ὡς ἀρίστων αὐτὸς τοὺς θεοὺς ἐποιήσατο μάρτυρας, ταῦθ' ὡς οὐκ ἄριστα νῦν ὑμᾶς ἀξιοῖ ψηφίσασθαι τοὺς ὀμωμοκότας τοὺς θεούς; | Εἰ δὲ μὴ παρῆν, πῶς οὐκ ἀπολωλέναι πολλάκις ἐστὶ δίκαιος, εἰ ἐφ' οἷς ἔχαιρον οἱ ἄλλοι, ταῦτ' ἐλυπεῖθ' ὁρῶν; Λέγε δὴ καὶ ταῦτα τὰ ψηφίσματά μοι.

vous, ils ont reconnu que vous étiez plus vaillants que Philippe et que vos prétentions étaient plus justes ; en vous remettant ce que chez eux, et partout d'ailleurs, on garde le mieux, leurs enfants et leurs femmes, ils ont montré qu'ils avaient confiance en votre vertu. **216**. En tout cela, Athéniens, il a été clair qu'ils avaient vu juste, du moins[74] en ce qui vous concerne. Car, une fois que l'armée fut entrée dans la ville, personne ne vous adressa jamais un reproche, même injustifié : si grande fut la vertu dont vous fîtes preuve ! Et, vous étant rangés deux fois à leurs côtés dans les premières batailles[75], celle du fleuve et la bataille d'hiver, vous vous êtes montrés, non seulement irréprochables, mais extraordinaires par votre ordre, par votre préparation, par votre ardeur. C'est ce qui provoqua chez les autres des éloges pour vous, chez vous des sacrifices et des processions pour les dieux. **217** Quant à moi, je demanderais volontiers à Eschine si, au moment où cela se passait et où la cité était remplie d'émulation, de joie et d'éloges, il s'associait aux sacrifices et à la satisfaction de la majorité, ou s'il restait chez lui, chagriné, gémissant, irrité du bonheur public. S'il était présent et se faisait remarquer au milieu des autres, n'agit-il pas maintenant de façon scandaleuse, ou plutôt sacrilège, quand, ayant pris lui-même les dieux à témoin de l'excellence de ces actes, il prétend vous faire voter qu'ils n'étaient pas excellents, à vous qui avez juré par les dieux ? S'il n'était pas présent, ne mérite-t-il pas mille fois la mort, puisqu'il souffrait de voir ce qui causait la joie des autres ? *(Au greffier.)* Lis-moi aussi ces décrets-là.

74. Restriction qui rejette sur l'action de la « fortune » *(tukhê)* la cause de l'échec final.

75. Engagements partiels, livrés pendant l'hiver 339/338, sans doute dans la haute vallée du Céphise béotien.

Ψηφίσματα θυσιῶν

218 Οὐκοῦν ἡμεῖς μὲν ἐν θυσίαις ἦμεν τότε, Θηβαῖοι δ' ἐν τῷ δι' ἡμᾶς σεσῶσθαι νομίζειν· καὶ περιειστήκει τοῖς βοηθείας δεήσεσθαι δοκοῦσιν ἀφ' ὧν ἔπραττον οὗτοι, αὐτοὺς βοηθεῖν ἑτέροις ἐξ ὧν ἐπείσθητ' ἐμοί. Ἀλλὰ μὴν οἵας τότ' ἀφίει φωνὰς ὁ Φίλιππος καὶ ἐν οἵαις ἦν ταραχαῖς ἐπὶ τούτοις, ἐκ τῶν ἐπιστολῶν τῶν ἐκείνου μαθήσεσθε ὧν εἰς Πελοπόννησον ἔπεμπεν. Καί μοι λέγε ταύτας λαβών, ἵν' εἰδῆτε ἡ ἐμὴ συνέχεια καὶ πλάνοι καὶ ταλαιπωρίαι καὶ τὰ πολλὰ ψηφίσματα ἃ νῦν οὗτος διέσυρε, τί ἀπειργάσατο.

219 Καίτοι πολλοὶ παρ' ὑμῖν, ἄνδρες Ἀθηναῖοι, γεγόνασι ῥήτορες ἔνδοξοι καὶ μεγάλοι πρὸ ἐμοῦ, Καλλίστρατος ἐκεῖνος, Ἀριστοφῶν, Κέφαλος, Θρασύβουλος, ἕτεροι μυρίοι· ἀλλ' ὅμως οὐδεὶς πώποτε τούτων διὰ παντὸς ἔδωκεν ἑαυτὸν εἰς οὐδὲν τῇ πόλει, ἀλλ' ὁ μὲν γράφων οὐκ ἂν ἐπρέσβευσεν, ὁ δὲ πρεσβεύων οὐκ ἂν ἔγραψεν. Ὑπέλειπε γὰρ αὐτῶν ἕκαστος ἑαυτῷ ἅμα μὲν ῥᾳστώνην, ἅμα δ' εἴ τι γένοιτ' ἀναφοράν. 220 « Τί οὖν; εἴποι τις ἄν, σὺ τοσοῦτον ὑπερῆρας ῥώμῃ καὶ τόλμῃ ὥστε πάντα ποιεῖν αὐτός; » Οὐ ταῦτα λέγω, ἀλλ' οὕτως ἐπεπείσμην μέγαν εἶναι τὸν κατειληφότα κίνδυνον τὴν πόλιν ὥστ' οὐκ ἐδόκει μοι χώραν οὐδὲ πρόνοιαν οὐδεμίαν τῆς ἰδίας ἀσφαλείας διδόναι, ἀλλ' ἀγαπητὸν εἶναι εἰ μηδὲν παραλείπων τις ἃ δεῖ πράξειεν. | 221 Ἐπεπείσμην δ' ὑπὲρ ἐμαυτοῦ, τυχὸν

DÉCRETS SUR LES SACRIFICES

218 Ainsi donc nous, nous faisions alors des sacrifices, tandis que les Thébains se jugeaient redevables envers nous de leur salut ; la situation avait tourné pour les gens qui, par l'effet des actes de ces individus, semblaient avoir bientôt besoin de secours, en sorte qu'eux-mêmes portaient secours à d'autres, grâce au fait que par moi vous vous étiez laissés persuader. Mais d'ailleurs quel ton prenait alors Philippe et en quel désarroi il était à la suite de cela, vous allez l'apprendre par les lettres qu'il envoyait dans le Péloponnèse. *(Au greffier.)* Prends-les et lis-les, afin que vous sachiez, pour ma persévérance, mes voyages en tous sens, mes fatigues et mes nombreux décrets dont Eschine se moquait tout à l'heure, quels en ont été les effets.

219 Cependant, il y a eu chez vous, avant moi, Athéniens, bien des orateurs célèbres et importants, l'illustre Callistratos, Aristophon, Képhalos, Thrasybule, mille autres ; néanmoins jamais aucun d'eux ne s'est pour aucune tâche consacré sans interruption à l'État ; l'un rédigeait des décrets, mais n'allait pas en ambassade ; un autre allait en ambassade, mais ne rédigeait pas de décrets. Chacun s'accordait quelque repos et, en cas d'incident, quelque échappatoire. **220** « Eh bien ? me dirait quelqu'un, l'emportes-tu, toi, tellement en force et en audace que tu peux tout faire à toi seul ? » Ce n'est pas ce que je dis ; mais j'étais si convaincu de la grandeur du danger qui avait surpris notre pays que, me semblait-il, il ne me laissait nulle place ni nul souci pour ma sécurité personnelle, et qu'on devait être bien content si quelqu'un ne laissait rien échapper et faisait ce qu'il fallait. **221** À mon propre sujet, j'étais convaincu[76], peut-

76. Démosthène répond au reproche d'« oligarchie » qu'Eschine lui a adressé à plusieurs reprises (*Ctés.*, 72, 142-146, 170 et suiv., 220, 250-251) et que d'autres lui adressaient (cf. Plut., *Dém.*, 14, 3).

μὲν ἀναισθητῶν, ὅμως δ' ἐπεπείσμην, μήτε γράφοντ' ἂν ἐμοῦ γράψαι [βέλτιον] μηδένα μήτε πράττοντα πρᾶξαι μήτε πρεσβεύοντα πρεσβεῦσαι προθυμότερον μηδὲ δικαιότερον. Διὰ ταῦτ' ἐν ἅπασιν ἐμαυτὸν ἔταττον. Λέγε τὰς ἐπιστολὰς τὰς τοῦ Φιλίππου.

'Επιστολαί

222 Εἰς ταῦτα κατέστησε Φίλιππον ἡ ἐμὴ πολιτεία, Αἰσχίνη· ταύτην τὴν φωνὴν ἐκεῖνος ἀφῆκε, πολλοὺς καὶ θρασεῖς τὰ πρὸ τούτων τῇ πόλει λόγους ἐπαιρόμενος. 'Ανθ' ὧν δικαίως ἐστεφανούμην ὑπὸ τουτωνί, καὶ σὺ παρὼν οὐκ ἀντέλεγες, ὁ δὲ γραψάμενος Διώνδας τὸ μέρος τῶν ψήφων οὐκ ἔλαβεν. Καί μοι λέγε ταῦτα τὰ ψηφίσματα τὰ ἀποπεφευγότα, ὑπὸ τούτου δ' οὐδὲ γραφέντα.

Ψηφίσματα

223 Ταυτὶ τὰ ψηφίσματ', ἄνδρες 'Αθηναῖοι, τὰς αὐτὰς συλλαβὰς καὶ ταὐτὰ ῥήματ' ἔχει, ἅπερ πρότερον μὲν 'Αριστόνικος, νῦν δὲ Κτησιφῶν γέγραφεν οὑτοσί. Καὶ ταῦτ' Αἰσχίνης οὔτ' ἐδίωξεν αὐτὸς οὔτε τῷ γραψαμένῳ συγκατηγόρησεν. Καίτοι τότε τὸν Δημομέλη τὸν ταῦτα γράφοντα καὶ τὸν 'Υπερείδην, εἴπερ ἀληθῆ μου νῦν κατηγορεῖ, μᾶλλον ἂν εἰκότως ἢ τόνδ' ἐδίωκεν. 224 Διὰ τί; "Οτι τῷδε μὲν ἔστ' ἀνενεγκεῖν ἐπ' ἐκείνους καὶ τὰς τῶν δικαστηρίων γνώσεις καὶ τὸ τοῦτον αὐτὸν ἐκείνων μὴ κατηγορηκέναι | ταὐτὰ γραψάντων ἅπερ οὗτος νυνί, καὶ τὸ τοὺς νόμους μηκέτ' ἐᾶν περὶ τῶν οὕτω πραχθέντων κατη-

être sottement, mais convaincu malgré tout, qu'aucun auteur de proposition, qu'aucun homme d'action, qu'aucun ambassadeur ne pouvait rédiger, agir, négocier avec plus d'activité et de justice que moi. C'est pourquoi je me plaçais moi-même à tous les postes. Lis les lettres de Philippe.

LETTRES

222 Voilà donc la situation où ma politique avait mis Philippe, Eschine ; voilà le ton qu'il prenait, quand auparavant il brandissait contre notre pays bien des discours audacieux. Pour cela, il était juste que les citoyens ici présents me décernassent une couronne ; et toi, qui étais là, tu ne t'y opposais pas, alors que Diondas qui porta plainte, n'obtint pas le minimum légal des voix. *(Au greffier.)* Lis-moi ces décrets qui ont été acquittés et n'avaient même pas provoqué une plainte de cet individu.

DÉCRETS

223 Ces décrets, Athéniens, comprennent les mêmes mots et les mêmes termes que ceux qu'auparavant Aristonicos avait proposés et que celui que, dans le cas présent, a proposé Ctésiphon qui est devant vous. Ceux-là, Eschine ne les a pas attaqués lui-même et il ne s'est pas associé comme accusateur à qui s'en plaignait. Et pourtant, pour poursuivre en ce temps-là Démomélès, l'auteur de cette proposition, et Hypéride, si du moins son accusation actuelle contre moi est véridique, il aurait eu plus de raisons que pour accuser l'homme que voici. **224** Pourquoi ? C'est que l'homme ici présent peut s'en référer à ceux-là, aux décisions judiciaires, au fait qu'Eschine lui-même n'a pas accusé ces gens-là qui avaient proposé la même chose que lui aujourd'hui, au fait que les lois interdisent d'accuser une fois de plus sur

γορεῖν, καὶ πόλλ' ἕτερα· τότε δ' αὐτὸ τὸ πρᾶγμ' ἂν ἐκρίνετ' ἐφ' αὑτοῦ, πρίν τι τούτων προλαβεῖν. 225 Ἀλλ' οὐκ ἦν, οἶμαι, τόθ' ὃ νυνὶ ποιεῖν, ἐκ παλαιῶν χρόνων καὶ ψηφισμάτων πολλῶν ἐκλέξαντα, ἃ μήτε προῄδει μηδεὶς μήτ' ἂν ᾠήθη τήμερον ῥηθῆναι, διαβάλλειν, καὶ μετενεγκόντα τοὺς χρόνους καὶ προφάσεις ἀντὶ τῶν ἀληθῶν ψευδεῖς μεταθέντα τοῖς πεπραγμένοις δοκεῖν τι λέγειν. 226 Οὐκ ἦν τότε ταῦτα, ἀλλ' ἐπὶ τῆς ἀληθείας, ἐγγὺς τῶν ἔργων, ἔτι μεμνημένων ὑμῶν καὶ μόνον οὐκ ἐν ταῖς χερσὶν ἕκαστ' ἐχόντων, πάντες ἐγίγνοντ' ἂν οἱ λόγοι. Διόπερ τοὺς παρ' αὐτὰ τὰ πράγματ' ἐλέγχους φυγὼν νῦν ἥκει, ῥητόρων ἀγῶνα νομίζων, ὥς γ' ἐμοὶ δοκεῖ, καὶ οὐχὶ τῶν πεπολιτευμένων ἐξέτασιν ποιήσειν ὑμᾶς, καὶ λόγου κρίσιν, οὐχὶ τοῦ τῇ πόλει συμφέροντος ἔσεσθαι.

227 Εἶτα σοφίζεται καὶ φησι προσήκειν ἧς μὲν οἴκοθεν ἥκετ' ἔχοντες δόξης περὶ ἡμῶν ἀμελῆσαι, ὥσπερ δ', ὅταν οἰόμενοι περιεῖναι χρήματά τῳ λογίζησθε, ἂν καθαίρωσιν αἱ ψῆφοι καὶ μηδὲν περιῇ, συγχωρεῖτε, οὕτω καὶ νῦν τοῖς ἐκ τοῦ λόγου φαινομένοις προσθέσθαι. Θεάσασθε τοίνυν ὡς σαθρόν, ὡς ἔοικεν, ἐστὶ φύσει πᾶν ὅ τι ἂν μὴ δικαίως ᾖ πεπραγμένον. 228 Ἐκ γὰρ αὐτοῦ τοῦ σοφοῦ τούτου παραδείγματος ὡμολόγηκε νῦν γ' ἡμᾶς ὑπάρχειν ἐγνωσμένους ἐμὲ μὲν λέγειν ὑπὲρ τῆς πατρίδος, αὐτὸν δ' ὑπὲρ Φιλίππου· οὐ γὰρ ἂν μεταπείθειν ὑμᾶς ἐζήτει | μὴ τοιαύτης οὔσης τῆς ὑπαρχούσης ὑπολήψεως περὶ ἑκατέρου. 229 Καὶ

77. L'argumentation de Démosthène s'appuie sur le fait qu'il s'agit d'événements vieux de huit ans au moment où se déroule le

des faits de cet ordre, et à bien d'autres arguments. Autrefois au contraire, l'affaire aurait été jugée pour elle-même, sans avoir bénéficié d'aucun de ces précédents. **225** Mais alors il était impossible, j'imagine, de choisir pour calomnier, comme il le fait maintenant, entre beaucoup de dates anciennes et de vieux décrets ce dont nul ne prévoyait ou ne pouvait croire qu'on parlât aujourd'hui ; de bouleverser la chronologie et de substituer pour les événements de faux motifs aux vrais afin de sembler dire quelque chose. **226** C'était alors impossible : c'est en s'appuyant sur la vérité, à côté des événements mêmes, quand vous vous en souveniez encore et aviez chaque fait presque sous la main, que tous les discours auraient été prononcés. C'est pourquoi il a évité les démonstrations contemporaines des événements, et il vient maintenant en se figurant, à ce que je crois, que vous allez faire un concours d'orateurs au lieu d'une enquête sur des faits politiques et que le verdict portera sur les discours, non pas sur l'intérêt de l'État[77].

227 Puis il fait le sophiste : il convient, prétend-il, que vous ne teniez pas compte de l'opinion qu'en venant de chez vous, vous aviez sur nous ; quand vous calculez en vous figurant que quelqu'un retient un excédent, si les jetons apurent le compte et qu'il ne reste nul excédent, vous abandonnez votre opinion ; de même conviendrait-il que maintenant vous vous rendiez à l'évidence du raisonnement. Voyez combien est naturellement fragile, à ce qu'il semble, tout ce qui n'est pas fait selon la justice. **228** En effet, précisément avec cet habile exemple, il a avoué que maintenant du moins il est reconnu que nous parlons, moi pour notre patrie, lui pour Philippe ; car il ne chercherait pas à changer votre conviction si telle n'était pas déjà votre opinion établie

procès, et que les juges risquent de se prononcer sur la seule qualité du discours, en spectateurs en quelque sorte, plus que sur le fond, à savoir la justification de la politique de Démosthène à la veille de Chéronée.

μὴν ὅτι γ' οὐ δίκαια λέγει μεταθέσθαι ταύτην τὴν δόξαν ἀξιῶν ὑμᾶς, ἐγὼ διδάξω ῥᾳδίως, οὐ τιθεὶς ψήφους (οὐ γάρ ἐστιν ὁ τῶν πραγμάτων οὗτος λογισμός), ἀλλ' ἀναμιμνήσκων ἕκαστα ἐν βραχέσι, λογισταῖς ἅμα καὶ μάρτυσι τοῖς ἀκούουσιν ὑμῖν χρώμενος. Ἡ γὰρ ἐμὴ πολιτεία, ἧς οὗτος κατηγορεῖ, ἀντὶ μὲν τοῦ Θηβαίους μετὰ Φιλίππου συνεμβαλεῖν εἰς τὴν χώραν, ὃ πάντες ᾤοντο, μεθ' ἡμῶν παραταξαμένους ἐκεῖνον κωλύειν ἐποίησεν· 230 ἀντὶ δὲ τοῦ ἐν τῇ Ἀττικῇ τὸν πόλεμον εἶναι, ἑπτακόσια στάδι' ἀπὸ τῆς πόλεως ἐπὶ τοῖς Βοιωτῶν ὁρίοις γενέσθαι· ἀντὶ δὲ τοῦ τοὺς λῃστὰς ἡμᾶς φέρειν καὶ ἄγειν ἐκ τῆς Εὐβοίας, ἐν εἰρήνῃ τὴν Ἀττικὴν ἐκ θαλάττης εἶναι πάντα τὸν πόλεμον· ἀντὶ δὲ τοῦ τὸν Ἑλλήσποντον ἔχειν Φίλιππον λαβόντα Βυζάντιον, συμπολεμεῖν τοὺς Βυζαντίους μεθ' ἡμῶν πρὸς ἐκεῖνον. 231 Ἆρά σοι ψήφοις ὅμοιος ὁ τῶν ἔργων λογισμὸς φαίνεται; Ἢ δεῖν ἀντανελεῖν ταῦτα, ἀλλ' οὐχ ὅπως τὸν ἅπαντα χρόνον μνημονευθήσεται σκέψασθαι; Καὶ οὐκέτι προστίθημι ὅτι τῆς μὲν ὠμότητος, ἣν ἐν οἷς καθάπαξ τινῶν κύριος κατέστη Φίλιππος ἔστιν ἰδεῖν, ἑτέροις πειραθῆναι συνέβη· τῆς δὲ φιλανθρωπίας, ἣν τὰ λοιπὰ τῶν πραγμάτων ἐκεῖνος περιβαλλόμενος ἐπλάττετο, ὑμεῖς καλῶς ποιοῦντες τοὺς καρποὺς κεκόμισθε.

232 Ἀλλ' ἐῶ ταῦτα. Καὶ μὴν οὐδὲ τοῦτ' εἰπεῖν ὀκνήσω, ὅτι ὁ τὸν ῥήτορα βουλόμενος δικαίως ἐξετάζειν καὶ μὴ συκοφαντεῖν οὐκ ἂν οἷα σὺ νῦν ἔλεγες, τοιαῦτα κατηγόρει, |

78. Répondant à une comparaison d'Eschine (*Ctés.*, 29), Démosthène généralise l'insinuation faite par celui-ci, selon laquelle Démosthène aurait été, *à un certain moment*, partisan d'un accord avec Philippe ; en l'appliquant à toute sa politique, il montre facilement l'invraisemblance de l'imputation.

sur chacun de nous. **229** D'ailleurs, que son langage n'est pas conforme à la justice quand il demande que vous changiez cette opinion, je vais vous le montrer facilement, non pas en plaçant des jetons[78] (car ce n'est pas ainsi qu'on calcule les affaires), mais en vous rappelant chaque fait en peu de mots et en trouvant en vous qui m'écoutez à la fois des contrôleurs et des témoins. Car ma politique, que cet individu accuse, a fait que les Thébains au lieu d'accompagner Philippe dans l'invasion de notre pays, comme tout le monde le croyait, se sont rangés à vos côtés et l'ont arrêté ; **230** au lieu que la guerre se passât en Attique, elle s'est déroulée à sept cents stades de notre ville sur les frontières de Béotie ; au lieu que les corsaires nous pillent en partant de l'Eubée, pendant toute la guerre l'Attique a connu la paix du côté de la mer ; au lieu que Philippe fût maître de l'Hellespont par la prise de Byzance, les Byzantins ont combattu contre lui à nos côtés. **231** Le compte des faits te paraît-il semblable à un compte de jetons ? Ou bien faut-il faire table rase de cela, au lieu d'examiner les moyens d'en conserver le souvenir éternel ? Et je n'ajoute même plus que la cruauté que l'on peut voir là où d'un seul coup Philippe est devenu le maître, c'est à d'autres qu'il est arrivé d'en faire l'expérience, tandis que l'humanité dont il s'affublait hypocritement pour le développement de ses affaires, c'est vous (et vous avez bien fait) qui en avez récolté les fruits[79]. **232** Mais je laisse cela. Et d'ailleurs je n'hésiterai même pas à dire que qui voudrait examiner avec justice, sans faire le sycophante, ce qu'est l'orateur, ne lancerait pas une accusation comme la tienne d'il y a un instant, en imagi-

79. Philippe, vainqueur, fit en effet preuve de beaucoup de bienveillance à l'égard d'Athènes, alors que Thèbes dut accepter la présence d'une garnison macédonienne.

παραδείγματα πλάττων καὶ ῥήματα καὶ σχήματα μιμούμενος·
πάνυ γὰρ παρὰ τοῦτο (οὐχ ὁρᾷς;) γέγονεν τὰ τῶν Ἑλλή-
νων, εἰ τουτὶ τὸ ῥῆμα, ἀλλὰ μὴ τουτὶ διελέχθην ἐγώ, ἢ
δευρὶ τὴν χεῖρα, ἀλλὰ μὴ δευρὶ παρήνεγκα, ἀλλ' ἐπ' αὐτῶν
τῶν ἔργων ἂν ἐσκόπει τίνας εἶχεν ἀφορμὰς ἡ πόλις, 233
καὶ τίνας δυνάμεις, ὅτ' εἰς τὰ πράγματ' εἰσῄειν, καὶ τίνας
συνήγαγον αὐτῇ μετὰ ταῦτ' ἐπιστὰς ἐγώ, καὶ πῶς εἶχεν τὰ
τῶν ἐναντίων. Εἶτ', εἰ μὲν ἐλάττους ἐποίησα τὰς δυνάμεις,
παρ' ἐμοὶ τἀδίκημ' ἂν ἐδείκνυεν ὄν· εἰ δὲ πολλῷ μείζους,
οὐκ ἂν ἐσυκοφάντει. Ἐπειδὴ δὲ σὺ τοῦτο πέφευγας, ἐγὼ
ποιήσω· καὶ σκοπεῖτ' εἰ δικαίως χρήσομαι τῷ λόγῳ.

234 Δύναμιν μὲν τοίνυν εἶχεν ἡ πόλις τοὺς νησιώτας,
οὐχ ἅπαντας, ἀλλὰ τοὺς ἀσθενεστάτους· οὔτε γὰρ Χίος
οὔτε Ῥόδος οὔτε Κέρκυρα μεθ' ἡμῶν ἦν· χρημάτων δὲ σύν-
ταξιν εἰς πέντε καὶ τετταράκοντα τάλαντα καὶ ταῦτ' ἦν
προεξειλεγμένα· ὁπλίτην δ', ἱππέα, πλὴν τῶν οἰκείων,
οὐδένα. Ὃ δὲ πάντων καὶ φοβερώτατον καὶ μάλισθ' ὑπὲρ
τῶν ἐχθρῶν, οὗτοι παρεσκευάκεσαν τοὺς περιχώρους πάντας
ἔχθρας ἢ φιλίας ἐγγυτέρω, Μεγαρέας, Θηβαίους, Εὐβοέας.
235 Καὶ τὰ μὲν τῆς πόλεως οὕτως ὑπῆρχεν ἔχοντα, καὶ
οὐδεὶς ἂν ἔχοι παρὰ ταῦτ' εἰπεῖν ἄλλ' οὐδέν· τὰ δὲ τοῦ
Φιλίππου, πρὸς ὃν ἦν ἡμῖν ὁ ἀγών, σκέψασθε πῶς. Πρῶτον
μὲν ἦρχε τῶν ἀκολουθούντων αὐτὸς αὐτοκράτωρ, ὃ τῶν εἰς
τὸν πόλεμον μέγιστόν ἐστιν ἁπάντων· εἶθ' οὗτοι τὰ ὅπλα
εἶχον ἐν ταῖς χερσὶν ἀεί· ἔπειτα χρημάτων ηὐπόρει καὶ
ἔπραττεν ἃ δόξειεν αὐτῷ, | οὐ προλέγων ἐν τοῖς ψη-
φίσμασιν, οὐδ' ἐν τῷ φανερῷ βουλευόμενος, οὐδ ὑπὸ τῶν

nant des exemples, en parodiant[80] des expressions et des attitudes (c'est bien sûr à cela, ne le vois-tu pas ? que tenait le sort de la Grèce, que j'aie employé cette expression, et non pas cette autre, que j'aie allongé le bras par ici, et non pas par là) ; **233** en s'appuyant sur les faits eux-mêmes, il examinerait quelles ressources et quelles forces avait notre cité lorsque je suis arrivé aux affaires, ce que je lui ai apporté après cela par mon activité et quelle était la situation de nos adversaires. Puis, si j'ai affaibli nos forces, il montrerait que la faute vient de moi ; si je les ai considérablement accrues, il ne ferait pas le sycophante. Puisque tu t'es dérobé à cela, c'est moi qui le ferai. Voyez si la justice sera dans mon discours.

234 Comme forces, notre pays avait les habitants des îles, non pas tous, mais les plus faibles (ni Chios, ni Rhodes, ni Corcyre n'étaient avec nous) ; comme contributions en argent, environ quarante-cinq talents, et encore levés par anticipation ; comme hoplites, comme cavaliers, en dehors de nos contingents, personne. Et, chose la plus dangereuse, et la plus favorable à nos ennemis, ces gens-là avaient amené tous nos voisins, Mégariens, Thébains, Eubéens, à être plus près de la haine que de l'amitié. **235** Telle était donc la situation initiale de notre pays, et personne ne pourrait rien dire contre cela. La situation de Philippe, contre qui nous luttions, examinez-la : tout d'abord, il commandait tout seul, en maître absolu, à ceux qui le suivaient (ce qui est le plus important pour la conduite de la guerre) ; ensuite, ces gens avaient toujours les armes à la main ; puis, il avait de l'argent en abondance et il faisait ce qu'il voulait, sans l'annoncer dans les décrets, sans délibérer publiquement, sans être traîné en justice par les syco-

80. Réponse à Eschine (*Ctés.*, 166-167) ; d'ailleurs ces questions d'attitude extérieure avaient beaucoup d'importance dans l'enseignement des rhéteurs (que la défiance populaire confondait volontiers avec les sophistes).

συκοφαντούντων κρινόμενος, οὐδὲ γραφὰς φεύγων παρανόμων, οὐδ' ὑπεύθυνος ὢν οὐδενί, ἀλλ' ἁπλῶς αὐτὸς δεσπότης, ἡγεμών, κύριος πάντων. 236 Ἐγὼ δ' ὁ πρὸς τοῦτον ἀντιτεταγμένος (καὶ γὰρ τοῦτ' ἐξετάσαι δίκαιον) τίνος κύριος ἦν ; Οὐδενός. Αὐτὸ γὰρ τὸ δημηγορεῖν πρῶτον, οὗ μόνου μετεῖχον ἐγώ, ἐξ ἴσου προυτίθεθ' ὑμεῖς τοῖς παρ' ἐκείνου μισθαρνοῦσι καὶ ἐμοί, καὶ ὅσ' οὗτοι περιγένοιντ' ἐμοῦ (πολλὰ δ' ἐγίγνετο ταῦτα, δι' ἣν ἕκαστον τύχοι πρόφασιν), ταῦθ' ὑπὲρ τῶν ἐχθρῶν ἀπῄτε βεβουλευμένοι. 237 Ἀλλ' ὅμως ἐκ τοιούτων ἐγὼ ἐλαττωμάτων συμμάχους μὲν ὑμῖν ἐποίησα Εὐβοέας, Ἀχαιούς, Κορινθίους, Θηβαίους, Μεγαρέας, Λευκαδίους, Κερκυραίους· ἀφ' ὧν μύριοι μὲν καὶ πεντακισχίλιοι ξένοι, δισχίλιοι δ' ἱππεῖς ἄνευ τῶν πολιτικῶν δυνάμεων συνήχθησαν· χρημάτων δ' ὅσων ἠδυνήθην ἐγὼ πλείστων συντέλειαν ἐποίησα. 238 Εἰ δὲ λέγεις ἢ τὰ πρὸς Θηβαίους δίκαι', Αἰσχίνη, ἢ τὰ πρὸς Βυζαντίους ἢ τὰ πρὸς Εὐβοέας ἢ περὶ τῶν ἴσων νυνὶ διαλέγει, πρῶτον μὲν ἀγνοεῖς ὅτι καὶ πρότερον τῶν ὑπὲρ τῶν Ἑλλήνων ἐκείνων ἀγωνισαμένων τριήρων, τριακοσίων οὐσῶν τῶν πασῶν, τὰς διακοσίας ἡ πόλις παρέσχετο, καὶ οὐκ ἐλαττοῦσθαι νομίζουσα οὐδὲ κρίνουσα τοὺς ταῦτα συμβουλεύσαντας οὐδὲ ἀγανακτοῦσ' ἐπὶ τούτοις ἑωρᾶτο (αἰσχρὸν γάρ), ἀλλὰ τοῖς θεοῖς ἔχουσα χάριν, εἰ κοινοῦ κινδύνου τοῖς Ἕλλησι περιστάντος αὐτὴ διπλάσια τῶν ἄλλων εἰς τὴν ἁπάντων σωτηρίαν παρέσχετο. 239 Εἶτα κενὰς χαρίζῃ χάριτας τουτοισὶ συκοφαντῶν ἐμέ. | Τί γὰρ νῦν λέγεις οἷ' ἐχρῆν πράττειν, ἀλλ' οὐ τότ' ὢν ἐν τῇ πόλει καὶ παρὼν ταῦτ' ἔγραφες, εἴπερ ἐνεδέχετο παρὰ τοὺς παρόντας καιρούς, ἐν οἷς οὐχ ὅσ' ἐβουλόμεθα, ἀλλ' ὅσα δοίη τὰ

81. Démosthène oppose aux lenteurs de la démocratie l'efficacité d'un pouvoir absolu. Voir des constatations analogues dans *Prem. 01.*, 4 ; *Trois. Phil*, 49-50 et *infra* § 246.

phantes, sans encourir d'accusations d'illégalité, sans rendre de comptes à personne, absolument seul maître, chef, souverain de tout[81]. **236** Et moi, qui avais pris position contre lui (voici ce qu'il est juste d'examiner), de quoi étais-je maître ? De rien. En effet, tout d'abord, la faculté même de parler au peuple, seul droit qui fut mon partage, vous l'accordiez aussi bien aux salariés de Philippe qu'à moi et, chaque fois qu'ils l'emportaient sur moi (chose fréquente, quel qu'en fût le motif en chaque cas), vous vous sépariez après avoir délibéré dans l'intérêt de vos ennemis. **237** Néanmoins, avec de tels désavantages, moi, je vous ai acquis pour alliés l'Eubée, l'Achaïe, Corinthe, Thèbes, Mégare, Leucade, Corcyre, ce qui vous a fait réunir quinze mille mercenaires et deux mille cavaliers sans compter les forces nationales ; et pour l'argent, j'en ai obtenu les contributions les plus fortes qu'il fût possible. **238** Et puisque tu parles, Eschine, des revendications à l'égard de Thèbes, de Byzance, de l'Eubée, et que tu discutes maintenant sur l'égalité de droits, tout d'abord tu méconnais qu'autrefois déjà, de ces trières[82] qui ont combattu pour la Grèce et qui étaient trois cents au total, notre pays en a fourni deux cents ; qu'on ne l'a vu ni se juger désavantagé, ni traduire en jugement ceux qui le lui avaient conseillé, ni s'indigner de cela (ç'aurait été une honte) ; qu'il remerciait les dieux de ce que, dans le danger commun qui menaçait la Grèce, il avait à lui seul fourni deux fois plus que les autres pour le salut de tous. **239** Après cela, tu adresses de vaines flatteries aux citoyens que voici, pour faire le sycophante à mes dépens. Pourquoi est-ce maintenant que tu dis ce qu'il eût fallu faire, tandis qu'autrefois, résidant à Athènes, présent aux assemblées, tu ne proposais pas cela, si du

82. Allusion à l'importance du rôle de la flotte athénienne lors de la seconde guerre médique.

πράγματ' ἔδει δέχεσθαι; Ὁ γὰρ ἀντωνούμενος καὶ ταχὺ τοὺς παρ' ἡμῶν ἀπελαυνομένους προσδεξόμενος καὶ χρήματα προσθήσων ὑπῆρχεν ἕτοιμος.

240 Ἀλλ' εἰ νῦν ἐπὶ τοῖς πεπραγμένοις κατηγορίας ἔχω, τί ἂν οἴεσθε, εἰ τότ' ἐμοῦ περὶ τούτων ἀκριβολογουμένου ἀπῆλθον αἱ πόλεις καὶ προσέθεντο Φιλίππῳ, καὶ ἅμα Εὐβοίας καὶ Θηβῶν καὶ Βυζαντίου κύριος κατέστη, τί ποιεῖν ἂν ἢ τί λέγειν τοὺς ἀσεβεῖς ἀνθρώπους τουτουσί; 241 Οὐχ ὡς ἐξεδόθησαν; Οὐχ ὡς ἀπηλάθησαν, βουλόμενοι μεθ' ἡμῶν εἶναι; Εἶτα « τοῦ μὲν Ἑλλησπόντου διὰ Βυζαντίων ἐγκρατὴς καθέστηκε καὶ τῆς σιτοπομπίας τῆς τῶν Ἑλλήνων κύριος, πόλεμος δ' ὅμορος καὶ βαρὺς εἰς τὴν Ἀττικὴν διὰ Θηβαίων κεκόμισται, ἄπλους δ' ἡ θάλαττα ὑπὸ τῶν ἐκ τῆς Εὐβοίας ὁρμωμένων λῃστῶν γέγονεν »; Οὐκ ἂν ταῦτ' ἔλεγον καὶ πολλά γε πρὸς τούτοις ἕτερα; 242 Πονηρόν, ἄνδρες Ἀθηναῖοι, πονηρὸν ὁ συκοφάντης ἀεὶ καὶ πανταχόθεν βάσκανον καὶ φιλαίτιον· τοῦτο δὲ καὶ φύσει κίναδος τἀνθρώπιόν ἐστιν, οὐδὲν ἐξ ἀρχῆς ὑγιὲς πεποιηκὸς οὐδ' ἐλεύθερον, αὐτοτραγικὸς πίθηκος, ἀρουραῖος Οἰνόμαος, παράσημος ῥήτωρ. Τί γὰρ ἡ σὴ δεινότης εἰς ὄνησιν ἥκει τῇ πατρίδι; 243 Νῦν ἡμῖν λέγεις ὑπὲρ τῶν παρεληλυθότων; Ὥσπερ ἂν εἴ τις ἰατρὸς ἀσθενοῦσι μὲν τοῖς κάμνουσιν εἰσιὼν μὴ λέγοι μηδὲ δεικνύοι δι' ὧν ἀποφεύξονται τὴν νόσον, | ἐπειδὴ δὲ τελευτήσειέ τις αὐτῶν καὶ τὰ νομιζόμεν' αὐτῷ φέροιτο, ἀκολουθῶν ἐπὶ τὸ μνῆμα διεξίοι· « Εἰ τὸ καὶ τὸ ἐποίησεν ἄνθρωπος οὑτοσί, οὐκ ἂν ἀπέθανεν. » Ἐμβρόντητε, εἶτα νῦν λέγεις;

244 Οὐ τοίνυν οὐδὲ τὴν ἧτταν, εἰ ταύτῃ γαυριᾷς ἐφ' ᾗ στένειν σ', ὦ κατάρατε, προσῆκεν, ἐν οὐδενὶ τῶν παρ' ἐμοὶ

moins les circonstances le permettaient, au milieu desquelles il fallait, non pas faire tout ce que nous voulions, mais accepter ce que permettaient les événements ? Car le surenchérisseur qui aurait vite accueilli ceux que nous aurions repoussés et leur aurait donné de l'argent en sus, était prêt depuis longtemps.

240 Mais puisque maintenant on m'accuse de ce qui s'est passé, si alors j'avais discuté minutieusement sur ces points et si alors les États en question étaient partis pour s'associer à Philippe, si celui-ci était devenu maître à la fois de l'Eubée, de Thèbes et de Byzance, que croyez-vous que feraient ou diraient maintenant les impies que voilà ? **241** Que ces gens ont été livrés, chassés, quand ils voulaient être à nos côtés. Et puis : « Philippe, grâce aux Byzantins, a eu la maîtrise de l'Hellespont et est l'arbitre de la route du blé vers la Grèce ; grâce aux Thébains, une lourde guerre a été transportée aux frontières de l'Attique ; la mer est bloquée par les corsaires qui partent de l'Eubée. » N'est-ce pas cela qu'ils diraient, et encore bien d'autres choses ? **242** C'est toujours chose vicieuse, Athéniens, que le sycophante ; oui, vicieuse, envieuse et chicanière. De plus, par nature, ce petit bonhomme est un renard, qui, dès l'origine, n'a jamais rien fait de bon ni de généreux, un singe tragique, un Œnomaos campagnard, une fausse monnaie d'orateur. En quoi ton éloquence est-elle venue servir la patrie ? **243** C'est maintenant que tu nous parles du passé ? C'est comme si un médecin, venant visiter des malades souffrants, ne leur disait ni ne leur indiquait le moyen d'échapper à la maladie, et qu'ensuite, quand l'un d'eux serait mort, pendant la cérémonie funèbre, en suivant le convoi jusqu'au tombeau, il dissertât : « Si cet homme avait fait ceci et cela, il ne serait pas mort. » Abruti, c'est maintenant que tu parles ?

244 Même la défaite (puisque tu t'enorgueillis d'elle, alors que tu devrais en gémir, maudit), vous ne trouverez pas qu'Athènes l'ait due à quoi que ce fût qui

γεγονυῖαν εὑρήσετε τῇ πόλει. Οὑτωσὶ δὲ λογίζεσθε. Οὐδαμοῦ πώποθ', ὅποι πρεσβευτὴς ἐπέμφθην ὑφ' ὑμῶν ἐγώ, ἡττηθεὶς ἀπῆλθον τῶν παρὰ Φιλίππου πρέσβεων, οὐκ ἐκ Θετταλίας οὐδ' ἐξ Ἀμβρακίας, οὐκ ἐξ Ἰλλυριῶν οὐδὲ παρὰ τῶν Θρᾳκῶν βασιλέων, οὐκ ἐκ Βυζαντίου, οὐκ ἄλλοθεν οὐδαμόθεν, οὐ τὰ τελευταῖ' ἐκ Θηβῶν, ἀλλ' ἐν οἷς κρατηθεῖεν οἱ πρέσβεις αὐτοῦ τῷ λόγῳ, ταῦτα τοῖς ὅπλοις ἐπιὼν κατεστρέφετο. 245 Ταῦτ' οὖν ἀπαιτεῖς παρ' ἐμοῦ, καὶ οὐκ αἰσχύνει τὸν αὐτὸν εἴς τε μαλακίαν σκώπτων καὶ τῆς τοῦ Φιλίππου δυνάμεως ἀξιῶν ἕν' ὄντα κρείττω γενέσθαι καὶ ταῦτα τοῖς λόγοις; Τίνος γὰρ ἄλλου κύριος ἦν ἐγώ; Οὐ γὰρ τῆς γ' ἑκάστου ψυχῆς, οὐδὲ τῆς τύχης τῶν παραταξαμένων, οὐδὲ τῆς στρατηγίας ἧς ἔμ' ἀπαιτεῖς εὐθύνας· οὕτω σκαιὸς εἶ. 246 Ἀλλὰ μήν, ὧν γ' ἂν ὁ ῥήτωρ ὑπεύθυνος εἴη, πᾶσαν ἐξέτασιν λαμβάνετε· οὐ παραιτοῦμαι. Τίν' οὖν ἐστι ταῦτα; Ἰδεῖν τὰ πράγματ' ἀρχόμενα καὶ προαισθέσθαι καὶ προειπεῖν τοῖς ἄλλοις. Ταῦτα πέπρακταί μοι. Καὶ ἔτι τὰς ἑκασταχοῦ βραδυτῆτας, ὄκνους, ἀγνοίας, φιλονικίας, | ἃ πολιτικὰ ταῖς πόλεσι πρόσεστιν ἁπάσαις καὶ ἀναγκαῖ' ἁμαρτήματα, ταῦθ' ὡς εἰς ἐλάχιστα συστεῖλαι, καὶ τοὐναντίον εἰς ὁμόνοιαν καὶ φιλίαν καὶ τὴν τοῦ τὰ δέοντα ποιεῖν ὁρμὴν προτρέψαι. Καὶ ταῦτά μοι πάντα πεποίηται, καὶ οὐδεὶς μήποθ' εὕρῃ κατ' ἔμ' οὐδὲν ἐλλειφθέν. 247 Εἰ τοίνυν τις ἔροιθ' ὁντινοῦν τίσιν τὰ πλεῖστα Φίλιππος ὧν κατέπραξε διῳκήσατο, πάντες ἂν εἴποιεν· τῷ στρατοπέδῳ καὶ τῷ διδόναι καὶ διαφθείρειν τοὺς ἐπὶ τῶν πραγμάτων. Οὐκοῦν τῶν μὲν δυνάμεων οὔτε κύριος οὔθ' ἡγεμὼν ἦν ἐγώ, ὥστε οὐδ' ὁ

83. Nous n'avons aucun autre renseignement sur l'activité diplomatique de Démosthène en Thessalie (où, en fait, la domination de Philippe ne fut pas ébranlée), en Illyrie et en Thrace ; l'ambassade à Ambracie doit se placer vers 343/342 (cf. *Trois. Phil.*, 27, 34, 72 ;

dépendît de moi. Raisonnez ainsi : jamais, de nulle part où vous m'aviez envoyé en ambassade, je ne suis revenu vaincu par les ambassadeurs de Philippe, ni de Thessalie, ni d'Ambracie, ni d'Illyrie, ni de chez les rois thraces, ni de Byzance[83], ni de nulle part ailleurs, ni en dernier lieu de Thèbes ; mais, là où ses ambassadeurs étaient vaincus par la parole, là Philippe arrivait pour soumettre par les armes. **245** C'est de cela que tu me réclames des comptes ; n'as-tu pas honte de railler pour sa mollesse le même homme dont tu exiges qu'à lui seul il ait triomphé de la puissance de Philippe, et encore par la parole ? Car de quoi d'autre disposais-je, moi ? Non pas certes du moral de chacun, ni du destin des combattants, ni de la conduite de l'armée, dont tu exiges que je rende compte, sot que tu es. **246** Mais d'ailleurs, pour ce dont un orateur peut être responsable, faites un examen complet ; je ne réclame nulle indulgence. Qu'est-ce donc ? Voir les affaires dès leur début, les pressentir, les annoncer aux autres. Cela, je l'ai fait. Et aussi, en chaque occasion, réduire au minimum les lenteurs, les hésitations, les ignorances, les jalousies, qui sont fautes naturelles aux démocraties, fautes inévitables ; au contraire pousser à la concorde, à la sympathie, au zèle de faire son devoir. Tout cela aussi, je l'ai accompli ; et nul ne risque de trouver jamais en cela une négligence de ma part. **247** Si l'on demandait à qui que ce soit ce qui le plus souvent a permis à Philippe de réaliser ce qu'il a accompli, tout le monde dirait : son armée, ses dons, la corruption des hommes politiques. Or des forces armées, je n'étais ni maître, ni chef ; aussi la responsabilité de ce qui a été fait en ce domaine ne me concerne

Quatr. Phil., 10) ; Démosthène alla peut-être négocier avec Byzance en 340/339 quand celle-ci, après avoir hésité à accueillir Charès, accepta un second secours athénien commandé par Phocion.

λόγος τῶν κατὰ ταῦτα πραχθέντων πρὸς ἐμέ. Καὶ μὴν τῷ διαφθαρῆναι χρήμασιν ἢ μὴ κεκράτηκα Φίλιππον· ὥσπερ γὰρ ὁ ὠνούμενος νενίκηκε τὸν λαβόντα ἐὰν πρίηται, οὕτως ὁ μὴ λαβὼν [καὶ διαφθαρεὶς] νενίκηκε τὸν ὠνούμενον· ὥστε ἀήττητος ἡ πόλις τὸ κατ' ἐμέ.

248 Ἃ μὲν τοίνυν ἐγὼ παρεσχόμην εἰς τὸ δικαίως τοιαῦτα γράφειν τοῦτον περὶ ἐμοῦ, πρὸς πολλοῖς ἑτέροις ταῦτα καὶ παραπλήσια τούτοις ἐστίν· ἃ δ' οἱ πάντες ὑμεῖς, ταῦτ' ἤδη λέξω. Μετὰ γὰρ τὴν μάχην εὐθὺς ὁ δῆμος, εἰδὼς καὶ ἑορακὼς πάνθ' ὅσ' ἔπραττον ἐγώ, ἐν αὐτοῖς δεινοῖς καὶ φοβεροῖς ἐμβεβηκώς, ἡνίκ' οὐδ' ἀγνωμονῆσαί τι θαυμαστὸν ἦν τοὺς πολλοὺς πρὸς ἐμέ, πρῶτον μὲν περὶ σωτηρίας τῆς πόλεως τὰς ἐμὰς γνώμας ἐχειροτόνει, καὶ πάνθ' ὅσα τῆς φυλακῆς εἵνεκ' ἐπράττετο, ἡ διάταξις τῶν φυλάκων, αἱ τάφροι, τὰ εἰς τὰ τείχη χρήματα, | διὰ τῶν ἐμῶν ψηφισμάτων ἐγίγνετο· ἔπειθ' αἱρούμενος σιτώνην ἐκ πάντων ἔμ' ἐχειροτόνησεν ὁ δῆμος. 249 Καὶ μετὰ ταῦτα συστάντων οἷς ἦν ἐπιμελὲς κακῶς ἐμὲ ποιεῖν, καὶ γραφάς, εὐθύνας, εἰσαγγελίας, πάντα ταῦτ' ἐπαγόντων μοι, οὐ δι' ἑαυτῶν τό γε πρῶτον, ἀλλὰ δι' ὧν μάλισθ' ὑπελάμβανον ἀγνοήσεσθαι (ἴστε γὰρ δήπου καὶ μέμνησθ' ὅτι τοὺς πρώτους χρόνους κατὰ τὴν ἡμέραν ἑκάστην ἐκρινόμην ἐγώ, καὶ οὔτ' ἀπόνοια Σωσικλέους οὔτε συκοφαντία Φιλοκράτους οὔτε Διώνδου καὶ Μελάντου μανία οὔτ' ἄλλ' οὐδὲν ἀπείρατον ἦν τούτοις κατ' ἐμοῦ), ἐν τοίνυν τούτοις πᾶσι μάλιστα μὲν διὰ τοὺς θεούς, δεύτερον δὲ δι' ὑμᾶς καὶ τοὺς ἄλλους Ἀθηναίους ἐσωζόμην. Δικαίως· τοῦτο γὰρ καὶ ἀληθές ἐστι

pas. Eh bien ! pour ce qui est de se laisser corrompre par l'argent ou d'y résister, j'ai triomphé de Philippe. Qui veut acheter, est vainqueur de qui reçoit, quand vraiment ce dernier est acheté ; de même, qui refuse de recevoir [et de se laisser corrompre] est vainqueur de qui veut acheter. Aussi, en ce qui me concerne, mon pays n'a pas subi de défaite.

248 Pour la façon dont j'ai contribué à donner à Ctésiphon le droit de faire cette proposition à mon sujet, voilà donc, outre beaucoup d'autres raisons, ce qu'il en est, avec encore d'autres motifs analogues. Quant à votre contribution à vous tous, je vais maintenant l'exposer. Immédiatement après la bataille, le peuple, qui connaissait et avait vu tous mes actes, placé au milieu même des dangers et des craintes, lorsque même une erreur de la majorité sur mon compte n'eût pas été surprenante, le peuple tout d'abord votait mes propositions visant au salut de l'État, et tout ce qu'on faisait pour la défense, la répartition des gardes, des tranchées, les sommes prévues pour les fortifications, était réglé par mes décrets ; puis, quand le peuple eut à élire parmi tous les citoyens un commissaire au ravitaillement, ce fut moi qu'il désigna à mains levées. **249** Après cela, ceux qui avaient pour tâche de me faire du mal se coalisèrent ; ils dirigèrent contre moi des plaintes, des actions en reddition de comptes, des accusations de haute trahison, tout enfin, d'ailleurs sans agir par eux-mêmes tout d'abord, mais par l'intermédiaire des gens qu'ils croyaient les plus difficiles à démasquer (vous savez évidemment et vous vous souvenez que, dans les premiers temps, c'est chaque jour que j'étais cité en justice ; il n'y eut rien, ni l'aveuglement de Sosiclès, ni le chantage de Philocratès, ni la folie furieuse de Diondas et de Mélantès, ni rien d'autre, qui ne fut expérimenté par eux contre moi). Dans toutes ces affaires, avant tout grâce aux dieux, mais ensuite grâce à vous et aux autres Athéniens, j'ai été sauvé. Et c'était justice ;

καὶ ὑπὲρ τῶν ὀμωμοκότων καὶ γνόντων τὰ εὔορκα δικαστῶν.

250 Οὐκοῦν ἐν μὲν οἷς εἰσηγγελλόμην, ὅτ' ἀπεψηφίζεσθέ μου καὶ τὸ μέρος τῶν ψήφων τοῖς διώκουσιν οὐ μετεδίδοτε, τότ' ἐψηφίζεσθε τἄριστά με πράττειν· ἐν οἷς δὲ τὰς γραφὰς ἀπέφευγον, ἔννομα καὶ γράφειν καὶ λέγειν ἀπεδεικνύμην· ἐν οἷς δὲ τὰς εὐθύνας ἐπεσημαίνεσθε, δικαίως καὶ ἀδωροδοκήτως πάντα πεπρᾶχθαί μοι προσωμολογεῖτε. Τούτων οὖν οὕτως ἐχόντων, τί προσῆκον ἢ τί δίκαιον ἦν τοῖς ὑπ' ἐμοῦ πεπραγμένοις θέσθαι τὸν Κτησιφῶντ' ὄνομα; Οὐχ ὃ τὸν δῆμον ἑώρα τιθέμενον, οὐχ ὃ τοὺς ὀμωμοκότας δικαστάς, οὐχ ὃ τὴν ἀλήθειαν παρὰ πᾶσι βεβαιοῦσαν;

251 « Ναί, φησίν· ἀλλὰ τὸ τοῦ Κεφάλου καλόν, τὸ μηδεμίαν γραφὴν φυγεῖν ». Καὶ νὴ Δί' εὔδαιμόν γε. Ἀλλὰ τί μᾶλλον ὁ πολλάκις μὲν φυγών, | μηδεπώποτε δ' ἐξελεγχθεὶς ἀδικῶν ἐν ἐγκλήματι γίγνοιτ' ἂν διὰ τοῦτο δικαίως; Καίτοι πρός γε τοῦτον, ἄνδρες Ἀθηναῖοι, καὶ τὸ τοῦ Κεφάλου καλὸν εἰπεῖν ἔστι μοι. Οὐδεμίαν γὰρ πώποτ' ἐγράψατό μ' οὐδ' ἐδίωξε γραφήν· ὥστε ὑπὸ σοῦ γ' ὡμολόγημαι μηδὲν εἶναι τοῦ Κεφάλου χείρων πολίτης.

252 Πανταχόθεν μὲν τοίνυν ἄν τις ἴδοι τὴν ἀγνωμοσύνην αὐτοῦ καὶ τὴν βασκανίαν, οὐχ ἥκιστα δ' ἀφ' ὧν περὶ τῆς τύχης διελέχθη. Ἐγὼ δ' ὅλως μέν, ὅστις ἄνθρωπος ὢν ἀνθρώπῳ τύχην προφέρει, ἀνόητον ἡγοῦμαι· ἣν γὰρ ὁ βέλτιστα πράττειν νομίζων καὶ ἀρίστην ἔχειν οἰόμενος οὐκ οἶδεν εἰ μενεῖ τοιαύτη μέχρι καὶ τῆς ἑσπέρας, πῶς χρὴ περὶ ταύτης λέγειν ἢ πῶς ὀνειδίζειν ἑτέρῳ; Ἐπειδὴ δ' οὗτος πρὸς πολλοῖς ἄλλοις καὶ περὶ τούτων ὑπερηφάνως

car un tel acte est d'accord avec la vérité et sert l'intérêt des juges qui ont prêté serment et décidé conformément à ce serment. **250** Donc, quand j'étais poursuivi pour haute trahison, lorsque vous m'acquittiez et n'accordiez pas aux accusateurs le minimum légal des voix, vous votiez que mon action était la meilleure. Quand j'échappais aux plaintes, on démontrait par là que mes propositions et mes discours étaient conformes aux lois. Quand vous contresigniez mes comptes, en même temps vous reconnaissiez qu'en tout j'avais agi de façon juste et sans me laisser corrompre. Cela étant, quel nom convenable, quel nom juste Ctésiphon pouvait-il donc donner à mes actions, sinon celui qu'il voyait donné par le peuple, par les juges qui avaient prêté serment, par la vérité qui le garantissait devant tous ?

251 « Oui, dit Eschine, mais c'est un honneur pour Képhalos[84] de ne jamais avoir été l'objet d'une accusation. » Oui, et aussi, par Zeus, une chance. Mais est-ce une raison de plus pour être fondé à adresser des reproches à l'homme qui, souvent accusé, n'a jamais été convaincu d'injustice ? Et d'ailleurs, en face d'Eschine, Athéniens, je puis aussi dire de moi ce qui est l'honneur de Képhalos, car jamais il ne m'a intenté de procès, jamais il ne m'a poursuivi, en sorte que, de ton fait, je suis reconnu pour aussi bon citoyen que Képhalos. **252** À tous points de vue, on peut se rendre compte de la haine jalouse et inintelligente d'Eschine, mais surtout par ce qu'il a dit de mon destin. Pour moi, en général, quiconque, étant homme, reproche à un autre homme son destin, je le tiens pour un sot ; car celui qui pense le mieux réussir et avoir le meilleur destin, ne sait si cela subsistera jusqu'au soir ; comment est-il donc possible de parler de ce destin ou de critiquer celui d'un autre ? Mais puisque cet individu, après bien d'autres traits

84. Cf. Eschine, *Ctés.*, 194 (à propos d'Aristophon d'Azénie et de Képhalos de Collytos).

χρῆται τῷ λόγῳ, σκέψασθ', ὦ ἄνδρες Ἀθηναῖοι, καὶ θεωρήσατε ὅσῳ καὶ ἀληθέστερον καὶ ἀνθρωπινώτερον ἐγὼ περὶ τῆς τύχης τούτου διαλεχθήσομαι. 253 Ἐγὼ τὴν τῆς πόλεως τύχην ἀγαθὴν ἡγοῦμαι, καὶ ταῦθ' ὁρῶ καὶ τὸν Δία τὸν Δωδωναῖον ὑμῖν μαντευόμενον· τὴν μέντοι τῶν πάντων ἀνθρώπων, ἣ νῦν ἐπέχει, χαλεπὴν καὶ δεινήν. Τίς γὰρ Ἑλλήνων ἢ τίς βαρβάρων οὐ πολλῶν κακῶν καὶ μεγάλων ἐν τῷ παρόντι πεπείραται; 254 Τὸ μὲν τοίνυν προελέσθαι τὰ κάλλιστα, καὶ τὸ τῶν οἰηθέντων Ἑλλήνων εἰ προοῖνθ' ἡμᾶς ἐν εὐδαιμονίᾳ διάξειν αὐτῶν ἄμεινον πράττειν, τῆς ἀγαθῆς τύχης τῆς πόλεως εἶναι τίθημι· τὸ δὲ προσκροῦσαι καὶ μὴ πάνθ' ὅσ' ἐβουλόμεθ' ἡμῖν συμβῆναι, τῆς τῶν ἄλλων ἀνθρώπων τύχης τὸ ἐπιβάλλον ἐφ' ἡμᾶς μέρος μετειληφέναι νομίζω τὴν πόλιν. 255 Τὴν δ' ἰδίαν τύχην τὴν ἐμὴν καὶ τὴν ἑνὸς ἡμῶν ἑκάστου ἐν τοῖς ἰδίοις ἐξετάζειν δίκαιον εἶναι νομίζω. Ἐγὼ μὲν οὖν οὑτωσὶ περὶ τῆς τύχης ἀξιῶ, ὀρθῶς καὶ δικαίως, ὡς ἐμαυτῷ δοκῶ, νομίζω δὲ καὶ ὑμῖν· ὁ δὲ ἰδίαν τύχην τὴν ἐμὴν τῆς κοινῆς τῆς πόλεως κυριωτέραν εἶναί φησι, τὴν μικρὰν καὶ φαύλην τῆς ἀγαθῆς καὶ μεγάλης. Καὶ πῶς ἔνι τοῦτο γενέσθαι;

256 Καὶ μὴν εἴ γε τὴν ἐμὴν τύχην πάντως ἐξετάζειν, Αἰσχίνη, προαιρεῖ, πρὸς τὴν σαυτοῦ σκόπει· κἂν εὕρῃς τὴν ἐμὴν βελτίω τῆς σῆς, παῦσαι λοιδορούμενος αὐτῇ. Σκόπει τοίνυν εὐθὺς ἐξ ἀρχῆς. Καί μου πρὸς Διὸς μηδεμίαν ψυχρότητα καταγνῷ μηδείς. Ἐγὼ γὰρ οὔτ' εἴ τις πενίαν προπηλακίζει, νοῦν ἔχειν ἡγοῦμαι, οὔτ' εἴ τις ἐν ἀφθόνοις τραφεὶς ἐπὶ τούτῳ σεμνύνεται· ἀλλ' ὑπὸ τῆς τουτουὶ τοῦ

85. L'oracle de Dodone semble avoir été consulté assez souvent par les Athéniens pendant cette période ; peut-être était-ce par méfiance à l'égard de Delphes, trop soumise à l'influence de Philippe.

d'arrogance, s'est mis également à parler de cela sur ce ton, voyez, Athéniens, et examinez combien, en parlant de son destin, je me tiendrai plus près de la vérité et de la condition humaine. **253** Pour moi, j'estime que le destin de notre pays est heureux (et je vois que Zeus de Dodone[85], lui aussi, vous le dit dans un oracle), mais que celui qui règne maintenant sur tous les hommes est douloureux et terrible : qui en effet, chez les Grecs ou chez les barbares, n'a pas de notre temps éprouvé bien des maux[86] ? **254** Or, pour ce qui est d'avoir pris les meilleures décisions et d'avoir un sort plus heureux que ceux même des Grecs qui se figuraient vivre dans la prospérité s'ils nous abandonnaient, j'attribue cela à l'heureuse fortune de notre pays. Pour ce qui est d'avoir subi un échec et de n'avoir pas vu tout arriver comme nous le désirions, je pense qu'en cela notre pays n'a eu que sa quote-part du destin commun aux autres hommes. **255** Quant à mon destin personnel et à celui de chacun de nous, c'est dans nos affaires individuelles, me semble-t-il, qu'il est juste de l'examiner. Telle est donc mon opinion sur le destin, opinion logique et juste, à mon avis et, je crois, au vôtre aussi. Mais lui, il prétend que mon destin personnel a plus d'influence que celui de notre pays, le destin petit et sans importance que le destin heureux et grand. Comment est-ce possible ?

256 D'ailleurs, puisque tu es résolu, Eschine, à examiner de toute façon mon destin, regarde-le en face du tien ; et si tu le trouves meilleur que le tien, mets un terme à tes injures. Regarde donc depuis le début. Et, par Zeus, que personne ne m'accuse d'user d'un ton déplacé. Je ne tiens pour intelligent ni qui couvre d'outrages la pauvreté, ni qui s'enorgueillit d'avoir été élevé dans le

86. Démosthène juge le sort d'Athènes plutôt satisfaisant. Elle n'a en effet connu aucune guerre, alors que Thèbes a été rasée par Alexandre en 335, que le roi de Sparte, Agis, vient d'être battu en 331 par le Macédonien Antipatros et que Darius, le roi des Perses, a subi récemment une grave défaite.

χαλεποῦ βλασφημίας καὶ συκοφαντίας εἰς τοιούτους λόγους ἐμπίπτειν ἀναγκάζομαι, οἷς ἐκ τῶν ἐνόντων ὡς ἂν δύνωμαι μετριώτατα χρήσομαι.

257 Ἐμοὶ μὲν τοίνυν ὑπῆρξεν, Αἰσχίνη, παιδὶ μὲν ὄντι φοιτᾶν εἰς τὰ προσήκοντα διδασκαλεῖα, καὶ ἔχειν ὅσα χρὴ τὸν μηδὲν αἰσχρὸν ποιήσοντα δι' ἔνδειαν· ἐξελθόντι δ' ἐκ παίδων, ἀκόλουθα τούτοις πράττειν, χορηγεῖν, τριηραρχεῖν, εἰσφέρειν, μηδεμιᾶς φιλοτιμίας μήτ' ἰδίας μήτε δημοσίας ἀπολείπεσθαι, ἀλλὰ καὶ τῇ πόλει καὶ τοῖς φίλοις χρήσιμον εἶναι· ἐπειδὴ δὲ πρὸς τὰ κοινὰ προσελθεῖν ἔδοξέ μοι, τοιαῦτα πολιτεύμαθ' ἑλέσθαι ὥστε καὶ ὑπὸ τῆς πατρίδος καὶ ὑπ' ἄλλων Ἑλλήνων πολλῶν πολλάκις ἐστεφανῶσθαι, καὶ μηδὲ τοὺς ἐχθροὺς ὑμᾶς, ὡς οὐ καλά γ' ἦν ἃ προειλόμην, ἐπιχειρεῖν λέγειν.
258 Ἐγὼ μὲν δὴ τοιαύτῃ συμβεβίωκα τύχῃ· καί, πόλλ' ἂν ἔχων ἕτερ' εἰπεῖν περὶ αὐτῆς παραλείπω, φυλαττόμενος τὸ λυπῆσαί τιν' ἐν οἷς σεμνύνομαι. Σὺ δ' ὁ σεμνὸς ἀνὴρ καὶ διαπτύων τοὺς ἄλλους σκόπει πρὸς ταύτην ποίᾳ τινὶ κέχρησαι τύχῃ· δι' ἣν παῖς μὲν ὢν μετὰ πολλῆς τῆς ἐνδείας ἐτράφης, ἅμα τῷ πατρὶ πρὸς τῷ διδασκαλείῳ προσεδρεύων, τὸ μέλαν τρίβων καὶ τὰ βάθρα σπογγίζων καὶ τὸ παιδαγωγεῖον κορῶν, οἰκέτου τάξιν, οὐκ ἐλευθέρου παιδὸς ἔχων· 259 ἀνὴρ δὲ γενόμενος, τῇ μητρὶ τελούσῃ τὰς βίβλους ἀνεγίγνωσκες καὶ τἄλλα συνεσκευωροῦ, τὴν μὲν νύκτα νεβρίζων καὶ κρατηρίζων καὶ καθαίρων τοὺς τελουμένους καὶ ἀπομάττων τῷ πηλῷ καὶ τοῖς πιτύροις, καὶ ἀνιστὰς ἀπὸ τοῦ καθαρμοῦ κελεύων λέγειν· « Ἔφυγον κακόν, εὗρον ἄμεινον, » ἐπὶ τῷ μηδένα πώποτε τηλικοῦτ' ὀλολύξαι

87. Démosthène avait pu récupérer sur ses tuteurs une partie de la fortune de son père, et il semble qu'il ait su la faire fructifier.

luxe. Mais ce sont les calomnies de ce sycophante acharné qui me forcent à employer un tel langage, dont d'ailleurs je n'userai qu'avec la plus grande modération possible.

257 Mon sort, à moi, Eschine, ce fut, pendant mon enfance, de fréquenter les écoles en rapport avec ma condition, et de posséder tout ce que doit avoir l'homme que le besoin ne poussera à aucun acte honteux ; à ma sortie de l'enfance, d'agir comme il résultait de cela, d'être chorège, triérarque, gros contribuable[87], de n'omettre aucune libéralité pour les particuliers ou pour l'État, de me rendre utile à mon pays et à mes amis ; puis, quand j'eus décidé de me lancer dans les affaires publiques, d'adopter une politique qui m'a fait couronner maintes fois par ma patrie et par beaucoup d'autres États grecs et dont même vous, mes ennemis, n'essayez pas de dire que ce n'était pas un beau programme. **258** Tel est donc le destin qui m'a accompagné ; et, si je laisse de côté bien d'autres choses que je pourrais dire à son sujet, c'est par crainte que mon orgueil ne blesse quelqu'un. Mais toi, l'homme orgueilleux qui craches sur les autres, regarde en face de cela quel fut ton destin : dans ton enfance, tu as été élevé au milieu de la plus grande indigence, faisant, à côté de ton père, office d'auxiliaire dans une école, préparant l'encre, lavant les bancs, balayant la salle d'attente[88], ayant rang de serviteur et non pas d'enfant libre. **259** Devenu homme, pendant que ta mère pratiquait ses initiations, tu lui lisais les livres et tu collaborais à toutes ses machinations : toute la nuit, tu présentais la peau de faon et le cratère, tu purifiais les initiés, tu les barbouillais de boue et de son, tu les faisais lever après l'initiation, tu leur faisais dire : « J'ai échappé au mal, j'ai trouvé le bien », tout fier que personne n'eût jamais

88. Démosthène a déjà évoqué (*supra* § 129) le métier misérable du père d'Eschine.

σεμνυνόμενος (καὶ ἔγωγε νομίζω· μὴ γὰρ οἴεσθ' αὐτὸν φθέγγεσθαι μὲν οὕτω μέγα, ὀλολύζειν δ' οὐχ ὑπέρλαμπρον)· 260 ἐν δὲ ταῖς ἡμέραις τοὺς καλοὺς θιάσους ἄγων διὰ τῶν ὁδῶν, τοὺς ἐστεφανωμένους τῷ μαράθῳ καὶ τῇ λεύκῃ, τοὺς ὄφεις τοὺς παρείας θλίβων καὶ ὑπὲρ τῆς κεφαλῆς αἰωρῶν, καὶ βοῶν Εὐοῖ Σαβοῖ καὶ ἐπορχούμενος « Ὕης Ἄττης, Ἄττης Ὕης », ἔξαρχος καὶ προηγεμὼν καὶ κιττοφόρος καὶ λικνοφόρος καὶ τοιαῦθ' ὑπὸ τῶν γραδίων προσαγορευόμενος, | μισθὸν λαμβάνων τούτων ἔνθρυπτα καὶ στρεπτοὺς καὶ νεήλατα, ἐφ' οἷς τίς οὐκ ἂν ὡς ἀληθῶς αὐτὸν εὐδαιμονίσειε καὶ τὴν αὑτοῦ τύχην; 261 Ἐπειδὴ δ' εἰς τοὺς δημότας ἐνεγράφης ὁπωσδήποτε (ἐῶ γὰρ τοῦτό γε), ἐπειδή γ' ἐνεγράφης, εὐθέως τὸ κάλλιστον ἐξελέξω τῶν ἔργων, γραμματεύειν καὶ ὑπηρετεῖν τοῖς ἀρχιδίοις. Ὡς δ' ἀπηλλάγης ποτὲ καὶ τούτου, πάνθ' ἃ τῶν ἄλλων κατηγορεῖς αὐτὸς ποιήσας, οὐ κατῄσχυνας μὰ Δί' οὐδὲν τῶν προυπηργμένων τῷ μετὰ ταῦτα βίῳ· 262 ἀλλὰ μισθώσας σαυτὸν τοῖς βαρυστόνοις ἐπικαλουμένοις ἐκείνοις ὑποκριταῖς, Σιμύκκᾳ καὶ Σωκράτει, ἐτριταγωνίστεις, σῦκα καὶ βότρυς καὶ ἐλάας συλλέγων ὥσπερ ὀπωρώνης ἐκ τῶν ἀλλοτρίων χωρίων, πλείω λαμβάνων ἀπὸ τούτων ἢ τῶν ἀγώνων οὓς ὑμεῖς περὶ τῆς ψυχῆς ἠγωνίζεσθε· ἦν γὰρ ἄσπονδος καὶ ἀκήρυκτος ὑμῖν πρὸς τοὺς θεατὰς πόλεμος, ὑφ' ὧν πολλὰ τραύματ' εἰληφὼς εἰκότως τοὺς ἀπείρους τῶν τοιούτων κινδύνων ὡς δειλοὺς σκώπτεις. 263 Ἀλλὰ γὰρ παρεὶς ὧν τὴν πενίαν αἰτιάσαιτ' ἄν τις, πρὸς αὐτὰ τὰ τοῦ τρόπου σου βαδιοῦμαι

89 : Cf. *Amb.* 199 (où la peinture est moins précise). Le culte pratiqué par Glaucothéa serait à la fois dionysiaque et chthonien, et fortement imprégné d'influences orientales (à moins que Démosthène n'ait, par ironie, réuni des traits disparates). Le serpent joufflu était consacré à Asclépios et à Dionysos Zagreus ; le fenouil et le peuplier

poussé de tels hurlements (je le crois bien ; ne vous imaginez pas qu'avec une voix si forte il ne hurle pas d'un ton perçant) ; **260** pendant le jour, tu conduisais par les rues ces beaux thiases[89] couronnés de fenouil et de peuplier blanc, tu maniais les serpents joufflus et les élevais au-dessus de la tête, tu criais : « Evohé ! Sabohé ! », tu dansais sur l'air « Hyès ! Attès ! Attès ! Hyès ! » ; les vieilles femmes t'appelaient coryphée, premier guide, porte-lierre, porte-van ; tu recevais en récompense des miettes de gâteaux, des pâtisseries rondes, des gâteaux frais ; ce qui vraiment doit vous faire juger heureux ainsi que votre destin ! **261** Quand tu as été inscrit dans un dème[90] (par n'importe quel procédé ; je laisse cela de côté), enfin quand tu as été inscrit, aussitôt tu as choisi le plus beau des métiers, celui de scribe et de serviteur de petits fonctionnaires. Quand tu eus quitté aussi cette occupation après y avoir fait toi-même tout ce que tu reproches aux autres, ta vie ultérieure n'a, par Zeus, fait rougir aucun de tes débuts. **262** Tu t'es loué à ces acteurs surnommés les grands gémisseurs, Simyccas et Socratès ; tu jouais les troisièmes rôles, tu ramassais des figues, des raisins, des olives, comme un marchand de fruits dans le domaine d'autrui ; et tu y gagnais plus que dans les concours, où vous jouiez votre vie, car il y avait guerre implacable et sans trêve entre vous et les spectateurs qui t'ont infligé bien des blessures (c'est naturellement pour cela que tu railles, en les traitant de lâches, ceux qui n'ont pas connu cette sorte de dangers). **263** Mais passant sur ce dont on peut rendre responsable la pauvreté, je vais en venir aux

blanc jouaient un rôle dans les mystères. Les acclamations rituelles se rapportent à Dionysos. Enfin au moins une des espèces de pâtisseries, les « gâteaux frais » *(neêlata)*, était, selon Harpocration, distribuée à certains initiés sous le nom d'ambroisie ou de pain des bienheureux.

90. L'inscription sur les registres d'un dème était le signe d'appartenance à la communauté civique.

κατηγορήματα. Τοιαύτην γὰρ εἵλου πολιτείαν, ἐπειδή ποτε καὶ τοῦτ' ἐπῆλθέ σοι ποιῆσαι, δι' ἣν εὐτυχούσης μὴν τῆς πατρίδος λαγὼ βίον ἔζης δεδιὼς καὶ τρέμων καὶ ἀεὶ πληγήσεσθαι προσδοκῶν ἐφ' οἷς σαυτῷ συνῄδεις ἀδικοῦντι, ἐν οἷς δ' ἠτύχησαν οἱ ἄλλοι, θρασὺς ὢν ὑφ' ἁπάντων ὦψαι. 264 Καίτοι ὅστις χιλίων πολιτῶν ἀποθανόντων ἐθάρρησε, τί οὗτος παθεῖν ὑπὸ τῶν ζώντων δίκαιός ἐστι; Πολλὰ τοίνυν ἕτερ' εἰπεῖν ἔχων περὶ αὐτοῦ παραλείψω· | οὐ γὰρ ὅσ' ἂν δείξαιμι προσόντ' αἰσχρὰ τούτῳ καὶ ὀνείδη πάντ' οἶμαι δεῖν εὐχερῶς λέγειν, ἀλλ' ὅσα μηδὲν αἰσχρόν ἐστιν εἰπεῖν ἐμοί.

265 Ἐξέτασον τοίνυν παρ' ἄλληλα τὰ σοὶ κἀμοὶ βεβιωμένα, πράως καὶ μὴ πικρῶς, Αἰσχίνη· εἶτ' ἐρώτησον τουτουσὶ τὴν ποτέρου τύχην ἂν ἕλοιθ' ἕκαστος αὐτῶν. Ἐδίδασκες γράμματα, ἐγὼ δ' ἐφοίτων· ἐτέλεις, ἐγὼ δ' ἐτελούμην· ἐγραμμάτευες, ἐγὼ δ' ἠκκλησίαζον· ἐτριταγωνίστεις, ἐγὼ δ' ἐθεώρουν· ἐξέπιπτες, ἐγὼ δ' ἐσύριττον. Ὑπὲρ τῶν ἐχθρῶν πεπολίτευσαι πάντα, ἐγὼ δ' ὑπὲρ τῆς πατρίδος. 266 Ἐῶ τἆλλα· ἀλλὰ νυνὶ τήμερον ἐγὼ μὲν ὑπὲρ τοῦ στεφανωθῆναι δοκιμάζομαι, τὸ δὲ μηδ' ὁτιοῦν ἀδικεῖν ἀνωμολόγημαι· σοὶ δὲ συκοφάντῃ μὲν εἶναι δοκεῖν ὑπάρχει, κινδυνεύεις δὲ εἴτε δεῖ σ' ἔτι τοῦτο ποιεῖν, εἴτ' ἤδη πεπαῦσθαι, μὴ μεταλαβόντα τὸ πέμπτον μέρος τῶν ψήφων. Ἀγαθῇ γ' (οὐχ ὁρᾷς;) τύχῃ συμβεβιωκὼς τῆς ἐμῆς κατηγορεῖς.

267 Φέρε δὴ καὶ τὰς τῶν λειτουργιῶν μαρτυρίας ὧν λελειτούργηκα ὑμῖν ἀναγνῶ· παρ' ἃς παρανάγνωθι καὶ σύ μοι τὰς ῥήσεις ἃς ἐλυμαίνου·

accusations qui portent sur ton caractère même. La politique que tu as adoptée, quand tu as eu l'idée de t'occuper aussi de cela, est telle que, dans le bonheur de la patrie, tu menais une vie de lièvre, craignant, tremblant, t'attendant à tout instant à recevoir des coups pour les crimes dont tu avais conscience, et telle que, dans le malheur des autres, tout le monde a pu voir ton audace. **264** Or l'homme qui a repris de l'audace à la mort de mille[91] de nos concitoyens, comment mérite-t-il d'être traité par les survivants ? Je pourrais dire de lui bien d'autres choses, mais je les laisserai de côté ; car je ne crois pas que je puisse dire facilement toutes les hontes et les turpitudes que je pourrais montrer en lui, mais seulement ce dont je n'ai pas honte de parler.

265 Examine donc l'une à côté de l'autre ton existence et la mienne, calmement, sans colère, Eschine. Puis demande aux gens que voici quel est des deux sorts celui que chacun d'eux choisirait. Tu enseignais la lecture ; moi, j'étudiais. Tu initiais ; moi, je me faisais initier. Tu étais scribe ; moi, je faisais partie de l'Assemblée. Tu jouais les troisièmes rôles ; moi, j'assistais au spectacle. Tu tombais ; moi, je sifflais. Toute ta politique a été dans l'intérêt de l'ennemi ; toute la mienne, dans l'intérêt de la patrie. **266** Je laisse le reste ; mais maintenant, en ce jour, moi, je suis soumis à une enquête pour savoir si je serai couronné, mais je suis déjà reconnu pour complètement irréprochable. Pour toi, ta réputation de sycophante est déjà établie, et tu t'exposes pour savoir si tu dois encore agir de la sorte, ou être arrêté dès maintenant si tu n'obtiens pas le cinquième des voix. C'est un destin heureux, n'est-ce pas ? qui t'a accompagné, et c'est le mien que tu accuses !

267 Allons ! Je vais vous faire lire les témoignages sur les liturgies que j'ai remplies, et en regard, fais lire, toi, les tirades que tu massacrais :

91. Pertes athéniennes à Chéronée (Lyc., *Léocr.* 142 ; Diod., XVI, 88).

« Ἥκω νεκρῶν κευθμῶνα καὶ σκότου πύλας... »

καί·

« Κακαγγελεῖν μὲν ἴσθι μὴ θέλοντά με... »

καὶ... Κακὸν κακῶς σε μάλιστα μὲν οἱ θεοί, ἔπειθ᾽ οὗτοι πάντες ἀπολέσειαν, πονηρὸν ὄντα καὶ πολίτην καὶ τριταγωνιστήν. Λέγε τὰς μαρτυρίας.

Μαρτυρίαι

268 Ἐν μὲν τοίνυν τοῖς πρὸς τὴν πόλιν τοιοῦτος· ἐν δὲ τοῖς ἰδίοις εἰ μὴ πάντες ἴστε ὅτι κοινὸς καὶ φιλάνθρωπος καὶ πᾶσι τοῖς δεομένοις ἐπαρκῶν, | σιωπῶ καὶ οὐδὲν ἂν εἴποιμι οὐδὲ παρασχοίμην περὶ τούτων οὐδεμίαν μαρτυρίαν, οὔτ᾽ εἴ τινας ἐκ τῶν πολεμίων ἐλυσάμην, οὔτ᾽ εἴ τισι θυγατέρας ἀποροῦσι συνεξέδωκα, οὔτε τῶν τοιούτων οὐδέν. 269 Καὶ γὰρ οὕτω πως ὑπείληφα· ἐγὼ νομίζω τὸν μὲν εὖ παθόντα δεῖν μεμνῆσθαι πάντα τὸν χρόνον, τὸν δὲ ποιήσαντ᾽ εὐθὺς ἐπιλελῆσθαι, εἰ δεῖ τὸν μὲν χρηστοῦ, τὸν δὲ μὴ μικροψύχου ποιεῖν ἔργον ἀνθρώπου. Τὸ δὲ τὰς ἰδίας εὐεργεσίας ὑπομιμνῄσκειν καὶ λέγειν μικροῦ δεῖν ὅμοιόν ἐστι τῷ ὀνειδίζειν. Οὐ δὴ ποιήσω τοιοῦτον οὐδέν, οὐδὲ προαχθήσομαι, ἀλλ᾽ ὅπως ποθ᾽ ὑπείλημμαι περὶ τούτων ἀρκεῖ μοι.

270 Βούλομαι δὲ τῶν ἰδίων ἀπαλλαγεὶς ἔτι μικρὰ πρὸς ὑμᾶς εἰπεῖν περὶ τῶν κοινῶν. Εἰ μὲν γὰρ ἔχεις, Αἰσχίνη, τῶν ὑπὸ τοῦτον τὸν ἥλιον εἰπεῖν ἀνθρώπων ὅστις ἀθῷος τῆς Φιλίππου πρότερον καὶ νῦν τῆς Ἀλεξάνδρου δυναστείας γέγονεν, ἢ τῶν Ἑλλήνων ἢ τῶν βαρβάρων, ἔστω.

92. Premiers vers de l'*Hécube* d'Euripide.

93. Sans doute début d'une tirade de messager dans une tragédie inconnue ; cf. Euripide, *Troy.*, 710 ; Soph., *Antig.*, 277. Démosthène (*Amb.*, 247) prétendait qu'Eschine, en tant que « troisième rôle », était

J'arrive[92] *des retraites des morts et des portes de l'ombre*

et

Sache[93] *que je ne veux pas annoncer de mauvaises nouvelles...*

et... Que les dieux tout d'abord, et ensuite tous les gens que voici te fassent périr misérablement, toi qui ne vaux rien ni comme citoyen ni comme acteur de troisième ordre ! *(Au greffier.)* Lis les témoignages.

TÉMOIGNAGES

268 À l'égard de l'État, voilà donc ce que j'ai été. Dans les relations privées, si vous ne savez pas tous que je suis accueillant, humain, secourable à qui est dans le besoin, je me tais, sans rien dire de cela ni fournir aucun témoignage sur les gens que j'ai rachetés à l'ennemi[94], sur ceux que j'ai aidés à doter leurs filles, ou sur toute autre chose du même ordre. **269** En effet, voici mon opinion : je pense que l'obligé doit garder un souvenir éternel, mais que le bienfaiteur doit oublier immédiatement, si l'un veut agir en honnête homme et l'autre ne pas agir en âme mesquine. Rappeler ses propres bienfaits et en parler est presque équivalent à injurier. Donc je n'en ferai rien et ne m'y laisserai pas entraîner ; l'opinion que l'on a de moi sur ce point me suffit.

270 Laissant de côté mes affaires personnelles, je veux vous dire encore quelques mots des affaires publiques. Si tu peux, Eschine, parmi les hommes qu'éclaire ce soleil, en citer un qui n'ait pas souffert autrefois de la tyrannie de Philippe et maintenant de celle d'Alexandre, soit chez les Grecs, soit chez les barbares,

spécialisé dans les emplois de rois et de tyrans. Peut-être veut-il insinuer ici qu'il n'était bon qu'à « jouer les utilités ».

94. Allusion à peu près certaine au rôle que Démosthène joua en Macédoine lors de la seconde ambassade de 346 (*Amb.*, 169).

συγχωρῶ σοι τὴν ἐμὴν εἴτε τύχην εἴτε δυστυχίαν ὀνομάζειν βούλει, πάντων αἰτίαν γεγενῆσθαι. 271 Εἰ δὲ καὶ τῶν μηδεπώποτ' ἰδόντων ἐμὲ μηδὲ φωνὴν ἀκηκοότων ἐμοῦ πολλοὶ πολλὰ καὶ δεινὰ πεπόνθασι, μὴ μόνον κατ' ἄνδρα, ἀλλὰ καὶ πόλεις ὅλαι καὶ ἔθνη, πόσῳ δικαιότερον καὶ ἀληθέστερον τὴν ἁπάντων, ὡς ἔοικεν, ἀνθρώπων τύχην κοινὴν καὶ φοράν τινα πραγμάτων χαλεπὴν καὶ οὐχ οἵαν ἔδει τούτων αἰτίαν ἡγεῖσθαι; 272 Σὺ τοίνυν ταῦτ' ἀφεὶς ἐμὲ τὸν παρὰ τουτοισὶ πεπολιτευμένον αἰτιᾷ καὶ ταῦτ' εἰδὼς ὅτι καὶ εἰ μὴ τὸ ὅλον, μέρος γ' ἐπιβάλλει τῆς βλασφημίας ἅπασι καὶ μάλιστα σοί. | Εἰ μὲν γὰρ ἐγὼ κατ' ἐμαυτὸν αὐτοκράτωρ περὶ τῶν πραγμάτων ἐβουλευόμην, ἦν ἂν τοῖς ἄλλοις ῥήτορσιν ὑμῖν ἔμ' αἰτιᾶσθαι· 273 εἰ δὲ παρῆτε μὲν ἐκ ταῖς ἐκκλησίαις ἁπάσαις, ἀεὶ δ' ἐν κοινῷ τὸ συμφέρον ἡ πόλις προυτίθει σκοπεῖν, πᾶσι δὲ ταῦτ' ἐδόκει τότ' ἄριστ' εἶναι καὶ μάλιστα σοί (οὐ γὰρ ἐπ' εὐνοίᾳ γ' ἐμοὶ παρεχώρεις ἐλπίδων καὶ ζήλου καὶ τιμῶν, ἃ πάντα προσῆν τοῖς τότε πραττομένοις ὑπ' ἐμοῦ, ἀλλὰ τῆς ἀληθείας ἡττώμενος δηλονότι καὶ τῷ μηδὲν ἔχειν εἰπεῖν βέλτιον), πῶς οὐκ ἀδικεῖς καὶ δεινὰ ποιεῖς, τούτοις νῦν ἐγκαλῶν ὧν τότ' οὐκ εἶχες λέγειν βελτίω; 274 Παρὰ μὲν τοίνυν τοῖς ἄλλοις ἔγωγ' ὁρῶ πᾶσιν ἀνθρώποις διωρισμένα καὶ τεταγμένα πως τὰ τοιαῦτα. Ἀδικεῖ τις ἑκών· ὀργὴν καὶ τιμωρίαν κατὰ τούτου. Ἐξήμαρτέ τις ἄκων· συγγνώμην ἀντὶ τῆς τιμωρίας τούτῳ. Οὔτ' ἀδικῶν τις οὔτ' ἐξαμαρτάνων εἰς τὰ πᾶσι δοκοῦντα συμφέρειν ἑαυτὸν δοὺς οὐ κατώρθωσεν μεθ' ἁπάντων· οὐκ ὀνειδίζειν οὐδὲ λοιδορεῖσθαι τῷ τοιούτῳ δίκαιον, ἀλλὰ συνάχθεσθαι. 275 Φανήσεται ταῦτα πάνθ' οὕτως οὐ μόνον ἐν τοῖς νομίμοις, ἀλλὰ καὶ ἡ φύσις αὐτὴ

bien ! je t'accorde que ma fortune ou mon infortune (comme tu voudras l'appeler) a été responsable de tout. **271** Mais puisque, même parmi ceux qui ne m'avaient jamais vu et n'avaient jamais entendu ma voix, beaucoup, et non seulement individuellement, mais en cités et nations entières, ont subi bien des calamités, n'est-il pas bien plus juste et plus exact d'en voir la cause dans le destin commun de l'humanité et dans une cruelle évolution des événements, telle qu'elle n'eût pas dû se produire ? **272** Or toi, tu négliges cela ; et c'est moi, qui ai fait de la politique dans cette cité, que tu rends responsable ; et pourtant tu sais que tes calomnies retombent, sinon en entier, du moins en partie, sur tout le monde et principalement sur toi. En effet, si c'était isolément, autocratiquement, que j'avais délibéré sur les affaires, vous, les autres orateurs, vous pourriez me rendre responsable. **273** Mais puisque vous étiez présents à toutes les assemblées, que chaque fois l'État proposait de délibérer en commun sur l'intérêt public, puisque cette politique était alors jugée la meilleure par tous et principalement par toi (ce n'est certes pas par bienveillance que tu m'abandonnais les espérances, l'admiration, les honneurs, tout ce qui accompagnait mon action d'alors ; c'est évidemment parce que tu cédais à la vérité et que tu ne pouvais rien proposer de meilleur), comment alors n'es-tu pas coupable et n'agis-tu pas de façon scandaleuse quand tu critiques maintenant des propositions auxquelles alors tu ne pouvais rien opposer de meilleur ? **274** Dans tout le reste du monde, je trouve à peu près la définition et la règle suivante : quelqu'un commet un crime volontaire, il y a colère et châtiment contre lui ; quelqu'un a commis une erreur involontaire, il y a pardon pour lui et non pas châtiment ; quelqu'un qui n'a commis ni crime ni erreur, mais qui s'est dévoué à ce que tous regardaient comme utile, a connu l'insuccès en même temps que tout le monde, il n'est pas juste de lui adresser des reproches ou des injures, il faut s'affliger avec lui. **275** On verra non seulement qu'il en est ainsi dans les lois, mais que la

τοῖς ἀγράφοις νομίμοις καὶ τοῖς ἀνθρωπίνοις ἤθεσιν διώρικεν. Αἰσχίνης τοίνυν τοσοῦτον ὑπερβέβληκεν ἅπαντας ἀνθρώπους ὠμότητι καὶ συκοφαντίᾳ ὥστε καὶ ὧν αὐτὸς ὡς ἀτυχημάτων ἐμέμνητο, καὶ ταῦτ᾿ ἐμοῦ κατηγορεῖ.

276 Καὶ πρὸς τοῖς ἄλλοις, ὥσπερ αὐτὸς ἁπλῶς καὶ μετ᾿ εὐνοίας πάντας εἰρηκὼς τοὺς λόγους, φυλάττειν ἐμὲ καὶ τηρεῖν ἐκέλευεν | ὅπως μὴ παρακρούσομαι μηδ᾿ ἐξαπατήσω, δεινὸν καὶ γόητα καὶ σοφιστὴν καὶ τὰ τοιαῦτ᾿ ὀνομάζων, ὡς ἐὰν πρότερός τις εἴπῃ τὰ προσόνθ᾿ ἑαυτῷ περὶ ἄλλου, καὶ δὴ ταῦθ᾿ οὕτως ἔχοντα, καὶ οὐκέτι τοὺς ἀκούοντας σκεψομένους τίς ποτ᾿ αὐτός ἐστιν ὁ ταῦτα λέγων. Ἐγὼ δ᾿ οἶδ᾿ ὅτι γιγνώσκετε τοῦτον ἅπαντες, καὶ πολὺ τούτῳ μᾶλλον ἢ ἐμοὶ νομίζετε ταῦτα προσεῖναι. 277 Κἀκεῖν᾿ εὖ οἶδ᾿ ὅτι τὴν ἐμὴν δεινότητα — ἔστω γάρ· καίτοι ἔγωγ᾿ ὁρῶ τῆς τῶν λεγόντων δυνάμεως τοὺς ἀκούοντας τὸ πλεῖστον κυρίους· ὡς γὰρ ἂν ὑμεῖς ἀποδέξησθε καὶ πρὸς ἕκαστον ἔχητ᾿ εὐνοίας, οὕτως ὁ λέγων ἔδοξε φρονεῖν. Εἰ δ᾿ οὖν ἐστι καὶ παρ᾿ ἐμοί τις ἐμπειρία τοιαύτη, ταύτην μὲν εὑρήσετε πάντες ἐν τοῖς κοινοῖς ἐξεταζομένην ὑπὲρ ὑμῶν ἀεὶ καὶ οὐδαμοῦ καθ᾿ ὑμῶν οὐδ᾿ ἰδίᾳ, τὴν δὲ τούτου τοὐναντίον οὐ μόνον τῷ λέγειν ὑπὲρ τῶν ἐχθρῶν, ἀλλὰ καὶ εἴ τις ἐλύπησέ τι τοῦτον ἢ προσέκρουσέ που, κατὰ τούτων. Οὐ γὰρ αὐτῇ δικαίως οὐδ᾿ ἐφ᾿ ἃ συμφέρει τῇ πόλει χρῆται. 278 Οὔτε γὰρ τὴν ὀργὴν οὔτε τὴν ἔχθραν οὔτ᾿ ἄλλο οὐδὲν τῶν τοιούτων τὸν καλὸν κἀγαθὸν πολίτην δεῖ τοὺς ὑπὲρ τῶν κοινῶν εἰσεληλυθότας δικαστὰς ἀξιοῦν αὑτῷ βεβαιοῦν, οὐδ᾿ ὑπὲρ τούτων εἰς ὑμᾶς εἰσιέναι, ἀλλὰ μάλιστα μὲν μὴ ἔχειν ταῦτ᾿ ἐν τῇ φύσει, εἰ δ᾿ ἄρ᾿ ἀνάγκη, πράως καὶ μετρίως διακείμεν᾿ ἔχειν. Ἐν τίσιν οὖν σφοδρὸν εἶναι τὸν πολιτευόμενον καὶ τὸν ῥήτορα δεῖ; Ἐν οἷς τῶν

nature elle-même l'a précisé dans les usages non écrits et dans les mœurs des hommes. Eschine donc l'emporte tant sur les autres hommes par sa férocité de sycophante qu'il m'accuse encore des faits qu'il a lui-même mentionnés comme accidents dus à la fortune.

276 En outre, comme si lui-même avait dans tout son discours usé de franchise et de patriotisme, il vous disait de me surveiller et de m'observer pour éviter d'être abusés et trompés par moi ; il m'appelait habile homme, sorcier, sophiste, etc., comme si, pourvu qu'on prenne les devants en disant d'un autre ce qui s'applique à vous-même, la réalité était telle, et comme si les auditeurs n'allaient plus examiner ce qu'est celui-là même qui parle ainsi. Moi, je sais que vous le connaissez tous et que vous pensez que ces qualificatifs s'appliquent bien plus à lui qu'à moi. **277** Je sais bien aussi que mon habileté oratoire – va pour ce mot ; et cependant, je vois que le plus souvent le pouvoir de l'orateur dépend des auditeurs ; car c'est selon l'accueil que vous faites à chacun et la sympathie que vous lui témoignez, que l'orateur passe pour intelligent. En tout cas, si j'ai quelque expérience en ce domaine, vous trouverez tous que, dans les affaires publiques, on a reconnu que cette habileté a toujours agi dans votre intérêt, jamais contre vous, même dans mes actes privés ; pour celle de cet individu, c'est le contraire, non seulement du fait qu'il parle en faveur de l'ennemi, mais aussi parce qu'il parle contre quiconque l'a gêné ou lui a fait obstacle. Car il ne l'utilise pas conformément à la justice ou aux intérêts de l'État. **278** En effet, le bon citoyen ne doit pas demander aux juges convoqués pour une affaire publique de soutenir sa colère ou sa haine ou tout autre sentiment du même ordre ; il ne doit pas se présenter devant vous pour les satisfaire ; il doit, avant tout, ne pas les posséder en son âme, ou, en cas de nécessité, les maintenir dans le calme et la modération. Dans quel cas l'homme politique et l'orateur doivent-ils donc faire preuve de véhémence ?

ὅλων τι κινδυνεύεται τῇ πόλει, καὶ ἐν οἷς πρὸς τοὺς ἐναντίους ἐστὶ τῷ δήμῳ, ἐν τούτοις· ταῦτα γὰρ γενναίου καὶ ἀγαθοῦ πολίτου. 279 Μηδενὸς δὲ ἀδικήματος πώποτε δημοσίου, προσθήσω δὲ μηδ' ἰδίου, δίκην ἀξιώσαντα λαβεῖν παρ' ἐμοῦ μήθ' ὑπὲρ τῆς πόλεως μήθ' ὑπὲρ αὐτοῦ, στεφάνου καὶ ἐπαίνου κατηγορίαν νῦν ἥκειν συνεσκευασμένον, καὶ τοσουτουσὶ λόγους ἀνηλωκέναι ἰδίας ἔχθρας καὶ φθόνου καὶ μικροψυχίας ἐστὶ σημεῖον, οὐδενὸς χρηστοῦ. Τὸ δὲ δὴ καὶ τοὺς πρὸς ἔμ' αὐτὸν ἀγῶνας ἐάσαντα νῦν ἐπὶ τόνδ' ἥκειν, πᾶσαν ἔχει κακίαν. 280 Καὶ ἔμοιγε δοκεῖς ἐκ τούτων, Αἰσχίνη, λόγων ἐπίδειξίν τινα καὶ φωνασκίας βουλόμενος ποιήσασθαι τοῦτον προελέσθαι τὸν ἀγῶνα, οὐκ ἀδικήματος οὐδενὸς λαβεῖν τιμωρίαν. Ἔστι δ' οὐχ ὁ λόγος τοῦ ῥήτορος, Αἰσχίνη, τίμιον, οὐδ' ὁ τόνος τῆς φωνῆς, ἀλλὰ τὸ ταὐτὰ προαιρεῖσθαι τοῖς πολλοῖς καὶ τὸ τοὺς αὐτοὺς καὶ μισεῖν καὶ φιλεῖν οὕσπερ ἂν ἡ πατρίς. 281 Ὁ γὰρ οὕτως ἔχων τὴν ψυχήν, οὗτος ἐπ' εὐνοίᾳ πάντ' ἐρεῖ· ὁ δ' ἀφ' ὧν ἡ πόλις προορᾶταί τινα κίνδυνον ἑαυτῇ, τούτους θεραπεύων οὐκ ἐπὶ τῆς αὐτῆς ὁρμεῖ τοῖς πολλοῖς· οὔκουν οὐδὲ τῆς ἀσφαλείας τὴν αὐτὴν ἔχει προσδοκίαν. Ἀλλ' (ὁρᾷς ;) ἐγώ· ταὐτὰ γὰρ συμφέρονθ' εἱλόμην τουτοισί, καὶ οὐδὲν ἐξαίρετον οὐδ' ἴδιον πεποίημαι. 282 Ἆρ' οὖν οὐδὲ σύ ; Καὶ πῶς ; Ὃς εὐθέως μετὰ τὴν μάχην πρεσβευτὴς ἐπορεύου πρὸς Φίλιππον, ὃς ἦν τῶν ἐν ἐκείνοις τοῖς χρόνοις συμφορῶν αἴτιος τῇ πατρίδι, καὶ ταῦτ' ἀρνούμενος πάντα τὸν ἔμπροσθε χρόνον ταύτην τὴν χρείαν, ὡς πάντες ἴσασιν. Καίτοι τίς ὁ τὴν πόλιν ἐξαπατῶν ; Οὐχ ὁ μὴ λέγων

95. Démosthène désigne Ctésiphon, contre lequel était portée l'accusation.

Dans le cas où les intérêts généraux de l'État sont en danger, dans le cas où le peuple a affaire à ses ennemis, dans ce cas-là seulement. Voilà le rôle d'un citoyen généreux et honnête. **279** Mais, quand on a jugé bon de ne s'en prendre à moi pour aucune faute publique (ni, ajouterai-je, pour aucune faute privée), ni dans l'intérêt de l'État, ni dans son propre intérêt, se présenter après avoir monté de toutes pièces une accusation concernant une couronne et un éloge, y consacrer un si long discours, c'est un témoignage de haine privée, de jalousie et de bassesse d'âme, non pas de quelque sentiment honnête. Et avoir même négligé de s'attaquer à moi pour venir maintenant s'en prendre à l'homme que voici, prouve le comble de la méchanceté[95]. **280** Cela me fait croire, Eschine, que tu as voulu faire une exhibition de ton éloquence et de tes vocalises quand tu t'es décidé à ce procès, et non pas faire punir une faute quelconque. Mais ce n'est pas l'éloquence de l'orateur, Eschine, qui est chose précieuse, ni la force de la voix ; c'est le fait même d'avoir même idéal que la majorité, de détester ou d'aimer ceux qu'aime ou que déteste la patrie[96]. **281** Celui qui a cet état d'âme, celui-là parlera toujours avec dévouement ; celui qui flatte précisément les gens du fait desquels le pays prévoit un danger, ce n'est pas lui qui est au même mouillage que la majorité ni qui attend son salut de la même façon. Au contraire, c'est ce que je fais, moi (le vois-tu ?) ; car j'ai adopté le même intérêt que les citoyens que voici sans rien me procurer de spécial ni de particulier. **282** Est-ce ce que tu l'as fait, toi aussi ? Comment donc ? Aussitôt après la bataille, tu es parti comme ambassadeur auprès de Philippe qui était cause des malheurs survenus alors à notre patrie, et cela tandis que toujours auparavant, comme tout le monde le sait, tu avais refusé ce service. Or quel est l'homme qui trompe

96. Profession de foi démocratique de la part de Démosthène : la loi de la majorité *(hoi polloi)* s'impose à tous.

ἃ φρονεῖ; Τῷ δ' ὁ κῆρυξ καταρᾶται δικαίως; Οὐ τῷ τοιούτῳ; Τί δὲ μεῖζον ἔχοι τι ἂν εἰπεῖν ἀδίκημα κατ' ἀνδρὸς ῥήτορος ἢ εἰ μὴ ταὐτὰ καὶ φρονεῖ καὶ λέγει; Σὺ τοίνυν οὗτος εὑρέθης. | 283 Εἶτα σὺ φθέγγει καὶ βλέπειν εἰς τὰ τούτων πρόσωπα τολμᾷς; Πότερ' οὐχ ἡγεῖ γιγνώσκειν αὐτοὺς ὅστις εἶ, ἢ τοσοῦτον ὕπνον καὶ λήθην ἅπαντας ἔχειν ὥστ' οὐ μεμνῆσθαι τοὺς λόγους οὓς ἐδημηγόρεις ἐν τῷ πολέμῳ, καταρώμενος καὶ διομνύμενος μηδὲν εἶναι σοὶ καὶ Φιλίππῳ πρᾶγμα, ἀλλ' ἐμὲ τὴν αἰτίαν σοι ταύτην ἐπάγειν τῆς ἰδίας ἕνεκ' ἔχθρας, οὐκ οὖσαν ἀληθῆ; 284 Ὡς δ' ἀπηγγέλθη τάχισθ' ἡ μάχη, οὐδὲ τούτων φροντίσας εὐθέως ὡμολόγεις καὶ προσεποιοῦ φιλίαν καὶ ξενίαν εἶναί σοι πρὸς αὐτόν, τῇ μισθαρνίᾳ ταῦτα μετατιθέμενος τὰ ὀνόματα. Ἐκ ποίας γὰρ ἴσης ἢ δικαίας προφάσεως Αἰσχίνῃ τῷ Γλαυκοθέας τῆς τυμπανιστρίας ξένος ἢ φίλος ἢ γνώριμος ἦν Φίλιππος; Ἐγὼ μὲν οὐχ ὁρῶ· ἀλλ' ἐμισθώθης ἐπὶ τῷ τὰ τουτωνὶ συμφέροντα διαφθείρειν. Ἀλλ' ὅμως, οὕτω φανερῶς αὐτὸς εἰλημμένος προδότης, καὶ κατὰ σαυτοῦ μηνυτὴς ἐπὶ τοῖς συμβᾶσι γεγονώς, ἐμοὶ λοιδορεῖ καὶ ὀνειδίζεις ταῦτα ὧν πάντας μᾶλλον αἰτίους εὑρήσεις.

285 Πολλὰ καὶ καλὰ καὶ μεγάλ' ἡ πόλις, Αἰσχίνη, καὶ προείλετο καὶ κατώρθωσε δι' ἐμοῦ, ὧν οὐκ ἠμνημόνησεν. Σημεῖον δέ· χειροτονῶν γὰρ ὁ δῆμος τὸν ἐροῦντ' ἐπὶ τοῖς τετελευτηκόσιν παρ' αὐτὰ τὰ συμβάντα, οὐ σὲ ἐχειροτόνησε προβληθέντα, καίπερ εὔφωνον ὄντα, οὐδὲ Δημάδην, ἄρτι

la cité ? N'est-ce pas celui qui ne dit pas ce qu'il pense ? Contre qui le héraut prononce-t-il de justes imprécations ? N'est-ce pas contre un homme de cette espèce ? Quel crime plus grave pourrait-on imputer à un orateur que de ne pas penser ce qu'il dit ? Or toi, on a découvert que tu étais tel. **283** Et puis tu ouvres la bouche et tu oses regarder en face les citoyens que voici ! Crois-tu qu'ils ne savent pas qui tu es ? Ou bien qu'ils sont tous si profondément endormis et oublieux qu'ils ne se souviennent pas des discours que tu prononçais pendant la guerre, quand tu jurais avec des malédictions qu'il n'y avait nul rapport entre toi et Philippe, que c'était par inimitié personnelle que je lançais contre toi cette imputation et que cette imputation était fausse. **284** Aussitôt qu'on eut des nouvelles de la bataille, sans plus se soucier de cela, immédiatement tu avouais et feignais être en relation d'amitié et d'hospitalité avec Philippe, en appliquant ces noms à ton rôle de salarié. Car y a-t-il une raison d'égalité ou de justice qui faisait de Philippe un hôte, un ami ou une connaissance d'Eschine, fils de Glaucothéa, la joueuse de tambourin ? Je n'en vois pas ; tu t'étais vendu pour nuire aux intérêts des citoyens que voici. Malgré cela, quand tu as été toi-même clairement convaincu de trahison, quand tu t'es dénoncé toi-même lors de ces événements, c'est moi que tu injuries et à qui tu reproches ces faits dont tu peux trouver de plus responsables partout ailleurs.

285 Notre cité, Eschine, a décidé et accompli heureusement, grâce à moi, bien de belles et grandes actions, et elle n'en a pas perdu le souvenir. En voici la preuve. Quand le peuple eut à élire celui qui prononcerait l'oraison funèbre des morts au lendemain même des événements, ce n'est pas toi qui fus élu, bien que tu fusses proposé et que tu aies une belle voix ; ce ne fut pas Démade, qui venait de nous procurer la paix ; ce ne

πεποιηκότα τὴν εἰρήνην, οὐδ' Ἡγήμονα, οὐδ' ἄλλον ὑμῶν οὐδένα, ἀλλ' ἐμέ. Καὶ παρελθόντος σοῦ καὶ Πυθοκλέους ὠμῶς καὶ ἀναιδῶς, | ὦ Ζεῦ καὶ θεοί, καὶ κατηγορούντων ἐμοῦ ταὐτὰ ἃ καὶ σὺ νυνί, καὶ λοιδορουμένων, ἔτ' ἄμεινον ἐχειροτόνησεν ἐμέ. 286 Τὸ δ' αἴτιον οὐκ ἀγνοεῖς μέν, ὅμως δὲ φράσω σοι κἀγώ. Ἀμφότερ' ᾔδεσαν αὐτοί, τήν τ' ἐμὴν εὔνοιαν καὶ προθυμίαν μεθ' ἧς τὰ πράγματ' ἔπραττον, καὶ τὴν ὑμετέραν ἀδικίαν· ἃ γὰρ εὐθηνούντων τῶν πραγμάτων ἠρνεῖσθε διομνύμενοι, ταῦτ' ἐν οἷς ἔπταισεν ἡ πόλις ὡμολογήσατε. Τοὺς οὖν ἐπὶ τοῖς κοινοῖς ἀτυχήμασιν ὧν ἐφρόνουν λαβόντας ἄδειαν ἐχθροὺς μὲν πάλαι, φανεροὺς δὲ τόθ' ἡγήσανθ' αὑτοῖς γεγενῆσθαι. 287 Εἶτα καὶ προσήκειν ὑπολαμβάνοντες τὸν ἐροῦντ' ἐπὶ τοῖς τετελευτηκόσι καὶ τὴν ἐκείνων ἀρετὴν κοσμήσοντα μήθ' ὁμωρόφιον μήθ' ὁμόσπονδον γεγενημένον εἶναι τοῖς πρὸς ἐκείνους παραταξαμένοις, μηδ' ἐκεῖ μὲν κωμάζειν καὶ παιωνίζειν ἐπὶ ταῖς τῶν Ἑλλήνων συμφοραῖς μετὰ τῶν αὐτοχείρων τοῦ φόνου, δεῦρο δ' ἐλθόντα τιμᾶσθαι, μηδὲ τῇ φωνῇ δακρύειν ὑποκρινόμενον τὴν ἐκείνων τύχην, ἀλλὰ τῇ ψυχῇ συναλγεῖν. Τοῦτο δ' ἑώρων παρ' ἑαυτοῖς καὶ παρ' ἐμοί, παρ' ὑμῖν δ' οὔ. 288 Διὰ ταῦτ' ἔμ' ἐχειροτόνησαν καὶ οὐχ ὑμᾶς. Καὶ οὐχ ὁ μὲν δῆμος οὕτως, οἱ δὲ τῶν τετελευτηκότων πατέρες καὶ ἀδελφοὶ οἱ ὑπὸ τοῦ δήμου τόθ' αἱρεθέντες ἐπὶ τὰς ταφὰς ἄλλως πως, ἀλλὰ δέον ποιεῖν αὐτοὺς τὸ περίδειπνον ὡς παρ' οἰκειοτάτῳ τῶν τετελευτηκότων,

97. L'oraison funèbre était prononcée lors de la fête des Epitaphia qui avait lieu en Pyanepsion (novembre). Démade fut en effet le négociateur de la paix avec Philippe en 338.

98. Démosthène transpose dans le domaine politique les règles religieuses imposées dans les causes d'homicide. La propagande anti-

fut pas Hégémon ni aucun autre de vous ; ce fut moi[97]. Quand Pythoclès et toi vous fûtes montés à la tribune avec férocité et impudence, ô Zeus et vous tous dieux !, quand vous eûtes lancé contre moi les mêmes accusations et les mêmes injures que tu viens de lancer, je fus encore mieux élu. **286** La cause, tu ne l'ignores pas ; cependant je vais encore te l'exposer. Nos concitoyens connaissaient par eux-mêmes à la fois le patriotisme et le dévouement avec lesquels je m'occupais des affaires, et votre scélératesse ; car ce que vous aviez nié avec serment quand nos affaires allaient bien, vous l'avez avoué au moment où notre pays a subi un échec. Donc, pensa-t-on alors, les gens qui avaient trouvé dans les malheurs publics la sécurité pour leurs sentiments, étaient des ennemis depuis longtemps, mais dès lors nos ennemis déclarés. **287** Puis, se disait-on, il convenait que l'orateur chargé de prononcer l'oraison funèbre des morts et d'honorer leur courage, n'eût partagé ni le toit[98], ni les sacrifices de leurs adversaires, qu'il n'eût pas participé là-bas avec les auteurs du massacre à une fête ni à un péan à l'occasion des malheurs des Grecs, avant de venir se faire honorer ici ; que sa voix ne jouât pas la comédie des larmes sur le sort des morts, mais que son âme partageât notre douleur. Cette sympathie, ils la voyaient en eux-mêmes et en moi, mais en vous, non ! **288** C'est pour cela qu'ils m'ont élu, et non pas vous. Le peuple d'ailleurs ne fut pas seul à agir ainsi, tandis que les pères et les frères des morts, désignés alors par le peuple pour s'occuper des funérailles, auraient eu une attitude différente. Ils devaient faire le repas funèbre chez le plus proche parent des morts, comme c'est l'ha-

macédonienne prétendait que Philippe avait organisé un cortège de fête *(kômos)* en présence des ambassadeurs athéniens (Théopompe, fr. 262) ; sans doute y a-t-il eu confusion avec la fête qui suivit immédiatement la bataille (Diodore, XVI, 87).

ὥσπερ τἆλλ' εἴωθε γίγνεσθαι, τοῦτ' ἐποίησαν παρ' ἐμοί. Εἰκότως· γένει μὲν γὰρ ἕκαστος ἑκάστῳ μᾶλλον οἰκεῖος ἦν ἐμοῦ, κοινῇ δὲ πᾶσιν οὐδεὶς ἐγγυτέρω· ᾧ γὰρ ἐκείνους σωθῆναι καὶ κατορθῶσαι μάλιστα διέφερεν, | οὗτος καὶ παθόντων ἃ μήποτ' ὤφελον τῆς ὑπὲρ ἁπάντων λύπης πλεῖστον μετεῖχεν.

289 Λέγε δ' αὐτῷ τουτὶ τὸ ἐπίγραμμα, ὃ δημοσίᾳ προείλετο ἡ πόλις αὐτοῖς ἐπιγράψαι, [ἵν' εἰδῇς], Αἰσχίνη, καὶ ἐν αὐτῷ τούτῳ σαυτὸν ἀγνώμονα καὶ συκοφάντην ὄντα καὶ μιαρόν. Λέγε.

'Επίγραμμα

Οἵδε πάτρας ἕνεκα σφετέρας εἰς δῆριν ἔθεντο
ὅπλα, καὶ ἀντιπάλων ὕβριν ἀπεσκέδασαν.
Μαρνάμενοι δ' † ἀρετῆς καὶ δείματος οὐκ ἐσάωσαν †
ψυχάς, ἀλλ' Ἀίδην κοινὸν ἔθεντο βραβῆ,
οὕνεκεν Ἑλλήνων, ὡς μὴ ζυγὸν αὐχένι θέντες
δουλοσύνης στυγερὰν ἀμφὶς ἔχωσιν ὕβριν.
Γαῖα δὲ πατρὶς ἔχει κόλποις τῶν πλεῖστα καμόντων
σώματ', [ἐπεὶ θνητοῖς ἐκ Διὸς ἥδε κρίσις·]
μηδὲν ἁμαρτεῖν ἐστι θεῶν καὶ πάντα κατορθοῦν
ἐν βιοτῇ· μοῖραν δ' οὔ τι φυγεῖν ἔπορεν.

290 Ἀκούεις, Αἰσχίνη, καὶ ἐν αὐτῷ τούτῳ, « μηδὲν ἁμαρτεῖν ἔστι θεῶν καὶ πάντα κατορθοῦν » ; Οὐ τῷ

99. L'épigramme, bien que manquant dans trois des meilleurs manuscrits, est sans doute authentique. Il existe une autre épitaphe en vers des morts de Chéronée dont des fragments ont été retrouvés près de l'Olympieion. Peut-être y eut-il successivement deux monuments

bitude dans les autres cas ; or ils l'ont fait chez moi. Et ils ont eu raison : si par la naissance chacun d'eux individuellement était plus proche que moi de chaque mort, de tous à la fois nul ne l'était plus que moi, car l'homme qui avait le plus d'intérêt à leur salut et à leur succès, celui-là, quand ils avaient eu le sort qu'ils n'auraient jamais dû avoir, participait le plus vivement au deuil de tous les morts.

289 *(Au greffier.)* Lis-lui l'inscription que voici, celle que notre cité a décidé officiellement de placer sur leur tombe ; tu sauras ainsi, Eschine, que d'après ce texte même tu es un ignorant, un sycophante, un sacrilège. Lis.

INSCRIPTION

Ceux-ci[99], *pour leur patrie, se sont mis en ligne pour le combat, ils ont écarté d'elle les outrages de l'ennemi. Dans la bataille, ils n'ont pas sauvé leur vie du carnage et de ses effrois ; ils ont pris Hadès comme arbitre des deux partis, pour la cause des Grecs, afin d'empêcher que ceux-ci portassent au cou le joug et fussent enserrés dans les outrages de l'odieuse servitude. La terre de leur patrie garde en son sein les corps des victimes de tant d'épreuves, puisque telle est pour les mortels la décision de Zeus : des dieux dépend qu'on ne commette nulle faute et qu'on réussisse en tout dans la vie ; mais Zeus n'a pas donné à l'homme d'échapper à sa destinée.*

290 Entends-tu, Eschine ? Dans ce texte même : « *des dieux dépend qu'on ne commette nulle faute et qu'on réussisse en tout* ». Ce n'est pas au conseiller qu'il

funéraires ; cependant, le marbre de l'Olympieion semble dater du IVe siècle ; doit-on croire que l'un des monuments a été élevé après 338, l'autre après 307 quand la démocratie fut rétablie ?

συμβούλῳ τὴν τοῦ κατορθοῦν τοὺς ἀγωνιζομένους ἀνέθηκεν δύναμιν, ἀλλὰ τοῖς θεοῖς. Τί οὖν, ὦ κατάρατ', ἐμοὶ περὶ τούτων λοιδορεῖ, καὶ λέγεις ἃ σοὶ καὶ τοῖς σοῖς οἱ θεοὶ τρέψειαν εἰς κεφαλήν ;

291 Πολλὰ τοίνυν, ὦ ἄνδρες Ἀθηναῖοι, καὶ ἄλλα κατηγορηκότος αὐτοῦ καὶ κατεψευσμένου, μάλιστ' ἐθαύμασα πάντων ὅτε τῶν συμβεβηκότων τότε τῇ πόλει μνησθεὶς οὐχ ὡς ἂν εὔνους καὶ δίκαιος πολίτης | ἔσχε τὴν γνώμην οὐδ' ἐδάκρυσεν, οὐδ' ἔπαθεν τοιοῦτον οὐδὲν τῇ ψυχῇ, ἀλλ' ἐπάρας τὴν φωνὴν καὶ γεγηθὼς καὶ λαρυγγίζων ᾤετο μὲν ἐμοῦ κατηγορεῖν δηλονότι, δεῖγμα δ' ἐξέφερεν καθ' ἑαυτοῦ ὅτι τοῖς γεγενημένοις ἀνιαροῖς οὐδὲν ὁμοίως ἔσχε τοῖς ἄλλοις. 292 Καίτοι τὸν τῶν νόμων καὶ τῆς πολιτείας φάσκοντα φροντίζειν, ὥσπερ οὗτος νυνί, καὶ εἰ μηδὲν ἄλλο, τοῦτό γ' ἔχειν δεῖ, ταὐτὰ λυπεῖσθαι καὶ ταὐτὰ χαίρειν τοῖς πολλοῖς, καὶ μὴ τῇ προαιρέσει τῶν κοινῶν ἐν τῷ τῶν ἐναντίων μέρει τετάχθαι· ὃ σὺ νυνὶ πεποιηκὼς εἶ φανερός, ἐμὲ πάντων αἴτιον καὶ δι' ἔμ' εἰς πράγματα φάσκων ἐμπεσεῖν τὴν πόλιν, οὐκ ἀπὸ τῆς ἐμῆς πολιτείας οὐδὲ προαιρέσεως ἀρξαμένων ὑμῶν τοῖς Ἕλλησι βοηθεῖν. 293 Ἐπεὶ ἔμοιγ' εἰ τοῦτο δοθείη παρ' ὑμῶν, δι' ἔμ' ὑμᾶς ἠναντιῶσθαι τῇ κατὰ τῶν Ἑλλήνων ἀρχῇ πραττομένῃ, μείζων ἂν δοθείη δωρεὰ συμπασῶν ὧν τοῖς ἄλλοις δεδώκατε. Ἀλλ' οὔτ' ἂν ἐγὼ ταῦτα φήσαιμι (ἀδικοίην γὰρ ἂν ὑμᾶς), οὔτ' ἂν ὑμεῖς εὖ οἶδ' ὅτι συγχωρήσαιτε· οὗτός τ', εἰ δίκαι' ἐποίει, οὐκ ἂν εἵνεκα τῆς πρὸς ἔμ' ἔχθρας τὰ μέγιστα τῶν ὑμετέρων καλῶν ἔβλαπτεν καὶ διέβαλλεν.

a attribué le pouvoir de faire réussir les combattants, mais aux dieux. Pourquoi donc, maudit, m'injuries-tu à ce sujet et dis-tu ce que les dieux, je le souhaite, feront retomber sur ta tête et sur celle des tiens ?

291 Athéniens, parmi les nombreuses accusations mensongères qu'il a lancées, ce qui m'a le plus surpris, c'est quand, rappelant ce qui est arrivé alors à notre pays, il n'a pas montré les sentiments d'un patriote et d'un citoyen juste, quand il n'a pas pleuré, n'a éprouvé aucune émotion de cette sorte ; au contraire, il élevait joyeusement la voix et donnait du gosier ; il se figurait m'accuser, évidemment ; mais il montrait, par cet échantillon qui l'accablait, que les peines du passé ne le touchaient pas de la même façon que les autres. **292** Or l'homme qui se prétend respectueux des lois et de la constitution (comme il le fait maintenant), doit, à défaut d'autre chose, avoir les mêmes peines et les mêmes joies que la majorité, et ne pas se ranger dans le parti des ennemis par ses préférences politiques. C'est pourtant ce que tu as fait, on le voit bien maintenant, quand tu prétends que je suis cause de tout et que c'est moi qui ai fait tomber notre pays dans ces difficultés, tandis que ce n'est ni ma politique ni mes préférences qui vous ont amenés à secourir les Grecs pour la première fois ; **293** car si vous m'accordiez que c'est moi qui vous ai fait vous opposer à l'empire qui s'établissait au détriment des Grecs, alors vous m'accorderiez une récompense supérieure à toutes celles que vous avez accordées aux autres. Mais je n'irais pas dire cela (car alors je serais coupable envers vous), et vous, je le sais bien, vous ne le permettriez pas. Si cet individu agissait selon la justice, il n'irait pas, pour satisfaire sa haine envers moi, atteindre et calomnier les plus grandes de vos gloires[100].

100. Argument déjà employé à 125 et 207.

294 Ἀλλὰ τί ταῦτ᾽ ἐπιτιμῶ, πολλῷ σχετλιώτερ᾽ ἄλλα κατηγορηκότος αὐτοῦ καὶ κατεψευσμένου; Ὃς γὰρ ἐμοῦ φιλιππισμόν, ὦ γῆ καὶ θεοί, κατηγορεῖ, τί οὗτος οὐκ ἂν εἴποι; Καίτοι, νὴ τὸν Ἡρακλέα καὶ πάντας θεούς, εἴγ᾽ ἐπ᾽ ἀληθείας δέοι σκοπεῖσθαι, τὸ καταψεύδεσθαι καὶ δι᾽ ἔχθραν τι λέγειν ἀνελόντας ἐκ μέσου, τίνες ὡς ἀληθῶς εἰσιν οἷς ἂν εἰκότως καὶ δικαίως τὴν τῶν γεγενημένων αἰτίαν ἐπὶ τὴν κεφαλὴν ἀναθεῖεν ἅπαντες, | τοὺς ὁμοίους τούτῳ παρ᾽ ἑκάστῃ τῶν πόλεων εὕροιτ᾽ ἄν, οὐχὶ τοὺς ἐμοί. 295 Οἵ, ὅτ᾽ ἦν ἀσθενῆ τὰ Φιλίππου πράγματα καὶ κομιδῇ μικρά, πολλάκις προλεγόντων ἡμῶν καὶ παρακαλούντων καὶ διδασκόντων τὰ βέλτιστα, τῆς ἰδίας ἕνεκ᾽ αἰσχροκερδείας τὰ κοινῇ συμφέροντα προΐεντο, τοὺς ὑπάρχοντας ἕκαστοι πολίτας ἐξαπατῶντες καὶ διαφθείροντες, ἕως δούλους ἐποίησαν· Θετταλοὺς Δάοχος, Κινέας, Θρασύδαος· Ἀρκάδας Κερκιδᾶς, Ἱερώνυμος, Εὐκαμπίδας· Ἀργείους Μύρτις, Τελέδαμος, Μνασέας· Ἠλείους Εὐξίθεος, Κλεότιμος, Ἀρίσταιχμος· Μεσσηνίους οἱ Φιλιάδου τοῦ θεοῖς ἐχθροῦ παῖδες, Νέων καὶ Θρασύλοχος· Σικυωνίους Ἀρίστρατος, Ἐπιχάρης· Κορινθίους Δείναρχος, Δημάρετος· Μεγαρέας Πτοιόδωρος, Ἕλιξος, Πέριλλος· Θηβαίους Τιμόλαος, Θεογείτων, Ἀνεμοίτας· Εὐβοέας Ἵππαρχος, Κλείταρχος, Σωσίστρατος· 296 ἐπιλείψει με λέγονθ᾽ ἡ ἡμέρα τὰ τῶν προδοτῶν ὀνόματα. Οὗτοι πάντες εἰσίν, ἄνδρες Ἀθηναῖοι, τῶν αὐτῶν βουλευμάτων ἐν ταῖς αὑτῶν πατρίσιν ὧνπερ οὗτοι παρ᾽ ὑμῖν, ἄνθρωποι μιαροὶ καὶ κόλακες καὶ ἀλάστορες, ἠκρωτηριασμένοι τὰς ἑαυτῶν ἕκαστοι πατρίδας, τὴν ἐλευθερίαν προπεπωκότες πρότερον μὲν Φιλίππῳ, νῦν δ᾽ Ἀλεξάνδρῳ, τῇ γαστρὶ μετροῦντες καὶ τοῖς αἰσχίστοις

294 Mais pourquoi critiquer cela, puisque d'autres de ses accusations mensongères sont bien plus misérables encore ? L'homme qui m'accuse de sympathie pour Philippe[101], ô terre et dieux ! est-il chose qu'il s'abstiendrait de dire ? Et pourtant, par Héraclès et tous les dieux, s'il fallait examiner en toute vérité, en écartant du débat tout mensonge et tout langage dicté par la haine, quels sont vraiment ceux sur la tête de qui, en toute logique et toute justice, tout le monde ferait retomber la responsabilité des événements, vous trouveriez que ce sont, en chaque cité, les semblables de cet individu, et non pas les miens. **295** Quand la situation de Philippe était faible et vraiment petite, alors que nous donnions de nombreux avertissements, vous exhortions et vous indiquions les moyens d'agir pour le mieux, ces gens-là, pour satisfaire leur avidité personnelle, sacrifiaient l'intérêt commun, trompaient et corrompaient chacun ses propres concitoyens jusqu'au moment où ils en firent des esclaves : c'étaient, en Thessalie, Daochos, Kinéas, Thrasydaos ; en Arcadie, Kerkidas, Hiéronymos, Eucampidas ; à Argos, Myrtis, Télédamos, Mnaséas ; en Élide, Euxithéos, Cléotimos, Aristaichmos ; à Messène, Néon et Thrasylochos, fils de Philiadès l'ennemi des dieux ; à Sicyone, Aristratos, Épicharès ; à Corinthe, Deinarchos, Dèmarétos ; à Mégare, Ptoiodoros, Hélixos, Périllos ; à Thèbes, Timolaos, Théogeiton, Anémoitas ; en Eubée, Hipparchos, Cleitarchos, Sosistratos. **296** La journée ne me suffira pas à dire les noms des traîtres. Tous ces gens-là, Athéniens, sont, chacun dans sa patrie, les hommes des mêmes desseins qu'Eschine et ses amis chez vous, individus impurs, flatteurs, fléaux du monde, auteurs de la mutilation de leur propre patrie, gens qui ont fait cadeau de la liberté d'abord à Philippe, maintenant à Alexandre, qui prennent pour mesure du bonheur leur ventre et leurs parties honteuses, qui ont jeté à bas

101. Cf. 23, 228 ; Eschine, *Ctés.*, 57 et suiv., 161 et suiv.

τὴν εὐδαιμονίαν, τὴν δ' ἐλευθερίαν καὶ τὸ μηδέν' ἔχειν δεσπότην αὑτῶν, ἃ τοῖς προτέροις Ἕλλησιν ὅροι τῶν ἀγαθῶν ἦσαν καὶ κανόνες, ἀνατετροφότες.

297 Ταύτης τοίνυν τῆς οὕτως αἰσχρᾶς καὶ περιβοήτου συστάσεως καὶ κακίας, | μᾶλλον δ', ὦ ἄνδρες Ἀθηναῖοι, προδοσίας, εἰ δεῖ μὴ ληρεῖν, τῆς τῶν Ἑλλήνων ἐλευθερίας ἥ τε πόλις παρὰ πᾶσιν ἀνθρώποις ἀναίτιος γέγον' ἐκ τῶν ἐμῶν πολιτευμάτων, καὶ ἐγὼ παρ' ὑμῖν. Εἶτά μ' ἐρωτᾷς ἀντὶ ποίας ἀρετῆς ἀξιῶ τιμᾶσθαι; Ἐγὼ δέ σοι λέγω· ὅτι τῶν πολιτευομένων παρὰ τοῖς Ἕλλησι διαφθαρέντων ἁπάντων, ἀρξαμένων ἀπὸ σοῦ, [πρότερον μὲν ὑπὸ Φιλίππου, νῦν δ' ὑπ' Ἀλεξάνδρου], 298 ἔμ' οὔτε καιρὸς οὔτε φιλανθρωπία λόγων οὔτ' ἐπαγγελιῶν μέγεθος οὔτ' ἐλπὶς οὔτε φόβος οὔτ' ἄλλο οὐδὲν ἐπῆρεν οὐδὲ προηγάγετο ὧν ἔκρινα δικαίων καὶ συμφερόντων τῇ πατρίδι οὐδὲν προδοῦναι, οὐδ', ὅσα συμβεβούλευκα πώποτε τουτοισί, ὁμοίως ὑμῖν ὥσπερ ἂν τρυτάνη ῥέπων ἐπὶ τὸ λῆμμα συμβεβούλευκα, ἀλλ' ἀπ' ὀρθῆς καὶ δικαίας καὶ ἀδιαφθόρου τῆς ψυχῆς· καὶ μεγίστων δὴ πραγμάτων τῶν κατ' ἐμαυτὸν [ἀνθρώπων] προστὰς πάνθ' ὑγιῶς καὶ ἁπλῶς πεπολίτευμαι. Διὰ ταῦτ' ἀξιῶ τιμᾶσθαι. 299 Τὸν δὲ τειχισμὸν τοῦτον, ὃν σύ μου διέσυρες, καὶ τὴν ταφρείαν ἄξια μὲν χάριτος καὶ ἐπαίνου κρίνω· πῶς γὰρ οὔ; πόρρω μέντοι που τῶν ἐμαυτῷ πεπολιτευμένων τίθεμαι. Οὐ λίθοις ἐτείχισα τὴν πόλιν οὐδὲ πλίνθοις ἐγώ, οὐδ' ἐπὶ τούτοις μέγιστον τῶν ἐμαυτοῦ φρονῶ· ἀλλ' ἐὰν τὸν ἐμὸν τειχισμὸν βούλῃ δικαίως σκοπεῖν, εὑρήσεις ὅπλα καὶ πόλεις καὶ τόπους καὶ λιμένας, καὶ ναῦς καὶ [πολλοὺς] ἵππους καὶ τοὺς ὑπὲρ τούτων ἀμυνομένους. 300 Ταῦτα προὐβαλόμην ἐγὼ πρὸ τῆς Ἀττικῆς, ὅσον ἦν ἀνθρωπίνῳ λογισμῷ δυνατόν, καὶ τούτοις ἐτείχισα τὴν χώραν, οὐχὶ τὸν κύκλον τοῦ Πειραιῶς οὐδὲ τοῦ ἄστεως. | Οὐδέ γ' ἡττήθην ἐγὼ τοῖς λογισμοῖς Φιλίππου (πολλοῦ γε

la liberté et le privilège de n'avoir aucun maître, ce qui était pour les Grecs d'autrefois la définition et la loi même du bien.

297 Dans cette conspiration et cette scélératesse si honteuses et si scandaleuses, ou plutôt, Athéniens (pour parler sérieusement), dans cette trahison de la liberté des Grecs, notre pays, au jugement de tout le monde, grâce à ma politique, n'a eu aucune responsabilité, ni moi à vos yeux. Et tu me demandes pour quel mérite je réclame des honneurs ! Eh bien, moi, je te le dis : en Grèce, tous les hommes politiques étaient corrompus, à commencer par toi [par Philippe tout d'abord, aujourd'hui par Alexandre]. **298** Mais moi, ni l'occasion, ni l'amabilité des paroles, ni la grandeur des promesses, ni l'espoir, ni la crainte, ni rien d'autre ne m'a poussé ni entraîné à rien trahir de ce que j'ai estimé juste et utile à ma patrie ; ni, dans tous les conseils que j'ai donnés aux citoyens que voici, à agir comme vous qui, semblables à la balance, penchiez du côté du gain ; l'âme droite, juste, inaccessible à la corruption, j'ai pris l'initiative des plus grandes actions de mon temps, et ma politique en tout cela a été saine et franche. Voilà pourquoi je réclame des honneurs. **299** Quant à ces travaux de fortifications et de tranchées que tu critiquais, je juge qu'ils méritent de la reconnaissance et des éloges ; c'est évident ; cependant, je les place bien loin derrière ma politique. Moi, ce n'est pas avec des pierres et des briques que j'ai fortifié notre cité, et ce n'est pas celle de mes actions dont je m'enorgueillis le plus. Mes travaux de fortification, si tu veux les examiner avec justice, tu trouveras que ce sont des armes, des États, des positions, des ports, des vaisseaux, des chevaux, et des gens pour défendre nos concitoyens. **300** Voilà les remparts que, moi, j'ai dressés devant l'Attique, autant qu'on pouvait le faire par un calcul humain ; voilà par quoi j'ai fortifié le territoire, et non pas l'enceinte du Pirée et de la ville. Et moi, je n'ai même pas été vaincu par les calculs de Philippe (tant

καὶ δεῖ), οὐδὲ ταῖς παρασκευαῖς, ἀλλ' οἱ τῶν συμμάχων στρατηγοὶ καὶ αἱ δυνάμεις τῇ τύχῃ. Τίνες αἱ τούτων ἀποδείξεις ; Ἐναργεῖς καὶ φανεραί.

301 Σκοπεῖτε δέ. Τί χρῆν τὸν εὔνουν πολίτην ποιεῖν ; Τί τὸν μετὰ πάσης προνοίας καὶ προθυμίας καὶ δικαιοσύνης ὑπὲρ τῆς πατρίδος πολιτευόμενον ; Οὐκ ἐκ μὲν θαλάττης τὴν Εὔβοιαν προβαλέσθαι πρὸ τῆς Ἀττικῆς, ἐκ δὲ τῆς μεσογείας τὴν Βοιωτίαν, ἐκ δὲ τῶν πρὸς Πελοπόννησον τόπων τοὺς ὁμόρους ταύτῃ ; Οὐ τὴν σιτοπομπίαν, ὅπως παρὰ πᾶσαν φιλίαν ἄχρι τοῦ Πειραιῶς κομισθήσεται, προϊδέσθαι ; 302 καὶ τὰ μὲν σῶσαι τῶν ὑπαρχόντων ἐκπέμποντα βοηθείας καὶ λέγοντα καὶ γράφοντα τοιαῦτα, τὴν Προκόννησον, τὴν Χερρόνησον, τὴν Τένεδον· τὰ δ' ὅπως οἰκεῖα καὶ σύμμαχ' ὑπάρξει πρᾶξαι, τὸ Βυζάντιον, τὴν Ἄβυδον, τὴν Εὔβοιαν ; καὶ τῶν μὲν τοῖς ἐχθροῖς ὑπαρχουσῶν δυνάμεων τὰς μεγίστας ἀφελεῖν, ὧν δ' ἐνέλειπε τῇ πόλει, ταῦτα προσθεῖναι ; Ταῦτα τοίνυν ἅπαντα πέπρακται τοῖς ἐμοῖς ψηφίσμασι καὶ τοῖς ἐμοῖς πολιτεύμασιν· 303 ἃ καὶ βεβουλευμέν', ὦ ἄνδρες Ἀθηναῖοι, ἐὰν ἄνευ φθόνου τις βούληται σκοπεῖν, ὀρθῶς εὑρήσει καὶ πεπραγμένα πάσῃ δικαιοσύνῃ, καὶ τὸν ἑκάστου καιρὸν οὐ παρεθέντ' οὐδ' ἀγνοηθέντ' οὐδὲ προεθένθ' ὑπ' ἐμοῦ, καὶ ὅσ' εἰς ἑνὸς ἀνδρὸς δύναμιν καὶ λογισμὸν ἧκεν, οὐδὲν ἐλλειφθέν. Εἰ δ' ἢ δαίμονός τινος ἢ τύχης ἰσχὺς ἢ στρατηγῶν φαυλότης ἢ τῶν προδιδόντων τὰς πόλεις ὑμῶν κακία | ἢ πάντα ταῦτ' ἐλυμαίνετο τοῖς ὅλοις ἕως ἀνέτρεψε,

102. Le commandement sur terre appartenait aux Thébains, et ce fut la défaite de leur aile droite qui décida de la bataille.

103. Démosthène, qui a d'abord parlé des positions stratégiques, rappelle ensuite l'action diplomatique qui les a assurées (de là, la double mention de l'Eubée) ; mais ici il s'intéresse avant tout à la « route du blé ». La Chersonèse appartenait à Athènes ; Ténédos et

s'en faut !) ni par ses préparatifs, mais les généraux des alliés[102] et leurs forces l'ont été par le sort. Comment le démontrer ? Clairement et manifestement.

301 Réfléchissez. Que devait faire le citoyen dévoué, l'homme politique qui mettait entièrement sa prévoyance, son zèle, son esprit de justice au service de la patrie ? Ne devait-il pas, du côté de la mer, dresser l'Eubée comme un rempart pour l'Attique, de même du côté de la terre, la Béotie, du côté du Péloponnèse, nos voisins dans cette direction ? Ne devait-il pas prévoir les mesures pour que les convois de blé arrivassent jusqu'au Pirée en ne longeant que des pays amis ? **302** Conserver[103], en envoyant des secours, en faisant des discours et des propositions pour cela, ce qui nous était déjà acquis : Proconnèse, la Chersonèse, Ténédos ? Agir en sorte que le reste nous fût favorable et allié : Byzance, Abydos, l'Eubée ? Supprimer[104] les plus importantes des forces acquises à l'ennemi et adjoindre à notre pays celles qui lui manquaient ? Or tout cela a été fait grâce à mes décrets et à ma politique. **303** Athéniens, qui voudra examiner ces actes sans malveillance jalouse, trouvera que la conception en était juste, que l'exécution en a été faite en toute loyauté, que le moment favorable, pour chacun d'eux, n'a été ni négligé ni méconnu ni livré par moi, que, dans ce qui est du ressort des forces et du raisonnement d'un homme isolé, rien n'a été omis. Si la puissance d'une divinité ou de la fortune, ou l'impéritie des généraux, ou votre scélératesse à vous qui trahissiez vos cités, ou tout cela réuni a gâté l'ensemble de la situation jusqu'au moment où elle a été renversée, en quoi

Proconnèse étaient restées fidèles à la confédération. De nouvelles alliances furent conclues avec l'Eubée en 341 et avec Byzance en 340 ; Abydos, abandonnée en 355 (*C. Aristoc.*, 159), fut peut-être ralliée vers le même moment.

104. Allusion au « renversement des alliances » qui se fit à Thèbes en 339 et à la neutralité de l'Arcadie.

τί Δημοσθένης ἀδικεῖ; 304 Εἰ δ' οἷος ἐγὼ παρ' ὑμῖν κατὰ τὴν ἐμαυτοῦ τάξιν, εἷς ἐν ἑκάστῃ τῶν Ἑλληνίδων πόλεων ἀνὴρ ἐγένετο, μᾶλλον δ' εἰ ἕν' ἄνδρα μόνον Θετταλία καὶ ἕν' ἄνδρ' Ἀρκαδία ταὐτὰ φρονοῦντ' ἔσχεν ἐμοί, οὐδένες οὔτε τῶν ἔξω Πυλῶν Ἑλλήνων οὔτε τῶν εἴσω τοῖς παροῦσι κακοῖς ἐκέχρηντ' ἄν, 305 ἀλλὰ πάντες ἂν ὄντες ἐλεύθεροι καὶ αὐτόνομοι μετὰ πάσης ἀδείας ἀσφαλῶς ἐν εὐδαιμονίᾳ τὰς ἑαυτῶν ᾤκουν πατρίδας, τῶν τοσούτων καὶ τοιούτων ἀγαθῶν ὑμῖν καὶ τοῖς ἄλλοις Ἀθηναίοις ἔχοντες χάριν δι' ἐμέ. Ἵνα δ' εἰδῆθ' ὅτι πολλῷ τοῖς λόγοις ἐλάττοσι χρῶμαι τῶν ἔργων, εὐλαβούμενος τὸν φθόνον, λέγε μοι ταυτὶ καὶ ἀνάγνωθι λαβὼν τὸν ἀριθμὸν τῶν βοηθειῶν κατὰ τὰ ἐμὰ ψηφίσματα.

Ἀριθμὸς βοηθειῶν

306 Ταῦτα καὶ τοιαῦτα πράττειν, Αἰσχίνη, τὸν καλὸν κἀγαθὸν πολίτην ἔδει· ὧν κατορθουμένων μὲν μεγίστοις ἀναμφισβητήτως ὑπῆρχεν εἶναι καὶ τὸ δικαίως προσῆν· ὡς ἑτέρως δὲ συμβάντων, τὸ γοῦν εὐδοκιμεῖν περίεστι καὶ τὸ μηδένα μέμφεσθαι τὴν πόλιν μηδὲ τὴν προαίρεσιν αὐτῆς, ἀλλὰ τὴν τύχην κακίζειν τὴν οὕτω τὰ πράγματα κρίνασαν· 307 οὐ μὰ Δί' οὐκ ἀποστάντα τῶν συμφερόντων τῇ πόλει, μισθώσαντα δ' αὑτὸν τοῖς ἐναντίοις, τοὺς ὑπὲρ τῶν ἐχθρῶν καιροὺς ἀντὶ τῶν ὑπὲρ τῆς πατρίδος θεραπεύειν οὐδὲ τὸν μὲν πράγματ' ἄξια τῆς πόλεως ὑποστάντα λέγειν καὶ γράφειν καὶ μένειν ἐπὶ τούτων βασκαίνειν, ἂν δέ τις ἰδίᾳ τι λυπήσῃ, τοῦτο μεμνῆσθαι καὶ τηρεῖν, οὐδέ γ' ἡσυχίαν ἄγειν ἄδικον καὶ ὕπουλον, ὃ σὺ ποιεῖς πολλάκις. | 308 Ἔστι γάρ, ἔστιν ἡσυχία δικαία καὶ συμφέρουσα τῇ πόλει,

Démosthène est-il coupable ? **304** Si, de même que moi, chez vous, j'ai tenu mon poste, un seul homme s'était trouvé dans chaque cité grecque, bien plus si la Thessalie avait eu un seul homme et l'Arcadie un seul homme animé des mêmes sentiments que moi, aucun Grec, ni en dehors, ni en deçà des Thermopyles, n'aurait subi les malheurs de maintenant ; **305** tous, libres, indépendants, en pleine sécurité, sans danger, dans le bonheur, habiteraient leurs patries et de tant de si grands bienfaits vous sauraient gré, ainsi qu'aux autres Athéniens, grâce à moi. Pour vous faire savoir que mes paroles restent bien en dessous des faits, parce que je me méfie de la jalousie, prends-moi ceci ; lis-le et fais connaître le nombre des secours qui ont résulté de mes décrets.

NOMBRE DES SECOURS

306 C'est cela et d'autres choses semblables, Eschine, que devait faire le bon citoyen ; en cas de succès vous auriez été sans conteste très grands (et, aurait-on ajouté, à juste titre) ; puisque les choses ont tourné autrement, il vous reste du moins la gloire, et le fait que personne ne se plaint de notre pays et de son idéal, et qu'on accuse le sort qui a ainsi décidé des événements. **307** Mais, par Zeus, il ne faut pas rester étranger aux intérêts de l'État et se mettre à la solde de ses adversaires, ménager les occasions favorables à l'ennemi au lieu de celles qui serviraient la patrie, attaquer jalousement l'homme qui a accepté d'agir, dans ses discours et ses propositions, de façon digne de notre cité et de s'en tenir à cette conduite ; lorsque quelqu'un vous a gêné personnellement, s'en souvenir et le guetter, ni encore pratiquer une tranquillité injuste et sournoise, comme tu le fais souvent. **308** Il existe, en effet, il existe une tranquillité juste et utile à la cité : celle que vous, qui

ἣν οἱ πολλοὶ τῶν πολιτῶν ὑμεῖς ἁπλῶς ἄγετε. Ἀλλ' οὐ ταύτην οὗτος ἄγει τὴν ἡσυχίαν, πολλοῦ γε καὶ δεῖ· ἀλλ' ἀποστὰς ὅταν αὐτῷ δόξῃ τῆς πολιτείας (πολλάκις δὲ δοκεῖ), φυλάττει πηνίκ' ἔσεσθε μεστοὶ τοῦ συνεχῶς λέγοντος ἢ παρὰ τῆς τύχης τι συμβέβηκεν ἐναντίωμα ἢ ἄλλο τι δύσκολον γέγονεν· (πολλὰ δὲ τἀνθρώπινα)· εἶτ' ἐπὶ τούτῳ τῷ καιρῷ ῥήτωρ ἐξαίφνης ἐκ τῆς ἡσυχίας ὥσπερ πνεῦμ' ἐφάνη, καὶ πεφωνασκηκὼς καὶ συνειλοχὼς ῥήματα καὶ λόγους, συνείρει τούτους σαφῶς καὶ ἀπνευστεί, ὄνησιν μὲν οὐδεμίαν φέροντας οὐδ' ἀγαθοῦ κτῆσιν οὐδενός, συμφορὰν δὲ τῷ τυχόντι τῶν πολιτῶν καὶ κοινὴν αἰσχύνην. 309 Καίτοι ταύτης τῆς μελέτης καὶ τῆς ἐπιμελείας, Αἰσχίνη, εἴπερ ἐκ ψυχῆς δικαίας ἐγίγνετο καὶ τὰ τῆς πατρίδος συμφέροντα προῃρημένης, τοὺς καρποὺς ἔδει γενναίους καὶ καλοὺς καὶ πᾶσιν ὠφελίμους εἶναι, συμμαχίας πόλεων, πόρους χρημάτων, ἐμπορίου κατασκευήν, νόμων συμφερόντων θέσεις, τοῖς ἀποδειχθεῖσιν ἐχθροῖς ἐναντιώματα. 310 Τούτων γὰρ ἁπάντων ἦν ἐν τοῖς ἄνω χρόνοις ἐξέτασις, καὶ ἔδωκεν ὁ παρελθὼν χρόνος πολλὰς ἀποδείξεις ἀνδρὶ καλῷ τε κἀγαθῷ ἐν οἷς οὐδαμοῦ σὺ φανήσει γεγονώς, οὐ πρῶτος, οὐ δεύτερος, οὐ τρίτος, οὐ τέταρτος, οὐ πέμπτος, οὐχ ἕκτος, οὐχ ὁποστοσοῦν, οὔκουν ἐπί γ' οἷς ἡ πατρὶς ηὐξάνετο. 311 Τίς γὰρ συμμαχία, σοῦ πράξαντος, γέγονεν τῇ πόλει; Τίς δὲ βοήθεια ἢ κτῆσις εὐνοίας ἢ δόξης; Τίς δὲ πρεσβεία, τίς διακονία, δι' ἣν ἡ πόλις

105. L'allusion porte probablement sur un nouvel aménagement du marché du Pirée (en 323, Dinarque, *C. Dém.*, 96, reproche à son tour à Démosthène de ne pas s'en être occupé). Démosthène oppose à

êtes la majorité, vous pratiquez sans arrière-pensée. Mais ce n'est pas cette tranquillité que pratique cet individu ; il s'en faut de beaucoup. Il reste à l'écart de la politique quand il lui plaît (et il lui plaît souvent) ; il guette le moment où vous en aurez assez de qui parle sans interruption, ou le moment où est arrivé quelque obstacle dû à la fortune ou quelque autre désagrément (nombreux sont les accidents humains) ; et alors, à cette occasion, le voilà qui, sortant de sa tranquillité, en coup de vent, est apparu comme orateur ; il a exercé sa voix, a fait collection d'expressions et de tirades ; il enfile d'une voix claire et sans reprendre haleine ces discours qui n'apportent aucun profit ni la possession d'aucun bien, mais le malheur pour n'importe quel citoyen et la honte pour la collectivité. **309** Et pourtant de cette préparation et de cet office, Eschine, s'ils venaient d'une âme juste et qui a pour idéal l'intérêt de la patrie, les fruits devraient être nobles, beaux, utiles à tous ; ce seraient des alliances d'États, des ressources en argent, l'organisation d'un marché[105], l'établissement de lois utiles, tous obstacles aux ennemis qui se sont déclarés. **310** De tout cela on faisait l'examen dans les temps anciens, et la période qui vient de s'écouler, a donné à un honnête homme bien des moyens de se montrer ainsi ; dans ces circonstances, on ne t'aura vu nulle part, ni au premier rang, ni au second, ni au troisième, ni au quatrième, ni au cinquième, ni au sixième, ni à n'importe quel rang, jamais dans les occasions où la patrie grandissait. **311** Quelle alliance ton action a-t-elle procurée à notre pays ? Quel secours ? Quelle acquisition de dévouement ou de gloire ? Quelle ambassade, quel service a accru l'honneur de notre pays ? Quelle

l'inactivité d'Eschine non seulement sa propre activité, mais celle de tous ses amis politiques (la mention des mesures financières fait penser à Lycurgue).

ἐντιμοτέρα; | Τί τῶν οἰκείων ἢ τῶν Ἑλληνικῶν καὶ ξενικῶν, οἷς ἐπέστης, ἐπηνώρθωται; Ποῖαι τριήρεις; Ποῖα βέλη; Ποῖοι νεώσοικοι; Τίς ἐπισκευὴ τειχῶν; Ποῖον ἱππικόν; Τί τῶν ἁπάντων σὺ χρήσιμος [εἶ]; Τίς ἢ τοῖς εὐπόροις ἢ τοῖς ἀπόροις πολιτικὴ καὶ κοινὴ βοήθεια χρημάτων; Οὐδεμία. — 312 « Ἀλλ', ὦ τᾶν, εἰ μηδὲν τούτων, εὔνοιά γε καὶ προθυμία. » — Ποῦ; πότε; Ὅστις, ὦ πάντων ἀδικώτατε, οὐδ' ὅθ' ἅπαντες ὅσοι πώποτ' ἐφθέγξαντ' ἐπὶ τοῦ βήματος εἰς σωτηρίαν ἐπεδίδοσαν, καὶ τὸ τελευταῖον Ἀριστόνικος τὸ συνειλεγμένον εἰς τὴν ἐπιτιμίαν, οὐδὲ τότ' οὔτε παρῆλθες οὔτ' ἐπέδωκας οὐδέν, οὐκ ἀπορῶν· πῶς γάρ; Ὅς γε κεκληρονόμηκας μὲν τῶν Φίλωνος τοῦ κηδεστοῦ χρημάτων πλειόνων ἢ πέντε ταλάντων, διτάλαντον δ' εἶχες ἔρανον δωρεὰν παρὰ τῶν ἡγεμόνων τῶν συμμοριῶν, ἐφ' οἷς ἐλυμήνω τὸν τριηραρχικὸν νόμον. 313 Ἀλλ' ἵνα μὴ λόγον ἐκ λόγου λέγων τοῦ παρόντος ἐμαυτὸν ἐκκρούσω, παραλείψω ταῦτα. Ἀλλ' ὅτι γ' οὐχὶ δι' ἔνδειαν οὐκ ἐπέδωκας, ἐκ τούτων δῆλον, ἀλλὰ φυλάττων τὸ μηδὲν ἐναντίον γενέσθαι παρὰ σοῦ τούτοις οἷς ἅπαντα πολιτεύει. Ἐν τίσιν οὖν σὺ νεανίας καὶ πηνίκα λαμπρός; Ἡνίκ' ἂν κατὰ τούτων τι δέῃ, ἐν τούτοις λαμπροφωνότατος, μνημονικώτατος, ὑποκριτὴς ἄριστος, τραγικὸς Θεοκρίνης.

314 Εἶτα τῶν πρότερον γεγενημένων ἀγαθῶν ἀνδρῶν μέμνησαι· καὶ καλῶς ποιεῖς. Οὐ μέντοι δίκαιόν ἐστιν, ἄνδρες Ἀθηναῖοι, τὴν πρὸς τοὺς τετελευτηκότας εὔνοιαν

106. Est-ce le même qu'à 83 et 223 ? Débiteur insolvable du Trésor et, comme tel, frappé d'atimie, il avait fait une souscription

affaire a réussi, de celles dont tu as été chargé à l'intérieur ou chez les Grecs ou à l'étranger ? Où y a-t-il des trières ? Des traits ? Des arsenaux maritimes ? Une réparation de murailles ? De la cavalerie ? En quoi, dans tout cela, est ton utilité ? Quel secours en argent as-tu, en bon citoyen, avec solidarité, apporté aux riches ou aux pauvres ? Non, rien ! **312** « Mais, mon ami, s'il n'y a rien de tout cela, il y a du moins le dévouement et l'activité. » Où? Quand ? Toi, le plus criminel des hommes, même lorsque tous ceux qui jamais avaient dit un mot à la tribune faisaient des dons volontaires pour le salut public, quand enfin Aristonicos[106] donnait l'argent réuni pour recouvrer ses droits de citoyen, même alors, toi, tu ne t'es pas présenté, tu n'as rien donné. Ce n'était pas par indigence (comment donc ?) puisque tu as hérité de la fortune de Philon ton beau-frère, qui se montait à plus de cinq talents, et que tu avais reçu en cadeau deux talents réunis par les chefs des symmories, en récompense de ce que tu avais tenté pour saboter la loi sur la triérarchie[107]. **313** Mais, pour ne pas aller de développement en développement et m'écarter de la question présente, je laisserai cela. D'ailleurs, que ce ne soit pas le besoin qui t'ait empêché de donner, voilà qui le prouve clairement : c'est que tu prenais bien garde qu'aucun de tes actes fût contraire aux gens pour qui est faite toute ta politique. Dans quelles circonstances donc as-tu montré de la fougue ? Quand as-tu brillé ? Quand il faut agir contre les citoyens ici présents, oui, c'est alors que tu brilles par ta belle voix et par ta mémoire, en excellent comédien, en Théocrinès de tragédie.

314 Après cela, tu évoques le souvenir des grands hommes d'autrefois. Tu as raison. Mais il n'est pas juste, Athéniens, de confisquer d'abord la sympathie que vous

(eranos) pour payer sa dette et il en consacra l'argent à la défense nationale.

107. Cf. 102 et suiv., et la contre-offensive d'Eschine, *Ctés.*, 222.

ὑπάρχουσαν προλαβόντα παρ' ὑμῶν πρὸς ἐκείνους ἐξετάζειν καὶ παραβάλλειν | ἐμὲ τὸν συζῶντα μεθ' ὑμῶν. 315 Τίς γὰρ οὐκ οἶδε τῶν πάντων, ὅτι τοῖς μὲν ζῶσι πᾶσιν ὕπεστί τις ἢ πλείων ἢ ἐλάττων φθόνος, τοὺς δὲ τεθνεῶτας οὐδὲ τῶν ἐχθρῶν οὐδεὶς ἔτι μισεῖ; Οὕτως οὖν ἐχόντων τούτων τῇ φύσει, πρὸς τοὺς πρὸ ἐμαυτοῦ νῦν ἐγὼ κρίνωμαι καὶ θεωρῶμαι; Μηδαμῶς (οὔτε γὰρ δίκαιον οὔτ' ἴσον, Αἰσχίνη), ἀλλὰ πρὸς σὲ καὶ ἄλλον, εἴ τινα βούλει, τῶν ταὐτά σοι προῃρημένων καὶ ζώντων. 316 Κἀκεῖνο σκόπει, πότερον κάλλιον καὶ ἄμεινον τῇ πόλει διὰ τὰς τῶν πρότερον εὐεργεσίας οὔσας ὑπερμεγέθεις (οὐ μὲν οὖν εἴποι τις ἂν ἡλίκας) τὰς ἐπὶ τὸν παρόντα βίον γιγνομένας εἰς ἀχαριστίαν καὶ προπηλακισμὸν ἄγειν, ἢ πᾶσιν ὅσοι τι μετ' εὐνοίας πράττουσι, τῆς παρὰ τούτων τιμῆς καὶ φιλανθρωπίας μετεῖναι; 317 Καὶ μὴν εἰ καὶ τοῦτ' ἄρα δεῖ μ' εἰπεῖν, ἡ μὲν ἐμὴ πολιτεία καὶ προαίρεσις, ἄν τις σκοπῇ, ταῖς τῶν τότ' ἐπαινουμένων ἀνδρῶν ὁμοία καὶ ταὐτὰ βουλομένη φανήσεται, ἡ δὲ σὴ ταῖς τῶν τοὺς τοιούτους τότε συκοφαντούντων. Δῆλον γὰρ ὅτι καὶ κατ' ἐκείνους ἦσάν τινες, οἳ διασύροντες τοὺς ὄντας τότε τοὺς [δὲ] πρότερον γεγενημένους ἐπῄνουν, βάσκανον πρᾶγμα καὶ ταὐτὸ ποιοῦντες σοί. 318 Εἶτα λέγεις ὡς οὐδὲν ὅμοιός εἰμ' ἐκείνοις ἐγώ; Σὺ δ' ὅμοιος, Αἰσχίνη; Ὁ δ' ἀδελφὸς ὁ σός; Ἄλλος δέ τις τῶν νῦν ῥητόρων; Ἐγὼ μὲν γὰρ οὐδένα φημί. Ἀλλὰ πρὸς τοὺς ζῶντας, ὦ χρηστέ (ἵνα μηδὲν ἄλλο εἴπω) τὸν ζῶντ' ἐξέταζε καὶ τοὺς καθ' αὑτὸν ὥσπερ τἄλλα πάντα, τοὺς ποιητάς, | τοὺς χορούς, τοὺς ἀγωνιστάς. 319 Ὁ Φιλάμμων

avez pour les morts, puis de m'examiner et de me comparer à eux, moi qui vis au milieu de vous. **315** Qui au monde ne sait qu'à l'égard des vivants existe au fond de nous une jalousie plus ou moins grande, tandis que personne, même parmi leurs ennemis, n'a plus de haine pour les morts ? Étant donné ce sentiment naturel, est-ce par rapport aux gens qui m'ont précédé que maintenant on doit me juger et me considérer ? Nullement ; ce ne serait ni juste ni impartial, Eschine. C'est par rapport à toi et à n'importe quel autre des vivants qui ont adopté le même parti que toi. **316** Examine encore ceci. Est-il plus beau et meilleur pour l'État qu'en raison des services des générations antérieures, services immenses (nul ne pourrait même dire à quel point) on use d'ingratitude et d'injure à l'égard de ceux qui sont rendus par des contemporains, ou bien qu'on accorde à tous ceux qui agissent par patriotisme leur part des honneurs et de la sympathie de nos concitoyens ? **317** D'ailleurs, puisqu'il faut même que je m'exprime ainsi, ma politique, et mon idéal, si on les examine, apparaîtront comme semblables à ceux des hommes qui alors recevaient des éloges et comme tendant au même but ; la tienne, comme semblable à celle des sycophantes qui alors les attaquaient ; car, bien évidemment, il y avait en ce temps des gens qui, tout en déchirant leurs contemporains, faisaient l'éloge de leurs prédécesseurs, action inspirée par la jalousie et semblable à la tienne. **318** Puis tu dis que moi, je ne ressemble en rien aux gens d'autrefois. Toi, leur ressembles-tu, Eschine ? et ton frère ? Et quelque autre des orateurs de maintenant ? Moi, je dis personne. Mais, brave homme (pour ne rien dire d'autre), c'est par rapport aux vivants, aux contemporains que tu dois examiner un vivant, comme on fait dans tous les autres cas, pour les poètes, pour les chœurs, pour les athlètes. **319** Ce n'est pas parce que

οὐχ ὅτι Γλαύκου τοῦ Καρυστίου καί τινων ἑτέρων πρότερον γεγενημένων ἀθλητῶν ἀσθενέστερος ἦν, ἀστεφάνωτος ἐκ τῆς Ὀλυμπίας ἀπῄει· ἀλλ᾽ ὅτι τῶν εἰσελθόντων πρὸς αὐτὸν ἄριστ᾽ ἐμάχετο, ἐστεφανοῦτο καὶ νικῶν ἀνηγορεύετο. Καὶ σὺ πρὸς τοὺς νῦν ὅρα με ῥήτορας, πρὸς σαυτόν, πρὸς ὅντινα βούλει τῶν ἁπάντων· οὐδένʼ ἐξίσταμαι. 320 Ὧν, ὅτε μὲν τῇ πόλει τὰ βέλτισθ᾽ ἑλέσθαι παρῆν, ἐφαμίλλου τῆς εἰς τὴν πατρίδ᾽ εὐνοίας ἐν κοινῷ πᾶσι κειμένης, ἐγὼ κράτιστα λέγων ἐφαινόμην, καὶ τοῖς ἐμοῖς καὶ ψηφίσμασι καὶ νόμοις καὶ πρεσβείαις ἅπαντα διῳκεῖτο· ὑμῶν δ᾽ οὐδεὶς ἦν οὐδαμοῦ, πλὴν εἰ τούτοις ἐπηρεάσαι τι δέοι. Ἐπειδὴ δὲ ἃ μήποτ᾽ ὤφελε συνέβη, καὶ οὐκέτι συμβούλων, ἀλλὰ τῶν τοῖς ἐπιταττομένοις ὑπηρετούντων καὶ τῶν κατὰ τῆς πατρίδος μισθαρνεῖν ἑτοίμων καὶ τῶν κολακεύειν ἕτερον βουλομένων ἐξέτασις, τηνικαῦτα σὺ καὶ τούτων ἕκαστος ἐν τάξει καὶ μέγας καὶ λαμπρὸς ἱπποτρόφος· ἐγὼ δ᾽ ἀσθενής, ὁμολογῶ, ἀλλ᾽ εὔνους μᾶλλον ὑμῶν τουτοισί. 321 Δύο δ᾽, ἄνδρες Ἀθηναῖοι, τὸν φύσει μέτριον πολίτην ἔχειν δεῖ (οὕτω γάρ μοι περὶ ἐμαυτοῦ λέγοντι ἀνεπιφθονώτατον εἰπεῖν)· ἐν μὲν ταῖς ἐξουσίαις τὴν τοῦ γενναίου καὶ τοῦ πρωτείου τῇ πόλει προαίρεσιν διαφυλάττειν, ἐν παντὶ δὲ καιρῷ καὶ πράξει τὴν εὔνοιαν. Τούτου γὰρ ἡ φύσις κυρία· τοῦ δύνασθαι δὲ καὶ ἰσχύειν ἕτερα. Ταύτην τοίνυν παρ᾽ ἐμοὶ μεμενηκυῖαν εὑρήσεθ᾽ ἁπλῶς. 322 Ὁρᾶτε δέ. Οὐκ

Philammon[108] était moins fort que Glaucos de Carystos et quelques autres athlètes d'autrefois qu'il a dû quitter Olympie sans être couronné ; comme il combattait mieux que tous ceux qui s'étaient présentés contre lui, il recevait la couronne et était proclamé vainqueur. Toi donc, regarde-moi par rapport aux orateurs de maintenant, par rapport à toi, par rapport à qui tu voudras ; je ne mets personne hors concours. **320** Parmi eux, lorsque notre pays pouvait prendre le meilleur parti, quand il y avait concours de patriotisme ouvert indistinctement à tous, c'est moi qu'on voyait tenir les discours les meilleurs ; tout se faisait par mes décrets, mes lois, mes ambassades ; aucun de vous ne se montrait nulle part, sauf s'il fallait diffamer nos concitoyens. Mais quand survint ce qui n'aurait jamais dû arriver, quand on passa en revue, non plus des conseillers, mais les gens qui obéissaient aux ordres, qui étaient prêts à toucher un salaire en nuisant à leur patrie, qui désiraient flatter un autre, alors toi et chacun de ces individus, vous vous êtes trouvés à votre poste, chacun grand et brillant comme un propriétaire d'écuries. Moi, j'étais sans force, je l'avoue, mais plus dévoué que vous à nos compatriotes. **321** Le citoyen qui est honnête par nature doit, Athéniens, avoir deux qualités (je puis parler ainsi de moi-même en soulevant le moins de critiques) : conserver, dans les périodes où l'action est libre, l'attachement à l'honneur et à la primauté de son pays, en toute circonstance et en toute action l'esprit de dévouement. Car cela dépend du caractère, tandis que pouvoir agir et être fort dépendent d'autres éléments. Or ce dévouement, vous trouverez qu'il a persisté chez moi sans arrière-pensée. **322** Voyez

108. Philammon serait un pugiliste contemporain de Démosthène ; Glaucos de Carystos, couronné à Olympie comme enfant en 520, célébré par Simonide, aurait été vainqueur dans « *tous* (?) les jeux » (Pausanias, VI, 10). Cf. Eschine, *Ctés.*, 189.

ἐξαιτούμενος, οὐκ εἰς Ἀμφικτύονας δίκας ἐπαγόντων, οὐκ ἀπειλούντων, | οὐκ ἐπαγγελλομένων, οὐχὶ τοὺς καταράτους τούτους ὥσπερ θηρία μοι προσβαλλόντων, οὐδαμῶς ἐγὼ προδέδωκα τὴν εἰς ὑμᾶς εὔνοιαν. Τὸ γὰρ ἐξ ἀρχῆς εὐθὺς ὀρθὴν καὶ δικαίαν τὴν ὁδὸν τῆς πολιτείας εἱλόμην, τὰς τιμάς, τὰς δυναστείας, τὰς εὐδοξίας τὰς τῆς πατρίδος θεραπεύειν, ταύτας αὔξειν, μετὰ τούτων εἶναι. 323 Οὐκ ἐπὶ μὲν τοῖς ἑτέρων εὐτυχήμασι φαιδρὸς ἐγὼ καὶ γεγηθὼς κατὰ τὴν ἀγορὰν περιέρχομαι, τὴν δεξιὰν προτείνων καὶ εὐαγγελιζόμενος τούτοις οὓς ἂν ἐκεῖσ' ἀπαγγέλλειν οἴωμαι, τῶν δὲ τῆς πόλεως ἀγαθῶν πεφρικὼς ἀκούω καὶ στένων καὶ κύπτων εἰς τὴν γῆν, ὥσπερ οἱ δυσσεβεῖς οὗτοι, οἳ τὴν μὲν πόλιν διασύρουσιν, ὥσπερ οὐχ αὑτοὺς διασύροντες ὅταν τοῦτο ποιῶσιν, ἔξω δὲ βλέπουσιν, καὶ ἐν οἷς ἀτυχησάντων τῶν Ἑλλήνων ηὐτύχησ' ἕτερος, ταῦτ' ἐπαινοῦσι καὶ ὅπως τὸν ἅπαντα χρόνον μενεῖ φασι δεῖν τηρεῖν.

324 Μὴ δῆτ', ὦ πάντες θεοί, μηδεὶς ταῦθ' ὑμῶν ἐπινεύσειεν· ἀλλὰ μάλιστα μὲν καὶ τούτοις βελτίω τινὰ νοῦν καὶ φρένας ἐνθείητε· εἰ δ' ἄρ' ἔχουσιν ἀνιάτως, τούτους μὲν αὐτοὺς καθ' ἑαυτοὺς ἐξώλεις καὶ προώλεις ἐν γῇ καὶ θαλάττῃ ποιήσατε, ἡμῖν δὲ τοῖς λοιποῖς τὴν ταχίστην ἀπαλλαγὴν τῶν ἐπηρτημένων φόβων δότε καὶ σωτηρίαν ἀσφαλῆ.

109. L'extradition de Démosthène fut demandée en 335 par Alexandre, qui y renonça sur l'intervention de Démade (Arrien, *Anab.*, I, 10 ; Plut., *Dém.*, 23) ; le procès devant les Amphictyons, qui avait été envisagé comme mesure transactionnelle, n'eut pas lieu (cf. Eschine,

plutôt. Ni quand on réclamait mon extradition[109], ni quand on m'intentait un procès devant les Amphictyons, ni quand on me menaçait, ni quand on me faisait des promesses, ni quand on lançait contre moi ces maudits comme des fauves, jamais je n'ai abandonné mon dévouement pour vous. Car, dès le début, j'ai choisi la ligne politique qui était droite et juste : donner mes soins à l'honneur, à la puissance, à la gloire de la patrie, les accroître, être aux côtés de mes concitoyens. **323** Ce n'est pas moi qu'on voit, réjoui et riant des succès des autres, me promener sur l'agora, tendre la main et annoncer la bonne nouvelle aux gens qui, à ce que je crois, le rapportent là-bas, qui apprends le bonheur de mon pays en frissonnant, en gémissant, en baissant la tête, comme font ces impies qui déchirent leur pays comme s'ils ne se déchiraient pas eux-mêmes en faisant cela, qui regardent vers l'extérieur, qui, lorsque le succès d'un autre a fait le malheur des Grecs, en chantent les louanges et disent qu'il faut veiller à ce que cela dure éternellement.

324 Non, vous tous, dieux, non, qu'aucun de nous n'approuve cela ! Avant tout, inspirez même à ces individus[110] des idées et des sentiments meilleurs ; mais s'ils sont vraiment inguérissables, faites-les périr eux-mêmes et eux seuls, exterminés et anéantis sur terre et sur mer ; et à nous autres, les survivants, donnez au plus vite la disparition des terreurs suspendues sur nous et le salut dans la sécurité.

Ctés., 161-162, qui insinue qu'il y eut des « promesses » mutuelles d'Alexandre et de Démosthène).

110. Démosthène fait ici sans doute allusion à ceux qui, à Athènes, glorifiaient Alexandre qui allait de victoire en victoire.

Extraits du
Contre Ctésiphon d'Eschine*

49-50 : *Après un long développement sur les fondements juridiques de l'action intentée contre Ctésiphon, Eschine en vient à exposer la véritable raison du procès : la dénonciation de la politique menée par Démosthène.*

49 Il me reste à traiter de la partie de l'accusation à laquelle j'attache le plus d'importance, je veux dire le motif qu'il invoque pour que Démosthène soit couronné. Voici en effet les termes de son décret : « Le héraut proclamera au théâtre, en présence des Grecs, que le peuple d'Athènes décerne la couronne à Démosthène en récompense de sa vertu et de son intégrité », et, ce qui est le comble, « parce qu'il ne cesse de parler et d'agir pour le plus grand bien du peuple ». **50** Dès lors, ma tâche d'orateur devient tout à fait simple, et mon discours des plus faciles à juger pour vous qui m'écoutez. Accusateur, ne dois-je pas vous démontrer que les louanges décernées à Démosthène sont contraires à la vérité, qu'il n'a pas dès l'origine prononcé les discours les plus avantageux et qu'il ne continue pas maintenant par ses actes de servir les

* texte établi et traduit par Victor Martin et Guy de Budé, C.U.F., tome II, 1995.

intérêts du peuple ? Si je le prouve, Ctésiphon sera justement condamné, n'est-il pas vrai, car toutes les lois défendent de faire figurer dans les textes officiels des allégations contraires à la vérité. Le défendeur, lui, devra prouver le contraire. Quant à vous, vous serez juges de nos paroles.

140-144 : *Parmi les griefs formulés à l'encontre de la politique de Démosthène, l'alliance avec Thèbes est aux yeux d'Eschine l'action la plus néfaste, à la fois sur le plan des principes, du fait des concessions faites pour l'obtenir, et par ses conséquences pour la cité béotienne.*

140 Ce fut, à mon avis, lorsque Philippe leur eut enlevé Nicée pour livrer cette place aux Thessaliens ; lorsqu'après avoir éloigné la guerre du territoire de la Béotie, il l'eut ramenée, à travers la Phocide, vers la ville même de Thèbes ; lorsqu'enfin, maître d'Élatée, il l'eut fortifiée et munie d'une garnison : ce fut alors que les Thébains, voyant la catastrophe sur eux, appelèrent les Athéniens. Et vous, vous êtes partis, et vous marchiez sur Thèbes en tenue de combat, fantassins et cavaliers, avant que Démosthène n'eût écrit une seule syllabe au sujet de l'alliance. **141** Et ce furent la circonstance et la crainte et le besoin d'une alliance qui vous introduisirent à Thèbes, et non pas Démosthène. Car cet homme, dans ces conjonctures, vous a causé trois fois le plus grave préjudice. Voici le premier : Philippe était officiellement en guerre avec vous, mais en réalité portait aux Thébains une haine bien plus grande, ainsi que l'événement lui-même l'a montré – aussi à quoi bon en dire davantage ? Eh bien ! cette circonstance si importante, Démosthène vous l'a cachée, et, faisant croire que l'alliance allait résulter, non des circonstances, mais de ses ambassades, **142** il commença par persuader au peuple de ne plus discuter des conditions de l'alliance, mais de se tenir pour satisfait si seulement elle se produisait. Fort de cette précaution, il livra toute la Béotie aux Thébains, en inscrivant dans

son décret cette clause : si une cité se détache des Thébains, les Athéniens porteront secours aux Béotiens de Thèbes. Il usait ainsi de phrases trompeuses et altérait les faits, suivant son habitude. Comme si les Béotiens, frappés d'un malheur trop réel, allaient se montrer satisfaits des combinaisons de mots d'un Démosthène, et non point s'indigner plutôt des malheurs qu'ils avaient subis ! **143** Ensuite, il vous a attribué les deux tiers des frais de la guerre, à vous que le danger menaçait de moins près, et un tiers seulement aux Thébains, – et chacune de ses faveurs lui était payée. Quant au commandement sur mer, il le mit en commun, tout en vous réservant toute la dépense. Sur terre – disons-le sans ambages –, il s'empressa de le remettre aux Thébains sans vous en rien laisser, si bien que pendant la campagne qui suivit, Stratoclès, votre général, ne fut pas maître de prendre des décisions pour le salut de ses soldats. **144** Je ne lance pas cette accusation au milieu de l'indifférence générale ; quand je parle, tous le blâment aussi : et vous qui savez, vous restez sans colère ! Car voilà ce qui arrive avec Démosthène : vous vous êtes accoutumés à entendre parler de ses crimes, de sorte que vous ne vous en étonnez pas. Il faut qu'il n'en soit pas ainsi cependant. Indignez-vous, et sévissez, si vous voulez que la république prospère encore à l'avenir.

160-165 : *Eschine veut montrer qu'en dépit de son attitude prétendument intransigeante, Démosthène n'a pas hésité, quand son intérêt était en jeu, à pactiser secrètement avec Alexandre, comme il l'avait fait autrefois avec Philippe, lorsqu'il avait conseillé la ratification de la paix de Philocrate.*

160 Philippe mort et Alexandre devenu roi, il recommence ses rodomontades, il élève des autels à Pausanias, il attire sur le Conseil l'accusation d'avoir célébré un sacrifice de bonne nouvelle, il donne à Alexandre le surnom de Margitès, il ose dire que le roi ne bougera pas de la Macédoine ; il se contentera, disait-il, de se promener dans Pella et d'observer les

entrailles des victimes. Et cela, ajoute-t-il, il ne le dit point par conjecture, mais il sait bien que les lauriers s'achètent au prix du sang. Ainsi parlait-il, lui qui n'a pas de sang dans les veines et qui pour juger Alexandre se fonde, non sur la nature d'Alexandre, mais sur sa propre lâcheté. **161** Les Thessaliens avaient résolu de marcher sur votre cité ; « le petit jeune homme » était dans le premier transport d'un juste courroux, et son armée entourait Thèbes. Démosthène est alors désigné par vous comme ambassadeur. Mais au beau milieu du Cithéron il se retourne, il s'échappe, revient, incapable de se montrer utile ni dans la paix ni dans la guerre. Mais voici le comble : lui, que vous n'avez pas livré, que vous n'avez pas laissé juger dans le congrès des Hellènes, il vous a trahis, si ce que l'on dit est vrai. **162** En effet, d'après le rapport des marins de la galère paralienne ainsi que des ambassadeurs envoyés auprès d'Alexandre – et la chose n'a rien d'invraisemblable –, il existe un certain Aristion de Platées, fils d'Aristobule le pharmacien que sans doute plus d'un parmi vous connaît. Ce jeune homme, distingué par sa beauté, fut longtemps à demeure chez Démosthène. Qu'y subissait-il ou qu'y faisait-il, le cas reste douteux, et c'est une affaire dont je ne saurais parler sans inconvenance. Cet Aristion, à ce que j'apprends, sans que l'on sût qui il était ni quelle avait été sa vie, se glissa auprès d'Alexandre et devint son familier. Par son intermédiaire, Démosthène envoie une lettre à Alexandre, obtient en quelque sorte l'impunité, se réconcilie avec le prince, et lui prodigue les flatteries. **163** Or voyez d'après ce qui suit combien les faits concordent avec l'accusation. Si vraiment Démosthène avait les sentiments qu'il se prête et des dispositions hostiles à l'égard d'Alexandre comme il l'affirme, trois magnifiques occasions se sont présentées à lui, dont on voit qu'il n'a utilisé aucune. La première, lorsqu'Alexandre, récemment parvenu au trône et sans avoir réglé les affaires de son pays, passa en Asie. Le roi des Perses était au faîte de sa puissance et par sa flotte, et par ses richesses, et par son armée ; pressé qu'il était par le danger, il vous aurait admis de grand cœur dans son alliance. Pourtant Démosthène, as-tu alors prononcé un discours, as-tu

proposé un seul décret ? Dois-je supposer que tu as eu peur et que tu t'es laissé aller à ton naturel ? Mais en politique l'occasion n'attend pas la lâcheté d'un homme public. **164** Puis, au moment que Darius était descendu avec toutes ses forces, qu'Alexandre bloqué en Cilicie, manquant de tout, ainsi que tu l'as dit toi-même, était sur le point – ce sont là tes paroles –, d'être écrasé par la cavalerie persane, que notre cité ne suffisait plus à contenir et ton insolence et les lettres que tu colportais suspendues à tes doigts, et qu'en même temps tu montrais aux passants mon visage, où tu prétendais lire la terreur et le désespoir, que tu m'appelais la victime aux cornes dorées, et que tu disais que j'avais déjà la couronne sur la tête pour être sacrifié le jour du premier échec d'Alexandre : eh bien ! même alors, tu n'as rien fait, tu t'es réservé pour une occasion meilleure. **165** Mais je passe tout cela, et je vais parler des événements précédents. Les Lacédémoniens et les troupes mercenaires avaient gagné la bataille et anéanti l'armée de Corrhagos. Les Éléens s'étaient joints à eux, ainsi que tous les Achéens à l'exception des Pelléniens, et l'Arcadie tout entière à l'exception de Mégalopolis. Celle-ci était assiégée, et chaque jour l'on s'attendait à la voir tomber. Alexandre avait franchi le pôle et presque les limites du monde. Antipater rassemblait lentement son armée, et l'avenir était incertain. Alors, montre-le-nous, Démosthène, qu'as-tu fait ? Ou qu'as-tu dit ? Si tu veux, je te cède la tribune, jusqu'à ce que tu aies parlé.

171-176 : *Dans le discours* Sur la Couronne, *Démosthène a recours à cette pratique courante dans un procès qui consiste à attaquer son adversaire sur le plan de sa vie privée : ici en l'occurrence sur les origines modestes de sa famille, les pratiques religieuses auxquelles se livrait sa mère, son métier d'acteur. Eschine riposte par avance à ces attaques en dénonçant l'origine étrangère de la mère de Démosthène. Le père de celle-ci, Gylon, exilé dans le Pont pour échapper à une condamnation pour trahison aurait*

épousé une jeune fille scythe. L'argument en fait n'a pas de valeur, car la mère de Démosthène issue de cette union était certainement née avant la remise en vigueur en 403, sans effet rétroactif, de la loi de Périclès sur la citoyenneté.

171 Cet homme eut pour père – car il ne faut pas mentir –, un homme de condition libre, Démosthène de Péanie, mais du côté de sa mère et de son aïeul maternel, quelle est sa situation ? Je vais vous le dire. Il y avait un certain Gylon du Céramique. Ayant livré aux ennemis Nymphée, la forteresse du Pont, que notre république possédait alors, il fut, sur une dénonciation, condamné à mort, mais était parti pour l'exil sans attendre le jugement. Il arrive au Bosphore, et là il reçoit en cadeau des tyrans la localité appelée les Jardins. **172** Il épouse une femme certes riche, par Zeus, et qui lui apportait beaucoup d'argent, mais Scythe de naissance. Il lui naît d'elle deux filles qu'il envoie ici avec de grosses dots et qu'il marie, la première, peu importe à qui – car je ne veux point m'attirer la haine de bien des gens –, et l'autre, ce fut Démosthène de Péanie qui l'épousa au mépris des lois de la république, et d'elle vous est né Démosthène, ce brouillon et ce sycophante. Ainsi, de par son aïeul maternel, il serait un ennemi du peuple, puisque vous avez condamné à mort ses ancêtres, et, par sa mère, c'est un Scythe, un barbare qui parle grec : ainsi, même pour la perversité, il n'est pas de notre pays. **173** Mais dans la vie de tous les jours, quel est-il ? Après avoir d'une façon scandaleuse dissipé son patrimoine, de triérarque, il devient logographe. Mais suspect d'infidélité même dans cette profession et soupçonné de communiquer ses plaidoiries à la partie adverse, il s'élance à la tribune. Quoiqu'il ait tiré de la politique beaucoup d'argent, il n'en conserva que fort peu. Aujourd'hui cependant, l'or du grand Roi a couvert sa dépense, mais cela même ne suffira pas, car il n'est pas de fortune qui ait jamais résisté à une nature perverse. En résumé, c'est de vos périls qu'il vit, non de ses ressources personnelles. **174** Pour le jugement et pour l'éloquence, quel est-il ? Habile en paroles, pervers dans sa vie. L'usage qu'il a fait de son corps et de sa force virile est tel que

je me refuse à le décrire – car il m'est arrivé de voir la haine s'attacher à ceux qui parlent avec trop de vérité des turpitudes de leur prochain. À la fin, que revient-il de tout cela à la cité ? De belles paroles, de méchantes actions. **175** Pour sa vaillance, je n'ai plus qu'à en dire brièvement un mot. Car s'il niait sa lâcheté, ou que vous n'en fussiez pas convaincus vous-mêmes, j'aurais pu m'étendre sur ce sujet. Mais puisqu'il en fait lui-même l'aveu dans les assemblées et que vous la connaissez bien, il ne me reste qu'à rappeler les lois qui concernent de pareils hommes. Solon, l'ancien législateur, avait cru devoir punir d'un même châtiment le réfractaire, le déserteur et le lâche, tous pareillement : car il existe aussi des procès pour lâcheté. Mais sans doute en est-il parmi vous qui s'étonneront de voir poursuivre un homme pour son caractère. Tel est pourtant le cas. Pour quelle raison ? Pour que chacun de nous, redoutant les sanctions légales plus que les ennemis, soit pour la patrie un meilleur défenseur, **176** ainsi le législateur exclut de l'enceinte consacrée de l'agora le réfractaire, le lâche et le déserteur. Il leur interdit de recevoir une couronne et de participer aux sacrifices publics. Et toi, tu nous demandes de couronner l'homme auquel les lois refusent cet honneur et par ton décret tu appelles un indigne dans l'orchestre au moment des tragédies, tu fais entrer dans le temple de Dionysos celui dont la lâcheté a livré nos sanctuaires. Mais je ne veux point vous égarer loin du sujet. Souvenez-vous de ceci, lorsqu'il dit qu'il est un ami du peuple : considérez non ses paroles, mais sa vie, et voyez non ce qu'il dit être, mais ce qu'il est.

215-218 : *Tout ce développement est révélateur du remaniement du discours par Eschine après le procès, puisqu'il répond par avance aux accusations de Démosthène, lequel en fit autant lorsqu'il publia son discours.*

215 Quant aux insultes dont ils me couvriront, je veux y répondre d'avance en peu de mots. À ce qu'on me rapporte, Démosthène dira qu'il a rendu de nombreux services à la répu-

blique, tandis que je ne lui ai causé que des dommages, il me rendra responsable de Philippe, d'Alexandre et des accusations que l'on a formulées à propos de ces princes. Voyez, il pousse si loin la maîtrise dans l'art de façonner des discours qu'il ne se contente pas d'incriminer mes actes d'homme politique, les harangues que j'ai tenues dans vos assemblées, **216** non, il s'en prend aussi à mes moments d'inactivité et incrimine mon silence, afin de ne laisser aucun point à l'abri de ses haineuses dénonciations. Il me reproche encore d'aimer à me mêler dans les gymnases à de plus jeunes que moi ; et, pour ce qui regarde ce procès, dès le début même de son discours, il formule contre moi une accusation, prétendant que si j'ai institué cette action, ce n'est pas dans l'intérêt de la république, mais pour me faire valoir auprès d'Alexandre puisqu'Alexandre le déteste. **217** Et, par Zeus, il a l'intention, à ce que j'apprends, de me poser cette question : pourquoi, blâmant sa politique dans l'ensemble, ne pas m'y être opposé dans chacun des cas ni avoir institué des poursuites devant les tribunaux, mais venir maintenant, intenter ce procès après un long intervalle et à un moment où je ne m'occupe pas activement des affaires de l'État ? Je réponds que je n'ai jamais envié les occupations de Démosthène et ne rougis pas des miennes, je ne voudrais retirer aucun des discours que j'ai prononcés devant vous, et si j'en avais tenu de tels que les siens, la vie me serait insupportable. **218** Si j'ai gardé le silence, Démosthène, c'est que la simplicité de ma vie le voulait ainsi. Je me contente d'une fortune médiocre, aucun désir malsain ne me possède d'en acquérir davantage ; c'est pourquoi je me tais, ou je prends la parole à bon escient, et non pas sous la contrainte de ma prodigalité naturelle. Mais toi, je pense, quand tu as touché, tu te tiens coi, et quand tu as tout dilapidé, tu vocifères ; tu ne parles pas quand tu le juges opportun, ni pour dire ce que tu veux, mais quand tes employeurs te le commandent ; tu ne te fais pas scrupule de débiter des impostures qui te feront, l'instant d'après, convaincre de mensonge.

Chronologie

384 :	naissance de Démosthène
378/7 :	formation de la seconde confédération maritime
364/3 :	procès intentés par Démosthène à ses tuteurs
359 :	avènement de Philippe de Macédoine
357-355 :	guerre des alliés
356 :	Philippe s'empare de Potidée
355 :	début de la troisième guerre sacrée
351 :	Démosthène prononce la *Première Philippique*
349-348 :	guerre d'Olynthe
346 :	paix de Philocrate
343 :	procès sur l'Ambassade
341 :	Diopeithès en Chersonèse
339 :	début de la quatrième guerre sacrée ; alliance d'Athènes et de Thèbes
338 :	défaite de Chéronée
336 :	assassinat de Philippe ; avènement [d'Alexandre
335 :	écrasement par Alexandre de la révolte de Thèbes
330 :	procès de la Couronne
324 :	affaire d'Harpale

323 : mort d'Alexandre ; début de la guerre [lamiaque
322 : défaite et capitulation d'Athènes : mort de Démosthène

Bibliographie

P. Carlier, *Démosthène*, Paris, Fayard, 1990.

M. H. Hansen, *La Démocratie athénienne au temps de Démosthène*, Paris, Les Belles Lettres, 1993.

A. Momigliano, *Philippe de Macédoine*, Paris, Éditions de l'Éclat, 1992.

Cl. Mossé, *Démosthène ou les ambiguïtés de la politique*, Paris, A. Colin, 1994.

J. Ober, *Mass and Elite in Democratic Athens*, Princeton University Press, 1989.

P. Treves, *Demostene e la liberta greca*, Bari, 1933.

H. J. Wolff, *Demosthenes als Advokat*, Berlin, 1968.

Table

Ce volume,
le quarante-huitième
de la collection « Classiques en poche »,
publié aux Éditions Les Belles Lettres,
a été achevé d'imprimer en mars 2000
dans les ateliers de **Bussière Camedan Imprimeries,**
18203 Saint-Amand-Montrond.

N° d'éditeur : 3798. N° d'imprimeur : 001075/1.
Dépôt légal : mars 2000.
Imprimé en France